I0370508

www.ingramcontent.com/pod-product-compliance
Lightning Source LLC
Chambersburg PA
CBHW042023100526
44587CB00029B/4280
9781738963003

في البالِ يا عُمري

فرنسيس داغر

في البالِ يا عُمري

تورونتو - كندا

٢٠٢٣

العنوان: في البالِ يا عُمري

المؤلّف: فرنسيس داغر

الناشر: عائلة فرنسيس داغر

بريد إلكتروني : bdagher@rogers.com

تدقيق وتنسيق: الأب رامي شُلَّمي الأنطوني

بريد إلكتروني : choullami@gmail.com

الطبعة الأولى: تورونتو – كندا، ١٩٩٦

الطبعة الثانية: تورونتو – كندا، ٢٠٢٣

© الحقوق بأجمعها محفوظة للناشر

ISBN: 978-1-7389630-0-3

كلمة العائلة

بقلم بسّام داغر

في ذاكَ اليوم،

منذ سبعةَ عشرَ عامًا،

وقفتُ أمامَ نعشِكَ،

عاهدتُكَ باسمِ العائلةِ التي اشتاقَت إليك،

باسمِ أمِّي التي مازالت دمعَتُها تنهمرُ لذكراك،

باسمي، وباسمِ شَقيقتي نورما، وشَقيقيَّ غسان ومروان، الذين كنت لنا المثلَ الأعلى بسيرتِك،

باسمِ أبنائِنا وأحفادِك، الذين اشتاقوا لغمرةٍ من حنانِك،

عاهدتُكَ على نَشرِ ما لم يُنشَر بعدُ من مؤلَّفاتِك،

وها قد آنَ الأوان، وحانَت ساعةُ الوفاء.

كيفَ لا، وقد تعلَّمنا منكَ حبَّ الوطن، وعِشقَ الطبيعة، وتبجيلَ الأجداد!

كيفَ لا، ونحن نرفعُ الرأسَ بذِكركَ فخرًا، أينَما حللنا!

كيف لا، وقلوبُ أصدقائِكَ وأقربائِكَ تبتهجُ حين تُخبرُ مَن هو فرنسيس داغر!

كيفَ لا، وأنتَ ابنُ "ضهر المغارة"، وسليلُ شِبلِها!

كيف لا، ...

كيف لا، ...

كيف لا، وأنتَ "في البال يا عمري"!

تصدير
الطبعة الثانية

بقلم الأب رامي شُلَّمي الأنطوني

"في البالِ يا عُمري". عنوانٌ يُلخِّص سنواتٍ ما بلَغَت سبعينَها، سُطِّرت فيها براءَةُ الطفل وبساطَةُ الفلاَّح؛ سِحرُ القريةِ وصَخَبُ المدينة؛ ضيقُ الحالِ وقناعَةُ العيش؛ قلَّةُ المواردِ وطموحُ الشباب؛ سلامُ الطبيعةِ وجَحيمُ الحرب؛ عِشقُ الوطنِ وحَتميَّةُ الاغتراب؛ حَنينُ العودةِ وواقِعُ البقاء.

"في البالِ يا عُمري"، ليسَ مجرَّد عنوانٍ لسيرةٍ ذاتيَّةٍ تُخبِر عن كاتِبها، بل عنوانًا لسيرةِ وطنٍ باتَ منارةً لكلِّ مَن طلَبَ الحريَّةَ والانفتاح، فأشبَعَتهُ أنيابُ الحربِ افتراسًا وتَهشيما. هو عنوانٌ لسيرةِ قريةٍ نَشَأت بينَ شِبلٍ وحَبيب، فصارَت مثلاً يُدرَّس في عِلم الاجتماع. هو عنوانٌ لسيرةِ أرضٍ جرداءَ قاحلةٍ باتت جنَّةً غنَّاءَ بعزمِ أبنائِها، وقوَّةِ سواعِدِهم، وعَرقِ جِباهِهم. هو عنوانٌ لسيرةِ عائلةٍ ما برحَت تتمسَّكُ بجذورِها على الرغم من الاغترابِ إلى أقاصي المعمورة. هو عنوانٌ لسيرةِ حَنينٍ دائمٍ إلى الوطنِ والقريَّةِ والأرضِ والمنزِل. هو عنوانٌ لسيرةٍ انطَلَقت من بالِ صاحِبها لتستقرَّ وتستمرَّ في بالِ أبنائِهِ والأحفاد.

"في البالِ يا عُمري" كتابٌ كانَ ليَ شَرفُ الإشرافِ على طَبعَته الثانية بحُلَّةٍ جديدة. لغةٌ سليمةٌ جميلةٌ فصيحةٌ تُبهِرُكَ بسلاسَتِها. أُسلوبٌ جذَّابٌ ساحرٌ لا يَهَبُكَ حريَّةَ الانعتاقِ مِن صَفَحاتِهِ قَبلَ إتمامِ قراءَتِها. إحساسٌ نبيلٌ صادقٌ نابعٌ من نَفْسٍ نَقيَّةٍ شفَّافةٍ تَبَتَسِمُ لابتِسامَتِها، وتُدمعُ لدَمعَتِها. حكاياتٌ وأخبارٌ تحسَبُها حكاياتَكَ وأخبارَكَ التي عشتَها أنتَ بين القرية والمدينة والاغتراب.

"في البالِ يا عُمري" هو فرنسيس داغر نفسُهُ الذي أحبَبتُه مِن دونِ سابقِ معرفةٍ. عَرَفتُه من أحاديث العائلة والمحبّين. غزوتُ مكتبَتهُ لأُكمِلَ أَبحاثي. قرأتُ "شِبلَ مغارَتِه" فأَدهَشَني. ساهمتُ في نشرِ مؤلَّفاتِهِ فأَسعَدَني. حاولتُ تَدقيقَ لُغَتِه، فتخيَّلتُ يدَهُ تخرُجُ مِنَ الكتابِ لتُمسِكَ بيَدي وتُوقِفَها. وبابتِسامةِ الصديقِ الودود، وحُنوِّ الأبِ العَطوف، وبنغمةٍ سحريَّةٍ يقولُ لي: "رويدكَ يا بُني، ماذا تفعل؟".

تورونتو، في ٢٠٢٣/٤/٤

الإهداء

فتشنا معاً عن الله منذ أن كنا على مقعد دراسي واحد،
فوجدته في صومعة، تحمل صليبه وتتبعه، وترهّب له وتنسّك.
ووجدته في بسمة الأطفال وبراءتهم، فنذرت نفسي لتعليمهم
وتربيتهم.
وكلانا يرجو ملكوته السماوي من خلال رسالته المقدسة.

إلى قدس الأباتي يوحنا سليم،
رئيس عام الرهبانية الأنطونية،
مع خالص تقديري ومحبتي واحترامي.

تورنتو - كندا - ١٩٩٦

المؤلف

تصدير
الطبعة الأولى

بقلم الأستاذ جورج شاهين سليم

صديق عرفته منذ ما ينيف عن عشر سنين، وقد سبرت غوره خلال هذه الفترة أثناء وجوده في وطنه الأمّ، وأثناء مدّة إقامته في وطن الغربة – لأن اللبنانيّ تعوّد منذ وجوده أن يكون له وطنان: "فهذا وطني بالهوى وذاك نماني".

كنت أجد فيه دائماً حبّه لرسالة آمن بها وقدّسها، فأحبّها بكلّ جوارحه واستطاع أن يفي لها ويخلص، فزرعت فيه المناقبيّة والعصاميّة.

مارس التعليم في مجالاته العلميّة، فكان مدرّساً للرياضيات والعلوم. وتعلّق بالأدب، فكان رائداً في التفتيش عمّا يروي نهمه ممّا حوته كتب الأدب والسياسة والاجتماع. فكان نتاجه الأوّل "شبل المغارة" الذي أرّخ فيه لبلدته "ضهر المغارة". ثم تلاه بكتاب آخر جمع فيه مختارات من لغتنا الجميلة في الحكم والأمثال وجميل كلام العرب، أسماه "روضات الأدب في بوادي العرب". والآن، يطالعنا بذكريات عمره، وما خطّه الزمن في ذاكرته بعد مضي ما يقرب من ستين عاماً، قضاها مناضلاً ومثابراً لا ينثني ولا يتبرّم من غدر الدهر وحدثانه، مؤمناً بالعمل الدؤوب، وبالكلمة يسطّرها القلم، وهو بذلك يفضّله على السيف، وكأنّي به يردّ على أبي تمّام الذي يفضّل السيف على القلم:

السيفُ أصدقُ أنباءً من الكتب		في حدِّه الحدُّ بين الجدِّ واللعبِ
بيضُ الصفائح لا سودُ الصحائفِ		في متونهنَّ جلاءُ الشكِّ والريَبِ

ويؤيّد محمود بن أحمد الأصبهانيّ في قوله بالقلم:

أخـرس ينبيك بـإطـراقـه عـن كـلِّ مـا شئت مـن الأمـرِ
يـذري على قرطاسه دمعه يـبـدي بـهـا الـسـرَّ ومـا يـدري
يـرى أسـيـراً فـي دواة وقـد أطـلـق أقـوامـاً مـن الأسـرِ
كالبحر إذ يجري والليل إذ يفشى وكـالـصـارم إذ يفري

والحقّ قبل أن أطّلع على مضمون الكتاب، أحسب أنني أمام مسؤوليّة صعبة يلقيها صديق عليّ، وهي التصدير لهذا المولود الجديد. وهو أمر أكبر فيه وأعتزّ، وذلك لما يضع فيّ من ثقة كبيرة لا أشكّ بصدقها، وكأنّه يضعني في مصاف كبار الأدباء، وهذا ما لا أستحقّه.

كما أنني تحسّست شعوراً غريباً ينتابني. إذ ما عساي أقول؟ وكيف سأدخل خفايا نفس مرهفة الحسّ، تعاطت مع زمنها كما تعاملت الياسمينة مع العاصفة، فالتوَت متواضعة أمامها وواجهتها بمنحها الأريج العطر عربون المحبّة، والصفح عن الإساءة.

نفس لم تقف موقف العناد والمواجهة الغاشمة، بل اختارت سبل الحبّ والتسامح والعفو عند المقدرة وسيلة للوصول إلى المثل والغايات النبيلة.

أمام هذه المعطيات، تبدّد ذلك الشعور الغريب، خصوصاً بعدما بدت لي هذه الذكريات في أبهى الحلل وأجملها، ووجدت في مضمونها وشكلها شموليّة لميّزات أدبيّة وتاريخيّة واجتماعيّة.

فيها تعبير عن نفس جميلة متفائلة. فهو يطالعك في مقدّمة كتابه بأريج الزهرة، وشهد النحلة، وطلّ الغمامة، وما فيه من دفق شآبيب الخير والانبعاث.

فيها من الحنين والشوق ما يجعلك تقف أمام أديب مهجريّ براه ألم الغربة ليتذكّر صخور بلاده وأشجارها فيستنطقها، وإلى نسيمها العليل فيستلطفه، وإلى عصافيرها فيرتّل معها مرتاحاً.

فيها سرد قصصيّ مشوّق لمراحل متنوّعة من حياته يسلسلها منطقياً، ويشحنها أحداثاً، ويحبك عقدتها حبكاً دقيقاً. فيضعك أمام قصّة أو رواية طالت فصولها لتنفرج عن نهاية سعيدة. ألم يظهر هذا جليّاً في مقطوعته "غضب السماء"؟ إذ إنّه حبس أنفاسنا للحظات توقعنا معها أسوأ النتائج. والحوار الذي هو من شروط إنجاح القصّة، أَلم يظهر في كلّ أرجاء تلك الذكريات النزهة خصوصاً مع موظّف السفارة الكنديّة ذي اللهجة الكيبيكوازيّة؟

أليس في كلّ فصل من فصول الكتاب تاريخ لتراث قريته خصوصاً ولبنانه عموماً، وما يتميّز به هذا التراث من العادات الأصيلة التي بها نفخر ونعتزّ؟ "أعراس الضيعة" صورة واضحة عن التراث اللبنانيّ. والتراث علم اجتماع قائم بذاته.

وأدب الرسالة كان له حظّ وافر في هذه الذكريات، إذ إنّه أفرد له بضع صفحات دوّن فيها عدداً من الرسائل التي تمجّد الصداقة وتعترف بالودّ رباطاً وحيداً لائتلاف النفوس، وبالوفاء عنواناً للصفاء، وبالإخلاص هدفاً لتماسك الأرواح.

وفي رحلته الطويلة، مع ذكرياته، أدبُ رحلة سرده بطريقة مميّزة جذّابة، حلاّه بلون وطنيّ قلّ نظيره في أدب الوطنيّات.

وبعد هذا، لا أودّ أن أطيل أكثر. فأترك للقارئ أن يستنتج المزيد من مميّزات هذه الذكريات، سائلاً العزّة الإلهيّة أن يوفّق صاحبها ليعطي المزيد من معينه الذي لا ينضب، ويمتّعنا بما تفيض به قريحته الخصبة المعطاء.

بيروت، ١٩٩٦/٨/١

كلمة المؤلِّف

هذا الكتاب!

وتسألني لِمَ ولِمَن هو؟

وهل تُسأل الزهرة عن أريجها، والنحلة عن شهدها، والغمامة عن طلّها؟ فلا بدّ للزهرة من أريج يعطّر الأجواء، وللنحلة من رحيق يحلّي الأذواق، وللغمامة من دفق شآبيب الخير والانبعاث.

وهل تستمرّ الحياة في زهرة لم يغلّف العطر تويجاتها؟ أو في نحلة كسول لم تسعَ للثم خدود الزهر وامتصاص الرحيق؟ أو في غمامة بدّدتها الأعاصير والرياح فلم تُشفِ غلَّ عشبة أو تُطفئ سعير ظمأ؟

ثمانٍ وخمسون سنة من المخاض العسير كانت كافية لوضع سيرة عمرٍ فات منه أكثريّته. خمسة عقود من السنين وبضع حبّات أُخَر بعثرها الزمن ورائي كما تبعثر الأعاصير العناصر أشلاءً ونتفاً في الهواء، فبات يصعب التقاط حبيباتها من جديد وحصرها ضمن دائرة مرئيّة ولو بالخيال والذكريات. وكما تحمل "الكروموزومات" على صفحاتها عوامل الحياة والوراثة إلى المولود الجديد، كذلك هذه الصفحات التي تقرأ، وقد تلطّخت من أنفاسي، تحمل في طيّاتها بعضاً منّي وجزءاً من حياتي.

لذا فكلّما عدت لأفتّش عن صفحة طويت بين خفايا الزمن أراني متعلّقاً بها، أحنّ لملاقاتها وقراءة ما خَطَّ عليها قدَري، وما علقَ بها من أثري. ولكن هيهاتِ لي أن أستعيد الماضي لألقى ما أشتهي! فمَن مات فات على حدّ قول زهير، وما راح من سني عمري قد طواه الزمن. ولن تدور الحياة دورتها المعاكسة فتختلّ وتنقلب المقاييس والأنظمة المعهودة.

حسبي فقط أن أسترجع بالذكرى صورة تلك العقود الزمنيّة التي عشتها حتى الآن من عمري. وأتلمّس قراءة ما خُطَّ على صفحاتها آنذاك فأدوّنها بأمانة وإخلاص، علّها تكون نبراساً في ظلمة، أو بصيص نورٍ في دكنة، أو صورة حياةٍ وعبرة، وإلاّ هبها صرخة في وادٍ أو قبضة ريح، أو خربشات مغامر على رمال لا تلبث أن تُمَّحى وتضيع.

أمّا أن أنقل للقارئ الكريم صورة حيّة عن ماضيّ بكل دقائقه، وأعرض له جميع ما حملته تلك الفترة الزمنيّة من عمري من أحداث وآلام، وأفراح وأتراح، وجهد وتعب، وكدّ وسهر، فذاك من باب خداع الذات والادّعاء بما لا أملك.

لكنّي إذ أُقدِم على هذه المغامرة آملُ أن أقتفي أثري من على حبيبات عقود سنيَّ التي مرّت من حياتي، لعلّ في القيافة معيناً لحافظة ذاكرتي، كي ترفع الستار عن غياهب ماضيّ، فأبحث عن الإنسان فيَّ، وعن كلّ إنسان هائم بالحياة يفتّش عن نفسه ليستقرّ ويرتاح، ولكن هيهات، فالمرء، على ما قال السبتيّ، هو أبداً:

يدورُ كَـدودِ القَزِّ ينسجُ دائماً ويهلِكُ غَمّاً وسْطَ ما هُوَ ناسِجُهْ

فماضيّ مفقود وحاضري مشهود وأتطلّع إلى يومي الموعود حيث تدركني الساعة فأردّد مع سليمان النبيّ: "باطل الأباطيل...".

في البال

قد يرتاح الإنسان إلى صخور بلاده فيستنطقها، وإلى أشجارها فيصادقها، وإلى نسيماتها العليلة فيستلطفها، وإلى عصافيرها فيرتّل معها ترانيم الحريّة والسعادة. وقد يرتاح إلى البحر فيحلم معه، ويرى من وراء أفقه البعيد أطياف الأحبّاء الذين عبروا عبابه وغادروا من زمان.

ولكن أنّى له أن يرتاح إلى صخرة لا عهد له بها، أو إلى شجرة غريبة لم يتعرّف بعدُ إلى ثمرها، أو إلى نسمة جديدة يجهل ما تخبّئ وراءها، أو إلى بحر غامض لم يسبر أغواره من قبل؟ فتتآكله أحاسيس الوحدة، وتتنازعه مرارة الغربة القتّالة، ويعود إلى نفسه يسترجع ما قد فات، سعيداً بعودته إلى الماضي ولو بالذكريات، ليلعب هنا صغيراً هانئ البال مع الأتراب، ويحصّل دروسه هناك مع الأصحاب، وينطلق بعدها في دروب الحياة، يلهث وراء الرغيف أو وراء المغريات. حتى إذا قطع من الطريق أكثريّتها أحسّ بتسابق العمر والأحلام، فيتأوّه حسرة على ما قد فات، ويتمنّى لو يعوّض بما تبقّى له من عمر آت. ولكن، وبغفلة منه قد تنتهي المسيرة فجأة، وتتوقّف دورة الحياة في عروقه، فيلفظه الزمن، كما غيره، إلى دنيا الذكريات والأوهام.

أمام هذا الواقع المحتّم للإنسان، قصدني أحد هؤلاء الذين غادروا مثلي حديثاً مرتع الآباء والأجداد إلى دنيا الاغتراب، ليلقوا هنا من صقيع الغربة وجنون الطبيعة ما لا يُحسدون عليه. قصدني، نقلّب معاً صفحات من حياتي الفائتة. فنقرأ من جديد أيّاماً فقدناها ولن تعود إلاّ بالبال. وتبّاً للزمن الدائر الذي يطوي الأعمار فتطوى، وهو أبداً يدور.

بلدي

سألني زميلي في الغربة:

– هلاّ أخبرتني شيئاً عن بلدك؟

أطرقت قليلاً وقلت:

– وتسألني عن بلدي!

بلدي واحة في صحراء. منارة على شاطئ. خال على خدّ فتاة. نور في سراج. جبل يطال السحاب. وشجر زرعه الربّ هناك على القمم فعُرف باسمه.

بلدي جبل اللبَان يُدعى. منه استقى الأقدمون عنفوانهم. وبجبروته استطاعوا قهر الغزاة، فبقيت هامته أبداً بتولاً لم تدنّسها أيدي الأذلاّء وتدسها أقدام المتغطرسين الطغاة.

أنظار العالم كلّها تتّجه نحو تلك الواحة المشرقيّة. كلٌّ يودّ فيها مرقد عنزة، أو نبعاً سلسبيلاً، أو نسمة طريئة العود بين أجنحتها أريج البخّور وأزليّة السنديان.

فتاة ساحرة هي بلدي. كلّ ما فيها فتّان يأخذ بالألباب. وأجمل ما فيها ذاك الخال على خدّها، يجذبك إليها، يشدّك ولا ينفع العناد. فتقع في شرَك حبّها حتى العبادة..

عاصمة بلدي هي ذاك الخال. هي تلك المنارة القائمة على الشاطئ العتيق، تدحر ظلمات الليل وتُهدي الضالّين إلى ميناء السلام وتقول:

"ههنا نبت الحقّ. ومن ههنا تفجّرت ينابيع السلام. ومن على هذا الشاطئ اقتحم المغامر الأوّل البحار، وعلّم البشريّة مبادئ المعرفة والحريّة والمغامرة".

تاريخه قديم عريق. يغور في أعماق الماضي البعيد. ولمّا تزل جذوره متشبّثة بالصخور الرابضة بجانب تلك الأودية السحيقة الأغوار. ولن تقوى الرياح والأعاصير، مهما عتت، على تقويض دعائم مجده وأزليّته، إذ لا خوف على مَن بنى بيته على الصخور من جرف السيول.

هذا بلدي: نور وعنفوان، حقيقة وإيمان، وحبّ وسلام.

وتسألني من أين أنت؟ سَل مدينة الآلهة بيبلوس، ومدينة الشمس بعلبك، ومدينة الحقوق بيروت. سَل أحفاد صيدون الذين عصوا أساطين الغزاة الطامعين، ولقّنوهم درساً في المواطنيّة الصحيحة والمقاومة العنيدة حتى الشهادة غرقاً أو حرقاً.

سَل أحفاد أحيرام عن شاطئ صور المخضّب بدماء أبنائها الأبرار، الذين ذادوا عن أسوار مدينتهم وكرامتها ضدّ طغيان الفاتحين.

ذاك هو بلدي! ولن أنساه. ومَن كان له لبنان هل له أن ينساه؟

– حسناً، يا صديقي! بتّ أفخر ببلدٍ أنت منه وله. لقد أوتيتم مجدَ لبنان وحبّذا لو تحتفظون به!

قريتي

– هل لي أن أعرف شيئاً عن قريتك حيث ولدت؟ هل ما زلت تحنّ إليها هناك؟

أجبت والكلمة ملء فيَّ، والحنين يخضّب شفتيّ:

– ولدت هناك! على تلّ رضيع، تلامس أقدامه الشاطئ اللازوردي، وتمتدّ أطرافه الأخرى وتتداخل بين هضاب مسنّة وأكمات فتيّة، لتشكّل كلّها مجموعات من الجنائن المعلّقة، تشتهيها الأعين وتوقع في النفوس.

هناك، في تلك القرية الحالمة على أكتاف تلك المرتفعات المتناثرة، رأت عيناي النور لأوّل مرة فاكتحلتْ به، وسمعتْ أذناي هدير البحر فاستكانت إليه، وتحسّس قلبي طمأنينة الصخور فآنس بها.

مجموعة من البيوت المتواضعة انتشرت على سطح مغارة مسحورة. فأعطتها بعضاً من هيبتها ووقارها، ورعتها من الحسّاد والطامعين. فعُرفت بِـ "ضهر المغارة" تيمّناً بها. ولولاها لعرّفها الناس بدير البحر، بحر العالم القديم حيث نشأت على شواطئه الحضارات والأديان العريقة في القِدم.

فهذه الشواطئ حلمَ بها أنبياء الله. ومنها ابتدأت المسيرة الأولى لاكتشاف المجهول ونشر الحضارة والمعرفة ما وراء البحار. وعليها قامت ممالك بيبلوس وصيدون وصور القديمة، فنافست بجبروتها الممالك القائمة آنذاك، فكانت فخر حضارتنا وموضع شرفٍ ومجدٍ لنا.

وهذه الجبال كلّلها الربّ بأرزه فقدّسها. وعلى قُننها تحصّن نسورنا واطمأنّوا.

في بلدتي عصافيرُ كهنةٌ، تقيم دائماً بين ربوعنا صلواتها اليوميّة على طقوسها

الخاصّة، وترتّل تراتيل الحريّة والسعادة. وبعضها الآخر يحجّ إليها مرّتين سنوياً على خلاف العادة. وفي كلّ مرّة تأخذ قسطاً من الراحة والاستجمام بين فيافيها وبساتينها، إلى أن تقوم عليها قيامة القناصين فترحل، وفي عيونها دمعة، وفي قلوبها حسرة. ثم لا تلبث أن تعيد الكرّة علّها تهنأ بمزيد من النسيم العليل يداعب ريشها، ومن الفاكهة الذكيّة ترطّب حلقها.

تحيط ببلدتي غرباً وجنوباً مغاور رهيبة ما تزال أسرارها دفينة في غياهب ظلماتها. ففي إحداها، وتدعى "مغارة الوطاويط"، تعيش الملايين من هذه الخفافيش الغريبة بسلام واطمئنان. ومَن يجسر أن يقتحم عرينها ويقف على أسرارها ومنازلها! فإن دخلت من فوهة المغارة، وتسلّلت من فتحتها الضيّقة على منحدر ذاك الوادي الصامت، اتّسعت لك الفسحات في الداخل ورأيت نفسك تدوس رماداً تتطاير ذرّاته من تحت قدميك وكأنّك على سطح القمر. فإذا أنت أمام جدار ذي فتحة صغيرة في إحدى ناحيته عند السقف. وإن تسلّقت الدرج إليها لترنو منها إلى الداخل، تراءت لك فسحة أخرى كالتي أنت فيها، ولكن نافذتها ليست بمقابل الأولى بل تنحرف كلّياً عنها لتجعل الأماكن داكنة رهيبة.

وممّا يلفت الأنظار في الداخل عجقة "الوطاويط" في مدينتهم المغفّلة تلك. فعلى الجدران ترتمي وتلتصق المئات وربّما الآلاف منها فتغطّيها بأجسامها المقدّدة الفاحمة. وفي الأجواء تحوم باستمرار أسراب منها لتشكّل غمامة متحرّكة تحجب بصيص النور، وتنذر بوابل من البرَد الأسود يقضي على كلّ أمل في الحياة وسط ذاك العجيج السرمديّ داخل تلك المدينة العجيبة.

أمّا إذا علوت سطح المغارة من الخارج تراءى لك ثقبٌ ليس بالكبير، و"الوطاويط" تخرج منه أو تدخل إليه بطريقة عشوائيّة. وربّما كان ذاك هو المدخل الأعلى للمغارة والمؤدّي إلى غرفها العديدة الغريبة.

وقد أدّت فضوليّة أحد الصيّادين من بلدتي إلى إطلاق النار من بندقيته داخل ذاك الثقب، ليلقى في الحال تيّاراً جارفاً من هذه الطيور تتسابق من تلك الفتحة المنجاة. ممّا جعل الصيّاد يرتمي أرضاً، حامداً ربّه على سلامته من هول ذاك البركان الأسود.

أمّا اليوم، فالأدوية الكيميائيّة التي يستعملها المزارعون في مكافحة آفات مزروعاتهم كادت تقضي على "مدينة الوطاويط" تلك.

أمّا المغارة الثانية فهي "مغارة القنافذ" وهي قريبة من الأولى وشبيهة بها. لكنّ مدخلها أكبر وأوسع ويقصدها القنّاصون لينصبوا في فنائها الفخاخ، كي يوقعوا بالقنافذ التي يستطيبون لحومها.

وهناك أيضاً "مغارة الضبع" حيث تلجأ الضباع غالباً في أيّام البرد والصقيع. وكذلك "مغارة الحمام"، ملعب الحمام البرّي، ومشتهى الصيّادين.

أمّا المغارة الرهيبة العجيبة فهي التي لا تبعد عن البلدة سوى كيلومترين إلى الغرب، وتقع على ضفّة نهر لا تسري في عروقه الحياة سوى بضعة أيّام في السنة. أمّا مقدّمتها فهي صخرة طبيعية ملساء، تنتصب عاموديّاً نحو مئة متر، وقد عملت فيها العوامل الطبيعية عملها لتشكّل جداراً منيعاً يصعب تسلّقه. وفي الأسفل فتحة لا تعلو كثيراً. فإن تسلّلت من خلالها تصل إلى غرفة مظلمة واسعة الأرجاء. وفي أسفل إحدى جدرانها عند الزاوية طاقة ضيّقة تقوم مقام ممرّ يتّصل بغرفة أخرى تشبه الأولى في تكوينها. لكنّ فتحة الحائط فيها تختلف عن الأولى في موقعها، بحيث لا يتسرّب النور من غرفة إلى أخرى. وهكذا كلّما توغّلت في الداخل كلّما ازدادت العتمة واضمحلّت الرؤية. وقد حاول الكثيرون من الشبان المغامرين اكتشاف أغوار تلك المغارة. فباءت جهودهم بالفشل لأنّ الأنوار كانت تطفأ عند دخولهم الفسحة الأولى. ولكن ممّا يدعو إلى العجب أنّ بعضهم قد ادّعى أنّ المصابيح الكهربائيّة كانت تطفأ أيضاً. و لم يتوصلوا إلى سبر أغوار تلك المغارة واكتشاف أسرارها الغريبة.

ومهما يكن من أمر تلك المغاور والكهوف، فإنّنا، نحن سكّان "ضهر المغارة"، أصبحنا نتجنّب دخولها الآن. وإذ كنّا أطفالاً كانت فضوليّتنا الصبيانيّة تدفعنا إلى اكتشاف المجهول المتمثّل بتلك الكهوف المسحورة. وكان لكلّ منّا حكاية مع أحد القنافذ أو الوطاويط أو الوحوش التي كنّا نصادفها في مغامراتنا غير الواعية.

وتطلّ بلدتي غرباً على بلدة "الجيّة" حيث تتناثر البيوت على الشاطئ حالمة مع نغمة الأمواج الرتيبة، وناعسة مع النسيمات الرطيبة، وشمالاً على "الدامور" التي اقترن اسمها بالحبّ والهيام، حيث تنهض داراتها على هضبة منفرجة الأرجاء، وينبسط أمامها سهل فسيح أخضر، يرتاح إلى صداقته القديمة مع شاطئ رمليّ أسمر هادئ الطباع.

تاريخ بلدتي

– يظهر أنّ قريتك قديمة العهد قِدم تلك المغاور المسحورة.

– بل العكس تماماً. فمنذ مئة وعشر سنوات فقط، جاء "ضهر المغارة" من "الدلهميّة" فلاّح وقور، صلب العود، فارغ القامة، قويّ الشكيمة. عمل مع أولاده وشقيقه على استصلاح الأرض واستثمارها، ومن ثمّ إلى امتلاكها من مالكها آنذاك سليم بك عمّون من دير القمر. وخلال عشرين سنة من حربه مع الطبيعة، وعناد صخورها، وقساوة أشواكها، وضراوة وحوشها، استطاع شبلي داغر أن يمتلك البلدة بكلّ ما فيها من أراضٍ وبيوت، وبساتين وغابات، وحظائر وكهوف. وهو الذي جاءها لا يملك من مقتنيات هذه الدنيا ثمن وجبة طعام واحدة يقتات بها. فاتّخذ من عزمه قوّة، ومن فقره حافزاً، ومن عناده سبيلاً لامتلاك حقول تدرّ اللبن والعسل، وترفع عنه وعن بنيه وأحفاده ذلّ التزلّف وهوان العبوديّة.

نعم لقد وضع شبلي داغر حجر الأساس في بناء تلك البلدة التي ننعم بأرجائها اليوم. وكان له ولشقيقه حبيب وأبنائهما الفضل الأوّل في استصلاح أراضيها الوعرة وإحياء الموات منها.

وهكذا فمعظم أبناء "ضهر المغارة" اليوم هم أحفاد الشقيقَين شبلي وحبيب داغر وأبناء أحفادهما. وقلّما تجد في بلدي قرية أو دسكرة[1] صغيرة، يتحدّر أبناؤها من جدّ واحد وتجمعهم رابطة القربى الوثيقة كما في "ضهر المغارة".

١ دسكرة: قرية صغيرة.

"ضهر المغارة" قبل الكارثة

– حقاً إنّ قريةً كهذه باتت تثير اهتمامي، وخصوصاً أنَّ سكّانها أحفاد شقيقَين عصاميّين، عملا معاً على تملّك أراضيها، ومن ثمّ على بناء ضيعة فسيحة رغم قساوة العيش، وفي ظلّ ظروف اقتصاديّة وسياسيّة صعبة؛ "فلقمة يابسة ومعها سلامة خيرٌ من بيت ملآن ذبائح مع خصام"، كما جاء في سفر الأمثال. ولكن هل لي أن أعرف شيئاً عمّا آلت إليه تلك القرية الحديثة السنّ في تلك البقعة الجغرافيّة التي تحدّثتَ عنها؟

– جاء لي في كتاب "شبل المغارة" تحت عنوان: "ضهر المغارة حتى عام ١٩٨٥"؛ أي تاريخ حصول كارثة التهجير في منطقتنا إثر الأحداث الأليمة، ما يصحّ جواباً عن سؤالك. وقد جاء في هذا الفصل:

"هذه البلدة الحديثة السنّ ترعرعت بين الهضاب والتلال السهلة السلوك، وصادقت أشجار السنديان والخرنوب، وشبّت بين حقول السنابل ومدارج الزيتون، وعبقت بروائح الوزّال والقندول، وطربت بأناشيد الطيور وتراتيل النواقيس والأجراس. فبانت عروساً تدغدغ جبهتها نسيماتُ البحر الرطيبة، وتلفح خدّيها هبّاتٌ من الجبل عليلة.

تحسُّ وأنت فيها قد ركبتَ البحر وامتطيت الجبل. فلا أنت في بحر ولا أنت في جبل. وكلاهما بين يديك.

بيوتها القديمة غابت عن الواجهة. وأصبحت ذكرى للتاريخ. ولم يبقَ منها سوى أطلال تحكي عن مجد عبر.

ولكن ما زال هناك بعض أقبية تتلاصق ببعضها البعض، ويعلوها بيت كبير من قرميد يشرف على الشاطئ الرمليّ المنبسط أمامها والمنتهي جنوباً إلى ميناء الجيّة، وشمالاً إلى سهل الدامور الرابض أمام تلك البلدة القائمة على تلٍّ رضيع.

والناظر إلى بيوت بلدتي اليوم يراها فخمة البناء وقد انتشرت على جوانب الطرقات، محاطة بكروم العنب وبساتين اللوز. وتعلو سطوحها خيم حديديّة تتدلّى من فتحاتها ثريّات البلّور وعناقيد اللذّة والطيب.

بلدتي اليوم سهلة المراس، تستطيع أن تتمشّى بارتياح في أرجائها وبين منعطفاتها ودروبها دون ملل أو كلل.

فهنا بيوت على جانبي طريق داخليّة معبّدة، أنيرت بأعمدة الكهرباء، تتقدّمها جنائن الورد أو بعض شجيرات اللوز والإجاص، وهناك مجموعة أخرى من البيوت تتوزّع على الطريق العامّة وتحكي طموح أهالي تلك البلدة وحبّهم للعيش والرفاهيّة. وبين هاتين المجموعتين أو المزرعتين، إن صحّ التعبير، تقوم في وسط البلدة كنيسة على اسم إيليّا النبيّ، بناها أبناء شبلي وحبيب داغر في الأربعينات من هذا القرن، وهي على شكل قبو عقد مرتّب البناء تعلوه قبّة عالية تعانق بين أعمدتها جرساً كبيراً من صنع بيت شباب.

أمّا وقد صغرت الكنيسة فيما بعد على أبنائها المؤمنين، فقد بدأ الأهالي منذ أوائل الستّينات بإقامة مشروع كنيسة جديدة على الطراز الحديث. ويشتمل إضافة إلى المعبد على بناء للمدرسة، ومقرّ للنادي، وصالة للاجتماعات. وقد خطا المشروع خطوة كبيرة في طريق التنفيذ. فنفّذ منه الطابق السفليّ ثم جاءت أحداث عام ١٩٧٥ لتحول دون إتمام هذا المشروع الضخم حتى الآن...

وفي البلدة مدرسة رسميّة كانت خطواتها الأولى عام ١٩٥٢، حيث بدأ التدريس فيها معلّم منفرد، ثم تابعت خطواتها الوئيدة حتى عام ١٩٥٧، حيث كان

لي شرف تولّي إدارتها. فدأبت فيها على العمل التربويّ الحثيث، إلى أن ذاع صيتها، وبدأ الطلاّب يتوافدون إليها من جميع القرى المجاورة، حتى ضاقت بهم الأمكنة. وتطوّرت من ابتدائيّة إلى متوسّطة عام ١٩٧٣، وفاق عدد مدرّسيها الثلاثين وكلّهم من ذوي الاختصاصات، ومعظمهم من مدرّسي البلدة. وكانت هذه المدرسة النواة الطيّبة في زرع بذور العلم والمعرفة في نفوس تلامذتها. وما الأطبّاء والحقوقيّون والمهندسون وحملة الإجازات التعليمية في "ضهر المغارة" اليوم إلاّ وكانوا ذات يوم من عداد تلامذتها.

وكما ساهمت المدرسة في تطوّر البلدة ونهضتها التربويّة والعلميّة، كذلك ساهم "نادي الإصلاح الثقافي الرياضي" فيها، والذي تأسّس عام ١٩٦٤، برفع المستوى الثقافيّ والرياضيّ والفنيّ في البلدة والجوار. وكان لي الشرف أيضاً أن أكون مع نخبة من مثقّفي البلدة من عداد الهيئة التأسيسيّة لهذا النادي...

هذا ما كانت عليه حال بلدتي حتى عام ١٩٨٥. فقد نمت سريعاً وبانت مميّزة في تلك المنطقة كدرّة في تاج. وما ذاك إلاّ لأنّ شابّاتها وشبّانها حرصوا على السمعة الطيّبة المتوارثة، لما فيه خير البلدة وخير الوطن، لكن المؤامرة الخبيثة كانت لهم ولكلّ اللبنانيّين بالمرصاد. فجاءت الأحداث الأليمة عام ١٩٧٥ لتمحو حضارة قيّمة اتّسم بها هذا الوطن الحبيب".

فاكهة بلدتي

– وماذا بالنسبة إلى ثمار وفاكهة "ضهر المغارة"؟ هل كان لها الأثر الفعّال في ازدياد الدخل الفرديّ للمزارع ومن ثمّ في تعلّقه بأرضه؟

– لقد ورد لي أيضاً في كتاب "شبل المغارة" فصل في فاكهة بلدتي أقتطف منه ما يلقي ضوءاً على النهضة الزراعيّة فيها، بعد استصلاح أراضيها الوعرة بوساطة المشروع الأخضر في أوائل الستّينات من هذا القرن، حيث بدأت إذ ذاك ورشة جديدة كانت عدّتها تلك الآلات الحديثة العجيبة، التي تحيل الجبل سهلاً، والسهل منبسطاً فسيحاً. وقد جاء في ذاك الفصل ما يلي:

"... وضهر المغارة، هذه البلدة الساحليّة الواقعة على المنحدر الغربيّ للجبل، والتي لا تعلو كثيراً عن سطح البحر، فقد حباها الله برودة الجبل وحرارة الساحل. وجعل منها "جنّة عدن". فقد تجد فيها كلّ أنواع الأشجار والأثمار التي لا تلاقيها في أيّ مكان آخر مجتمعة. ومن النباتات التي مُيّزت بها منذ القدم نجد في مقدّمتها الصبّار أو الصبّير كما يعرفه العامّة. وهو نبات صحراويّ ذو ألواح سميكة عريضة دائمة الاخضرار وتقوم مقام الأوراق فيها. وتحمل الألواح في أطرافها أثماراً بيضاويّة الشكل ذات أوبار كثيرة في قشر غليظ ينشقّ عن لبّ حلو كثير البزر، يؤكل عند نضوجه، كما جاء في "محيط المحيط" للمعلّم بطرس البستانيّ... وقد انتشرت أخيراً زراعة الصبّير في البلدة انتشاراً ملموساً. فهو لا يتطلّب عناية أو رعاية كبيرة كسائر النباتات، فضلاً عن أنّه يتحمّل العطش والعوامل الطبيعيّة القاسية. وصبّير "ضهر المغارة" مميّز عن سائر الأصناف نوعاً ونكهة، ولوناً وحجماً. وذاك عائد لخصب التربة ونوعيّة المناخ، وقطاف الثمر في بدء أيّام الصيف عمليّة صعبة. لأنّ

الأوبار الدقيقة التي تنتشر مجموعات متفرّقة على قشور الثمر هي دائماً بالمرصاد. ولا بدّ لقاطفها من أن يحظى بوخز إحداها حتى ولو تسلّح بالحماية اللازمة. لكنّ حلو الثمار ينسي آلام الوخز. "فلا بدّ دون الشهد من إبَر النحل"، كذلك لا بدّ لقاطف الورد من وخز الإبر... أمّا اليوم فما زال صبّير "ضهر المغارة" محافظاً على جودته ونوعيّته... وقد عمّت زراعته جميع زوايا الحقول. وقلّما نجد أجمة من الصخور أو زاوية من الحقول قليلة التراب صعبة المراس والمسالك إلاّ وارتفعت فيها ألواح الصبّير خضراء مثمرة. وقد أتلف المزارعون الأنواع الشوكيّة منها، والتي كانت تزرع قديماً، واستعاضوا عنها بأنواع أخرى قليلة الأشواك والأوبار، وذات أثمار أفضل حجماً وأجمل منظراً وأطيب نكهةً، وأصبحوا يعطون أهميّة كبرى لموسم الصبّير في بلدتهم، إذ بات يقصدهم التجّار من جميع المناطق للتزوّد بهذه الفاكهة الشهيّة.

وإضافة إلى الصبّير كفاكهة مميّزة لضهر المغارة، فهناك أيضاً مواسم العنب واللوز والزيتون والخرنوب وغيرها.

... فأشجار الكرمة وقد رُفعت على خيم حديديّة بطريقة حديثة منسّقة، أصبحت الشغل الشاغل لأهالي البلدة. يتباهون بأجناسها المتنوّعة؛ الحيفاوي والتفيفيحيّ وبزّ العنزة... أو بألوانها الجذّابة الساحرة، أو ببريق حبّات عنقودها التي تحاكي "جانح الدبّور" أو "عتمة الليل" أو "خدّ الصبيّة". وقد تفنّنوا بالعناية بها، ومكافحة أمراضها منذ تقليم أغصانها حتى قطاف "ثريّات الذهب"، حيث بات لديهم طرق عديدة مبتكرة في رصف العناقيد واستعمال الأوراق الملوّنة حولها لتزيد من جاذبيّتها ومشتهاها في دروب المدينة وعلى موائدها.

أمّا الزيتون، وقد مرّ أكثر من عشرين سنة على زراعة أشجاره الفتيّة فقد بات يُعطي موسماً كريماً من الحبوب والزيت الطيّب ويعوّل عليه المزارعون أهميّة كبرى في إنتاجه.

ولن ننسى طبعاً موسم اللوز بأنواعه المتعدّدة والذي يُباع أخضر أو فريكاً أو يابساً. أمّا الخرنوب فينتشر دون تنسيق في جميع الحقول، حيث تُقطف أثماره وتُعصر في معاصر خاصّة أقيمت في ضهر المغارة، لتعطي الدبس مع رغوته الطازجة لذيذاً شهيّاً...".

الطفولة

– يبدو أنّ بلدتك قد طُبعتْ بطابع خاصّ من حيث الموقع والمناخ والثمر. ولكن ماذا عن طفولتك؟

– لكلّ منّا طفولته. والطفولة رحلة بدائيّة في دروب الحياة. يحاول الطفل فيها أن يستشفّ خفايا المجهول وهو بعدُ ضعيف البنية، محدود التصوّر، قليل الخبرة، ضيّق المنافذ. فيتخبّط في مسالكها خبط عشواء، ويجمع في جعبته ما يجمع حاطب الليل، إلى أن يستفيق بعد سنوات وقد نفض عنه غبار الطفولة، ليسلك درباً جديدة من دروب حياته الطويلة ويبقى له بعضٌ من درب طفولته في البال.

قالوا: في الطفولة براءة. وقد صدقوا. ولكن ما الذي دفعهم إلى هذا القول؟ أليست أحقادهم وأطماعهم التي نمت لاحقاً في نفوسهم هي التي دفعتهم إلى المقارنة بين ما كانوا عليه وما آلوا إليه؟ فهل هناك مَن لا يتسم قلبه إلى ضحكة طفل؟ أو مَن لا يختلج فؤاده بمشاعر الحنوّ والرأفة إن سمع شهقة طفل، أو رأى دمعة حبيسة في عينيه؟

لِمَ لا نعود أطفالاً في مشاعرنا وإحساساتنا، فنرى الأشياء كما هي وكما تتّضح لنا في صورتها الأولى؟ فلا نفلسفها أو نتوقّع لها وجوهاً أخرى لا ترضينا، فنقبلها ويقبلها الآخرون كما هي، ونعود كلّنا أطفالاً صغاراً نسلك دروب الطهارة والبراءة، ونلعب في ملاعب حياتنا المتنوّعة كما لعبنا صغاراً. فتظهر فينا إذ ذاك صورة الله الحقيقيّة، وتتّحد قوانا الخيّرة في بناء "المدينة الفاضلة"، وندفع مسيرة الكون نحو السلام العامّ والاستقرار النفسيّ المنشود.

لِمَ لا نرمي عنّا كلّ ما علق على ثيابنا في تلك الدروب الوعرة من أشواك وأوبار

وغبار، وكلّ ما لطّخ قلوبنا من آثام وأطماع وأحقاد، ونعود أطفالاً، ثيابنا نظيفة الباطن وبسماتنا صورة عن مشاعرنا الصادقة؟

حبّذا لو عاد كلّ منّا طفلاً بأفكاره، طفلاً بمشاعره، طفلاً بآرائه وأهدافه. وتعود الدنيا ملعب أولاد، صيحاتهم البريئة تزعج الجيران.

– تمنياتٌ حبّذا لو تتحقّق يا صاح! ولكن ألا تخبرني عن طفولتك بالذات؟

طفولتي

أمّا طفولتي فباتت ضباباً يغشى عينيّ. و لم أعد أستشفّ من خلاله غير صور باهتة تكاد تضيع في غياهب المجهول، أو تُطوى مع توالي الزمن. ولكن لبعض مراحل طفولتي نتوءات لم يغمرها الضباب أو يطمسها الزمن. ذاك أنّها شامخة بحقيقتها، صارخة بإنسانيتها، واضحة ببساطتها وطهارتها. فذاكرة الطفل لا تُبقي إلاّ على ما طُبع فيها بأحرف بارزة، فيبقى الأثر، حسناً كان أم قبيحاً، جليّاً أبداً. أما ما لم يكن من الأهميّة بمكان فقد يغشاه الغبار ويضيع في دنيا النسيان.

لم أعثر في ذاكرتي، على ما كنت عليه أو على ما قمت به في السنوات الستّ أو السبع الأولى من حياتي. فترة عزيزة ضاعت من عمري، وسُلخت أوراقها من مفكرتي، وليس لي أن أسترجعها أو أقرأ بعض سطورها. لقد أتى عليها الزمن وأصبحت لديّ كثوبٍ بالٍ لا يعنيني إن حملته أو رميته ولكن يمكنني أن أقول فيها كلمة حقّ علّها تكون عبرة لكلّ مَن اتّخذ من طفولته منطلقاً وسبيلاً إلى الحياة الصعبة الشاقّة:

مَن خسر بعضاً من ذكريات طفولته فطفولته لا بدّ ساذجة، متواضعة، بريئة. أمّا ما كان منها صاخباً يعجّ بالحركة والحياة فلن يُنسى أبد الدهر، ويبقى دائماً ماثلاً أمام الأعين، ويتمناه لو يعود. وفي الحالتين، متواضعة كانت هذه الذكريات أم صاخبة، تبقى تلك الفترة من حياتنا عزيزة طيّبة، نرجو لو دامت أو طالت.

بيتي

– وماذا بقي لك من طفولتك؟

– بقي لي أوّلاً صورة ذاك البيت حيث ولدت ونشأت. ومهما كان وضيعاً فبيتي إزاري على حدّ قول السرويّ.

كان يتألّف من غرفتين، وربّما كان الأوّل الذي سُقف بالإسمنت آنذاك. فكلّ البيوت كانت تُبنى بأحجار صغيرة غير مهذّبة، وتُسقف بجسور من جذوع الشجر وألواح الخشب، وتُغطّى بالقشّ والبلاّن والوزّال، إضافة إلى التراب المبلّل بالماء. وتُحدل سطوحها في أوائل الشتاء لمنع الدلف عن ساكنيها. وكان في كلّ بيت عامود من أحجار صلبة يقوم في الوسط دعماً للسقف؛ ومن هنا قولهم في ربّ العائلة "عامود البيت"، كناية عن دعامة العائلة ومعيلها. وكثيراً ما كان يزيّن ذاك العامود صورة لأحد القدّيسين، وغالباً ما تكون لشفيع البلدة – إيليّا النبيّ – ليحفظ البيت وسكّانه ويبارك أعمالهم ومنتوجاتهم. وكان لكلّ بيت خزانة تُدعى "اليوك" جُعلت ضمن الحائط السميك، وتُحفظ فيها الفرش واللحف والوسادات والمساند، وتُغطّى بستار من القماش يتدلّى في مساواة الحائط. وهناك أيضاً فجوات أخذت مكانها أيضاً في الجدران لتُحفظ فيها خوابي الزيت والدبس والزبيب والعرق البلديّ. أمّا القمح والطحين والعدس والفول والحمّص والبرغل وكافة الحبوب الأخرى فكانت تُحفظ في براميل مختلفة الأحجام، مُحكمة الإقفال، تفادياً لسطو الفئران والمناجذ والحشرات. ومن السقف تتدلّى "زلعات الدهن أو القاورما" الفخّارية وجرار التين المطبوخ باللوز والسمسم، وأكياس الكشك البلديّ الناعم.

وعلى أحد الجدران يُعلّق قفص خشبيّ سُدّت منافذه بشبكة سلكيّة دقيقة الفتحات، تُحفظ على رفوفه أنواع الأطعمة المختلفة وأصناف "الطبيخ"، والألبان والأجبان، معرّضة للهواء كيلا تفسد سريعاً.

أمّا أرض البيت فكانت تُغطّى بالحصر المحاكة من القشّ، أو بالبسط المصنوعة من شعر الماعز تُرتّب عليها الطراريح والمساند فوق جلود الغنم والماعز، أيّام الشتاء درءاً للبرد والصقيع.

وقد كانت ربّة البيت تقيم بجانب المنزل في الخارج موقداً للنار، يقوم على بعض الحجارة المتينة المهذّبة الجوانب، فتضع عليها تنكة الغسيل، أو طنجرة الطبخ، أو مقلاة البيض. وكم من مرّة كانت تعالج النيران عبثاً وسط عاصفة المطر أو الرياح! فتستعين بربّ البيت أو ببعض الأولاد فيتطاير الرماد والدخان ليُعمي العيون ويُزكم الأنوف، وتتعالى صيحات التذمّر والشكوى ملقية اللوم على جنون الطبيعة وقساوة حياة الفلاّحين.

وقد كان القرويّون يتّصفون بمساعدة بعضهم البعض، خصوصاً في أعمال البناء ونقب الأراضي. فيتنادون إلى مقالع الحجارة يقتطعون منها ما يصلح لبناء مسكن جديد لأحد الأبناء الذي دخل القفص الزوجيّ لبضع سنوات خلت، وما زال يشارك أبويه في المسكن والمأكل. وقد حان له أن يستقلّ عن أبويه ولو في مسكن وضيع، فاسحاً المجال لأحد إخوته الآخرين في الإقدام على الزواج، والحلول مكانه في اقتسام "مغانم" السكن مع الوالدين. وكثيراً ما كان الوالدان يقتطعان لولدهما المستقلّ حصّته في أثاث البيت وفي الأرزاق، لتكون له عوناً في التغلّب على شظف العيش وقساوة الحياة. فيردّد القرويّون إذ ذاك قولهم المأثور: "بارك الله في البيت الذي يخرج منه بيت آخر"، كناية عن استقلاليّة الابن عن أبويه، وانصرافه منفرداً إلى شقّ طريق حياته متوكّلاً على نفسه وساعدَيه.

لكنّ "المدينة الحديثة" كادت تقضي على مأثرة التعاون تلك التي اتّصف بها القرويّون منذ القدم، حتى بات كلّ منهم يُقلِّع الآن شوكه بيديه عملاً بقول الشاعر:

مـا حـكَّ جسمك مثل ظفرك   فـتـولَّ أنـت جـمـيـع أمـرك

لقد قضت متطلّبات الحياة العصريّة على صفة التعاون الجماعيّ في بناء الفرد والمجتمع، تاركة للإنسان حريّة التصرّف وأخذ المبادرة الشخصيّة في شقّ طريقه، وسط معوقات الحياة ومستلزماتها وأطماع البشريّة وأحقادها.

هذا ما كانت عليه بيوت بلدتي مذ وعيتها وأدركتها. ولم يكن بيتي حيث وُلدت بأفضل من تلك البيوت التي وصفت، إلاّ من حيث حجارته المصقولة من الخارج، وسقفه الخرسانيّ الذي كان يريحنا على الأقل من حدله أيّام الشتاء. وقد استعاض والدي عن الخزائن الجداريّة بخزائن خشبيّة حُفرت على صفحاتها بعض الرسوم والأشكال. وتساوينا مع جميع أهالي البلدة في اتّخاذ المطبخ خارج البيت وكذلك بيت الخلاء بين أجمات السنديان والخرنوب أو بين بساتين الزيتون واللوز.

في ذاك البيت المتواضع كانت ولادتي. بين أرجائه حبوتُ رضيعاً ودببت طفلاً ضعيفاً، إلى أن أصبحت صبياً قادراً على اللعب والتحرّك بحريّة، واكتساب المعارف البدائيّة إن بالخبرة أو بالتعلّم. وها أنذا بعد نيّف وخمسة عقود من الزمن أراني ما زلت أحنّ إلى هجعة من النوم هادئة بين حنايا جدرانه. وإلى صيحة ديكٍ تنطلق من القنّ قرب البيت تُنبئ بانقضاء الليل وتدعو للنهوض والعمل.

الأعمال القرويَّة

– وهل كنتم تلبّون نداء الديَكة وتنهضون باكراً للعمل؟

– كان الأولاد يقومون في الصباح الباكر مع والديهم إلى الحقول. فيساعدونهم في أعمال الحقل ورعي المواشي كالبقر والدواب. ولا يعودون إلاّ بعد الغروب، ليسقوا مواشيهم من الآبار، ويحلبوا البقر، ويطعموا ما يقتنون من الغنم والدجاج قبل مبيتها في الزرائب والأخمام المعدّة لها. لقد تحمّلنا المسؤوليّة وعضلاتنا لم تقوَ بعد على حمل المعول، وأكتافنا على نقل المحراث أو النير إلى الحقل أو إلى البيدر. فيسير أبي أمام الفدّان حاملاً على كتفيه عدّة العمل المناسبة، وأتبعه أنا وراء الفدّان ويمناي ممسكة بالزوّادة، ويسراي بإبريق كبير من الفخّار مليء بالماء البارد. كنّا نشق طريقنا بين الكروم في دروب متعرّجة، وعيوننا على الفدّان، نحُول دونه والاعتداء على مزروعات الجيران. ولكن وبغفلة منّا، كثيراً ما كانت هذه البقرة أو تلك تلقف بطريقها غصناً طريّ العود، أو تقتلع نبتة فتيّة يعوّل عليها صاحبها الآمال الكبيرة، فتنزل اللعنات عليها والتأنيب عليّ.

وما أن نصل إلى الحقل حتى يبدأ والدي بربط وثاق الفدّان بالمحراث عنوة. وأتدبّر أنا أمر الزوّادة وإبريق الماء. فأعلّق الزوّادة في أحد الغصون وأسند الإبريق إلى جذع شجرة بعد سدّ فوهته جيّداً ببعض وريقات الخرنوب النديّة.

ويأخذ أبي الجراب الطافح بحبوب البركة، ويربطه إلى عنقه أو إلى وسطه. فيرسم إشارة الصليب، ويأخذ منه حفنة تلو أخرى يبذرها ينمة ويسرة، وهو يسير بتؤدة إلى أن يأتي على كلّ ما فيه. فتقع بعض الحبوب على الحجارة، فتنفر وتتدحرج على التراب، ويختبئ بعضها بين الأعشاب، بينما يتوارى القسم الآخر بين نتوءات

الصخور أو يعلق بين الأشواك، ليصبح طعاماً لعصافير الحقل التي قال عنها السيّد المسيح:

"أنظروا عصافير الحقل إنّها لا تزرع ولا تحصد وأبوكم الذي في السماوات يقيتها".

هكذا كان أبي يبذر أمله على الأرض، برجاء المؤمن الصالح الذي يؤدّي عمله صلاةً وتكفيراً، فيأتمنه ربّه على الكثير بعد القليل. فأين هي قداسة المتعبّدين والزاهدين والمتصوّفين من قداسة فلاّح كلّه محبّة ورجاء، يُلقي حَبّه على الأرض للطير والحشرات، ويُلقي على الله توكّله، فيعوّض عليه الموسم أضعاف الأضعاف.

ها هو أبي يُمسك المحراث بيده، ويسوق الفدّان ملوّحاً له بالمهماز. فتشقّ السكّة الحديديّة الأرض موقعة فيها جراحاً بليغة العمق، تنفر منها التربة حمراء طريّة، تنشر عطوراً زكيّة "لا تعرفها حوانيت العطّارين" فتُثلج القلوب وتحبل بالأمل المنشود.

كنت أحاول عبثاً أن أحمل المعول لأطمر ما أخطأه المحراث من الحبوب، وأشارك في أداء تلك الفريضة المقدّسة، لكنّ طراوة عودي كانت تحول دون ذلك، فأستعيض عنها بتسهيل مرور الفدّان بين الصخور والأشجار، أو باقتلاع الأشواك المعيقة والمضرّة، أو أقوم بما يُطلب منّي من أعمال خفيفة، كأنْ أملأ الإبريق من جرّة كنّا نتركها هناك في الحقل ونغطّيها ببعض الأغصان، لنعود في اليوم التالي ونشرب من مياهها المثلجة. وإذا رافقتنا أمّي أحياناً مع أخي الصغير، يقيم له والدي أرجوحة في إحدى الشجرات الوارفة الظلال، فأتكفّل أنا بمسامرته، حتى إذا نام أقوم بعدها بجمع جذوع الحطب الغليظة، نستعملها في أعمال الطبخ والغسيل والتدفئة، أو ألتقط بعض أغصان الزوفا والبابونج والقصعين كأدوية بيتيّة لا بدّ منها في بعض الحالات المرَضيّة البسيطة.

هذا كان شأن الفلاّحين في بلدتي. فبعد أن تتمّ كلّ أعمال النهار ويأوون إلى بيوتهم منهوكي القوى، يتحلّقون مع أولادهم حول طبق من القشّ صُفّقت عليه

أصناف اللبن والجبن والزبدة والبيض والزيتون، وبعض الخضار المحليّة والبقول الطازجة النديّة فيأكلون مريئاً من إنتاج أرضهم، ويشربون هنيئاً من أباريق الفخار البادرة، ويشكرون إلههم على نعمه الزائدة، متمثّلين بأحد الأعراب الذي شكر ربّه بعد أن أكل وشرب قائلاً: "الحمد لله. ماء الفرات بتمر البصرة بزيت الشام. متى نؤدّي شكر هذه النِعم؟"، ثم يتمدّدون في نواحي البيت أو يتّكئون إلى مساند ووسادات سميكة. ويروون قصّة يومهم الطويل وما ينتظرهم في الغد من أعمال شاقّة أخرى. وقد يستسلم بعض الصغار باكراً للنوم وما زال طبق الطعام أمامهم، فتحملهم الأم إلى إحدى زوايا البيت حيث تغطّيهم ببطانة سميكة أو لحاف.

كنّا في أيّام الحصاد نغدو باكراً إلى الحقول برفقة والدينا. وقبل أن تحمل أنوار الشمس الدفء والحياة إلى الأجسام، كنّا نحصد حقول القمح والشعير نديّة العود، نتركها وراءنا أغماراً متفرّقة تبدو كجثث صفراء هامدة، لا تلبث أن نجعلها في مجموعات أكبر، وننقلها على ظهور الدوابّ إلى البيدر، حيث نكدّسها بجانبه. ثم نفرشها على ذاك القرص المستدير من الأرض لتبدأ عليه عمليّة دراستها بنورج خشبيّ مسطّح يجرّه فدّان من البقر. فيجلس أحدنا على النورج ويدور فينا على القشّ يكسّر الجذوع، ويفرفط عقود السنابل المذهّبة. فتتصاعد التأوّهات وتنبعث أصوات النجدة من تلك الجذوع التي اقتحمتها حجارة النورج المحدودبة فتحطّمها وتجعلها نتفاً من القشّ الناعم تختبئ بين ثناياها حبوب البركة.

وإذا هبّ النسيم خفيفاً عليلاً نأتي إلى أعمال التذرية. فتحمل المذراةُ ذات الأصابع الخشبيّة الطويلة، القشّ المثقل بالحبوب، وتذريه في الهواء، فتتسارع الحبوب في التساقط قريباً لتكوّن كومة تزيد في عين الفلاح انشراحاً كلّما ازدادت علوّاً. أما القشّ الناعم، المستحيل تبناً، فيتطاير قليلاً مع النسيم ليتجمّع في ناحية أخرى من البيدر، حيث يُعبّأ في أكياس كبيرة من الخيش. ويُنقل إلى مكان يُعرَف

بالتبّان، ليُخزن علفاً للحيوانات في أيّام الشتاء القارسة.

وكم كنّا، نحن الأولاد، نتسابق إلى الجلوس على النورج أثناء دراسة الحصيد، فيدور فينا تحت أشعّة الشمس الحارقة؛ و"يحومل" القشّ أحياناً ويتجمّع أمام النورج أو حولنا، فتدغدغ الجذوع أجسامنا، وتلسع السنابل خدودنا، فنصرخ طالبين رفع الضرر عنّا وترتيب أمور القشّ من جديد، فيأتي الوالد وينشر القشّ على سطح البيدر بالعتراة، وهي كناية عن عصاً خشبيّة طويلة تنتهي بإصبعين متباعدتين تخترقان الجذوع وتحملانها إلى حيث نريد.

وإذا خان النسيم الفلاّح أحياناً وتوقّف عن الهبوب إبّان التذرية، أو إذا استحال ريحاً عاتية، أوقف الفلاح أعماله، وقد يؤجّلها إلى اليوم التالي. فننام جميعاً على البيدر لحراسة الغلال. ويأتي الأولاد جميعاً يشاركوننا السهرة في ضوء القمر. فنحكي الحكايات ونلعب ونتعارك، ونزلق على القشّ الناعم. فتتعالى الضحكات والقهقهات وسط ظلام الليل، لتنقل مدى سعادة الفلاّحين وأولادهم بنعمة ربّهم.

هكذا كان صغار بلدتي يقضون أيّامهم منذ أكثر من خمسة عقود من الزمن. ومَن كان منهم سعيد الحظّ استطاع ألاّ يلحق بأهله إلى الحقول فيلازم البيت متمارضاً أو متكاسلاً.

لا أزال أذكر كم كنّا نذهب أحياناً مع شياطين بلدتي الصغار إلى الحقول، نطارد العصافير بالنقّيفات، ونغزو الكروم لنحصل على بعض أثمار ذكيّة كالعنب واللوز والتين. فنأكل منها ما نستطيع. ونفرّ من درب الناطور، مختبئين أحياناً بين الهشيم والأغصان. وغالباً ما كنّا نعود إلى البيت وثيابنا قد بلّلتها الأمطار كليّاً، فنلقى تكراراً من الوالدين اللوم والعتاب أو الوعيد والتهديد.

وكم كانت أيّام الصيف الحارّة تشدّنا لإقامة عرزال بين جذوع إحدى الشجرات الصلبة في الكروم والبساتين فنرتاح فيه ونغفو على أناشيد البلابل والحساسين،

لنستيقظ بعد حين على أصوات الأمّهات ونداءاتهنّ ونحن عنهنّ غافلون.

كانت شمس الصيف تلوّح وجوهنا، والدروب تأكل من أقدامنا، وأشواك الزعرور والصبّار تمتصّ من دمائنا، وأوراق الطيّون والبلاّن واللزّاق لا تفارق ثيابنا.

أولاداً صغاراً كنّا. نلحق بالفراشات ونبحث عن أعشاش العصافير. نلطى بالوديان وندنّق أحياناً من البرد والقلب سعيد بالحريّة وسحر الحياة. لا نلفي إلى البيت إلاّ وقد أنهِكت قوانا وخار عزمنا، أو قد بغتنا الظلام و لم نعد نقوى على رؤية دروبنا بوضوح.

ما أحيلى تلك الأيّام الهنيئة التي ولّت سريعاً كضحكة طفلٍ نعسان! أو كضوء نهارٍ غابت شمسه في لجج المياه!

وإن أنسَ فلن أنسى معارك الأطفال في ساحة الضيعة، وهم يتراشقون بالحجارة، فتقوم صيحات الأهالي ويبدأ العتاب والملام. والابن الذكي هو مَن حفظ رأسه من حجر أعمى في هكذا معركة.

ولن أنسى طبعاً تسابق الأولاد إلى صَلي الدبق على هذه الشجرة أو تلك، أو تسابقهم إلى نيل خصلة من عنقودٍ، آخر الموسم، وقد سقطت من حولها الأوراق فبانت درراً بلّوريّة تختزن الحلاوة واللذّة. وكم كانوا يتنادون إلى جرن أو محدلة أو "قَيمة" يرفعونها قليلاً أو يصلبونها، فتُطلق الضحكات والتهكّمات أو عبارات التشجيع والإكبار. حتى إذا شهدوا أحياناً عراك ديكين جارين قامت قيامتهم وثارت ثائرتهم. فيتحلّقون حول الديكين المتخاصمين على النفوذ أو على إحدى الدجاجات اللطيفة، وينقسمون فريقين يتراهنان على فوز الديك الرصاصيّ أو الأحمر المتعالي. وتتعالى صيحات الإعجاب والإطراء لهذا الديك الذي احرنفش وتهيّأ للقتال، أو لذاك الذي أقام ريشه وشحذ منقاره لينقضّ على خصمه. حتى إذا سال الدم من عرف أحدهما، والعرف للديك كالشاربين للرجل رمز العنفوان

والأنفة، انسحب من المعركة يجرّ أذيال الخيبة والهزيمة الشنعاء. فلا يلبث النزاع أن ينتقل إلى المراهنين الصغار ويرفض الفريق الخاسر تلك النتيجة المهزلة متهماً الديك المنتصر بأنه قد أُلقم من الشحم ما يكفي لزيادة فورته ووحداته الحراريّة غير المعهودة.

وممّا يجدر ذكره، أنّهم مهما تحتدم الأمور بينهم أحياناً كنت تراهم يعودون سريعاً إلى مغامراتهم معاً دون استعمال "حق النقض" ضدّ أحدهم.

كانت أمّي توقظني أحياناً من النوم باكراً لتخبز على الصاج وتلحق بوالدي فيما بعد إلى الحقل، وتساعده في أعمال الزرع أو الحصاد. فكنت أوقد النار بتؤدة تحت الصاج كي يصبح الرغيف مقمّراً شهيّاً. وغالباً ما كانت أمّي تلومني على سوء تصرّفي إن زادت حدّة النار واحترق أحد الأرغفة، فتضطرّ أحياناً إلى إقالتي من مهمّتي والاستغناء عن خدماتي.

وفي أيّام العيد كنّا نتسابق لتهنئة أجدادنا وأعمامنا لنحظى منفردين بما كانوا يخبّئون لنا من حلويات وأثمار طيّبة. ولم يكن لأحد منّا أن يحظى ببعض الدراهم، إلاّ في مناسبات نادرة، فهذا الأمر لم يكن وارداً بعدُ في حسابات الكبار. وكم كنّا نتباهى إذا خصّنا بعض هؤلاء "بحلوينة محرزة". فالأولاد يبتهجون بالمناسبة السعيدة أكثر ممّا كانوا يفرحون بأكال ما كانوا يجمعون في جولتهم من حلويات شهيّة. فأعيادنا كانت بسيطة ساذجة تقتصر طقوسها على سماع القدّاس وتبادل التمنيّات والتهاني. وقليلون هم الذين كانوا يرفلون بالثياب الجديدة الأنيقة. فبهورة الأعياد آنذاك لم تكن لتطغى على الطابع الدينيّ المعهود.

ولكَم كنّا ننتظر بفارغ الصبر كلّ سنة سبت أليعازر. لِما كان يحمل إلينا كلّ مرّة الكثير الكثير من المال والآمال.

في ذاك اليوم تحتفل الكنيسة بإقامة أليعازر من الموت. فقد ترأف به السيّد المسيح وأحياه ليظهر به مجده وقوّته وملكه، ويؤمن به كلّ ذي بصيرة. في مثل ذاك اليوم

من كلّ سنة كانت مجموعة من الفتيان المغامرين، لا يتجاوز عددهم السبعة يحملون "العازر"، وهو كناية عن قطعة طويلة من القماش أو الورق المقوّى، خُطّ عليها بالقلم العريض رباعيّات شعريّة في المناسبة السعيدة. فينقسم الأولاد فريقين ويفتحان "العازر" بينهما رويداً رويداً ويشرع كلّ فريق يرتّل بدوره الفقرة المخصّصة له. فيطول "العازر" بينهما ويبدو بساطاً أبيض ينبسط فوق أحدهم المتمدّد أرضاً متمثّلاً بأليعازر المدفون. حتى إذا أتوا إلى الفقرة المعنيّة بقيامته من القبر قام ونهض معافىً، نافضاً عنه غبار الرمس والموت.

وممّا أذكر من هذه الأبيات قولهم:

يا له يوماً سعيداً — للبنين الصالحينا
سنّوا للعازَر عيداً — يُظهر الحقّ المبينا
بيتَ عنيا[2] قد أتاكِ — ربُّ السماءِ العظيمُ
يحيي دفينَ ثراكِ — من رمسهِ ويقيمْ
فاستقبلي في حماكِ — مَن جاء فيه يقيمُ
وافرحي في ما حباكِ — ذلك الفادي الأمينا

لم نكن لننام تلك الليلة. حيث ننطلق في الصباح الباكر مزوّدين بِـ "العازر"، وقد لُفّ جيداً وبعناية لئلاّ يُمزّق أو يبلّل، ويحمل أحدنا سلاً كبيراً من القصب أو العيدان، نضع فيه ما يتكرّم علينا مَن نقرأ في بيته تلك "الآيات المقدّسة"، ويتأبّط آخر محفظة من القماش أو الجلد، نحفظ فيها الإنعامات الأخرى.

كنّا نطوف في جميع القرى المجاورة بيتاً بيتاً دون كلل أو تعب وأحياناً كان الشتاء يبغتنا فتتبلّل الثياب وتتبدّل وجهات السير وطرائق العمل. ونعود مساءً إلى

---

٢ بيت عنيا: قرية أليعازر.

الضيعة نجول بين بيوتها. نقرأ عليهم الأمثولة التي طالما ردّدناها ذاك النهار. حتى إذا انتهت مهمّتنا، اجتمعنا على سطح أحد الآبار هناك، وأخذنا في توزيع الغنائم بيننا حصصاً متساوية. فنملأ جيوبنا بـ "الخرجيّة" اللازمة لأعياد الشعانين المقبلة، ونستقبل بالبيض الملوّن أيّام الفصح المجيد.

وكما كنّا ننتظر سنويّاً سبت أليعازر، كنّا نترقّب بين الشهر والآخر مجيء أحد باعة المعلّل والملبّس يجول بين أرجاء البلدة منادياً على بضاعته الطيّبة. فيرافقه الأولاد طيلة جولته لعلّهم يحظون منه بالمزيد. وأذكر أنّ إحدى البنات اليتيمات الفقيرات أخذت تبكي ذات يوم لتحظى بخمسة قروش من أمّها المسكينة وتشتري بعض حبيبات الملبّس الحلوة ترطّب بها حلقها، ولكن أنّى لها ذلك! والفقر قابع في البيت مذ تركه "عامود ذاك البيت". ولمّا ولّى البائع الجوّال وانقطع رجاء الطفلة البريئة ازداد صراخها وعلا نحيبها. فأخذت تحفر التراب حولها بيديها ورجليها يائسة مهزومة. فإذا بها تجد فجأة بين يديها وتحت التراب قطعة نقدية من فئة خمسة وعشرين قرشاً. فسكتت كمَن أُلقم حجراً. ولم تصدّق أنّها تقبض في راحتها على ما يكفيها لإشباع غريزتها من تلك المعلّلات الورديّة الشهية، فنهضت لتلحق سريعاً بذاك الذي يوزّع نِعمه فقط على الأطفال المحظوظين دون اليتامى المقهورين.

أبي

- وماذا سطّرت لك ذاكرتك الفتيّة آنذاك من صوَر بالنسبة إلى والديك وبقيّة أفراد العائلة؟ هل لنا شيء ممّا لا يزال راسخاً في ذهنك ولن يفارق فكرك؟

- لقد سبق وقلت إنّ سِني طفولتي الأولى كانت ضباباً. لم أعد أعي منها سوى أطياف غير واضحة المعالم. وكاد الزمن يهملها لعدم نفعها. فكلّ ما زال يمثل أمامي وأراه بأمّ عينيّ صورة ذاك الأب المؤمن النشيط، والأم الرؤوم الطيّبة القلب، والإخوة الأحبّاء شركاء العيش ورفاق الدرب الطويل.

كان أبي ذاك الشاب الأبيض البشرة، المملوء الجسم، الشديد البنية، المربوع القامة. لا تفارق البسمة محيّاه رغم ما كانت تخبّئ وراءها من هموم العيش وضيق ذات اليد. يكره الكذب والرياء والاحتيال وجميع أنواع الخديعة وأساليبها. يصدق القول لجليسه. وأفكار السوء لم تخالج قلبه. يتغافل عن رؤية العيب والسوء في قريبه لأنّ كلّ إنسان خيّر ويحمل صورة الله حسب فلسفته. لذا تراه سليم النظرة، كريم الطينة، حريصاً على العمل الكريم لكسب عيشه وتأمين قوت عيلته.

يحبّ التدخين. حتى أنّ "ضبوة الدخان" لم تفارق جيبه أبداً. كان كلّما أحسّ بأنّ مؤونته من الدخان قد أشرفت على النفاد أوصى أحد الباعة المتجوّلين فيحصل منهم على أجود الأصناف "الحامية". فكان يعجبه البترونيّ المصدر أو الأصفر المائل قليلاً إلى السواد. وإذا شاء القدر أن يمتحن صبره، نفذت "المؤونة" سريعاً من غير أن يدري، فيلجأ حالاً دون تباطؤ إلى علب "الحموي" التي كان يختزن بعضاً منا للطوارئ القاهرة.

وأذكر أنّه كان كلّما "وفّقه الله" بأقّة تبغ أعجبته كان ينشرها على المصطبة مزهوّاً بالحصول عليها، ومثنياً على تلك الأرض التي تنعم على بني الإنسان بمثل تلك الجودة النادرة. فيلفّ منها السيجارة تلو الأخرى وينفث دخانها سعيداً هانئاً وكأنّه أُطعِم الشهد المعتّق.

كان يقوم بأعمال الحراثة أيّام الخريف. وأعمال الحصاد والدراسة والتذرية في أواخر الربيع. فيغدو إلى عمله بعزم نشيط وطبع مرتاح، وحبّ للأرض والعمل. لم يخالج السأم فكره، ولا الفتور قلبه. يؤمن بما وهبه الله من وزنات فيتاجر بها ليسمع أخيراً صوت ربّه قائلاً: "لقد كنتَ أميناً على القليل فكن أميناً على الكثير".

وفي أيّام الشتاء والصيف حيث يتوقّف العمل في الأرض لجنون الطبيعة أو قساوة حرارتها، كان يغدو باكراً إلى منطقة "الوديا" ويأتي بحمل دابته من الفاكهة والأثمار الشهيّة، ويبيعها في طريق أوبته، تلبية لمتطلّبات العيش وقساوة الحياة.

لم أذكر مرّة أنّه قد صرخ بي أو أهانني، أو لامني لذنبٍ اقترفته أو لدرسٍ أهملته. بل كان يرى فيّ الولد النجيب رغم ضعف بنيتي ونحول عضلاتي. إذ قد صحّ فيّ قول بشّار:

إنَّ في بُـرديَّ جِسماً ناحِلا لَـو تَـوَكَّـأتِ عَـلَيـهِ لَانـهَـدَم

كان يحبّنا جميعاً ويلهو معنا خلال السهرات الشتويّة. فيروي لنا حكايات "المير حسن" و"علي بابا" أو يقوم ببعض "الكعّيوات" التي تتطلّب جهداً جسديّاً، فنجتاز، إخوتي وأنا أحياناً، القطوع وسط عبارات التقدير، وكثيراً ما كنا نعثر، فتتعالى صيحات الهزء ممزوجة بقهقهات ساخرة متلاحقة.

وفي حفلات الأعراس والمناسبات السعيدة كان يتوسّط فريق "الدبكة اللبنانيّة" ينفخ بالمجوز القصبيّ ألحان الدلعونا وأبي الزلوف وسائر الأغاني القرويّة الفولكلوريّة، فتبعث في النفوس مشاعر الفرح والسعادة والاطمئنان.

أذكر أنّ معظم أبناء الضيعة إذ ذاك كانوا يقتنون عند حلول الربيع بعض الحملان والنعاج والخرفان. فيولونها العناية التامّة من رعي وعلف، حتى إذا كان موسم الذبيح، وهو عند أهل بلدتي عيد ارتفاع الصليب المقدّس في الرابع عشر من أيلول، قام والدي وشقيقه شبلي بذبح كافّة الأغنام في الضيعة. فيحتفل الأهالي إذ ذاك باحتساء العرق البلدي وأكل اللحوم الطازجة وشيّ الطريّ منها. فيعبق الدخان في الأجواء منبعثاً من مواقد النيران، حاملاً معه الروائح الشهيّة، وسط هيصات المحتفلين والأدعية الصالحة والتمنيّات. أمّا "القاورمة" التي تُصنع من دهن الأليّة ولحوم الأضلاع فتُحفظ في مسامن أو "زلاع" من الفخّار مؤونة لأيّام الشتاء. وما أشهاها مع البيض المقليّ أو مع الكشك المطبوخ! إنّها حقاً مأكولات نادرة فقدناها اليوم وبتنا نتوق إلى رؤية إحدى تلك "الزلاع" الفخّاريّة العتيقة تُعلّق في بيوتنا.

دوافع النزوح عن الضيعة

– في حديثك عن أبويك، جئت عرضاً على ضيق ذات اليد عندهما إذ كنت يافعاً. فهل استمرّت الحال طويلاً على هذا المنوال؟ وكيف عالج والدك هذا الشقّ المعيشيّ الهامّ؟

– لم تكن لدى والدي في الضيعة موارد هامّة سوى ما كانت تمنّ به عليه بعض الأراضي التي ورثها عن والده، من مواسم زراعيّة خجولة لا تفي بحاجة العائلة. فالأرض بعل لا ماء فيها، والأولاد يتطلّعون إلى التعليم لتأمين المستقبل الأفضل ومن ثمّ الكرامة والاطمئنان. وفي الضيعة كانت مجالات العلم والتحصيل ضيّقة محدودة، والمستقبل معتماً. وهذا ما دفع والدي للتفتيش عن موارد أخرى تسدّ الحاجة، بعد أن اغبرّ له العيش في القرية. فنزح إلى الدامور عام ١٩٤٨ حيث كُلّف الإشراف على بستان كبير من الموز والبرتقال والأكّي دنيا لقاء مرتّب شهريّ مقبول. وكنت حينها في العاشرة من عمري. فغادرنا الضيعة مكرَهين، لنعيش في بلدة كبيرة حيث وسائل الراحة والعيش متوفّرة بطريقة أفضل. وسرعان ما تبدّلت حالنا واطمأنّ الوالد إلى وضع العائلة من حيث تأمين العيش الكريم والملبس اللائق والمدرسة المناسبة. فاستقرّت نفوسنا وبتنا نتفاعل في مجتمعنا الجديد، دون أن ننسى طبعاً زيارة الضيعة والعودة إليها في مناسبة أو غير مناسبة، لنقضي بين كرومها وحقولها أطيب الأوقات الهادئة.

وقد روى لي والدي ما حدث له ذات يوم في أحد بساتين صور الحديثة، حيث كلّفه مالك البستان في الدامور مهمّة تطعيم شجيرات الليمون البريّة الفتيّة في بستانه الآخر في صور. وكان لوالدي من الخبرة في هذا المجال ما يكفي للحصول على

أعلى مئويّة في عدد "المطاعيم" التي يمكن أن يُكتب لها الحياة.

وفيما كان يقوم بعمله هناك، وبعض العمّال الآخرين ينكشون أرض ذاك البستان، سمع صراخاً يتعالى ويزداد، فتسارع العمال جميعاً إلى مصدر الصوت ليشاهدوا أحدهم يغطّي رأسه بيديه صارخاً: إبتعدوا إبتعدوا! فها هنا عشّ زراقط على شجرة الموز تلك، ولا بدّ لكلّ مَن يدنو منه من أن ينال بعض اللسعات الموجعة جزاء تخطّيه "الحدود الإقليميّة".

فتضاحك الجميع وهزأوا بمَن قد نال من وخز الزراقط ما نال، قائلين: "خرّبه فتهرب حشراته جميعها دون رجعة". لكنّ أحدهم فاجأ الجميع بقوله: "سأحمل لكم هذا القرص العشّ في يدي دون أن يصيبني أيّ أذى"، وتقدّم نحو شجرة الموز، غير عابئ بالخطر المحدق بها. وإذ بان ذاك القرص المدوّر بنخاريبه السداسيّة المنتظمة والزراقط تحوم عليه في حركة غير معهودة، وكأنّها قد أحسّت بالمؤامرة فاستنفرت للخطر المنتظر، انتزعه من على الورقة حيث التصق، وحمله بيديه الاثنتين وعاد يسير بتؤدة نحو رفاقه. والزراقط تدبّ بدورها على ساعديه ووجهه، ويختفي بعضها بين شعيرات رأسه القصيرة، والبعض الآخر يرافق "البيت المحمول على الأكف" دون أن يؤذي أحد من العمال الذين كانوا قد احتاطوا للخطر.

وحده والدي بقي هناك قريباً ممّا يحدث، ليرى بأمّ العين تلك الظاهرة الغريبة التي حدثت على أيدي هذا العامل "الساحر"، إلى أن علّق هذا العشّ على شجرة أخرى من البستان حيث كان العمال قد أنهوا أعمالهم هناك. ولما عاد الجميع إلى حيث كانوا تساءلوا عن سرّ ما حدث، وكيف استطاع زميلهم أن يكبح جماح ثورة الزراقط دون أن يتعرض لأيّة أذيّة. فقال لهم: "يستطيع كلّ منكم أن يقوم بما قمت به شرط أن يمدّ المغامر لسانه خارج فمه ويعضّه طيلة تلك الفترة. ولن يصيبه أذى إلاّ في حال النطق. وإلاّ أصابه ما أصاب سلحفاة ابن المقفّع التي طارت بها البطّتان في

الجوّ، وهي تقبض بفيها على وسط عود، فأبت إلاّ أن تفتح فاها لتفقأ عيون الناس الحاسدين وتلقى مصيرها". فلم يجرؤ أيّ منهم أن يغامر بنفسه للوقوف على صحّة ذاك الادّعاء، رغم أنّ عددهم كان يفوق الثلاثين. وحده أبي أيضاً حاول أن يقوم بهذه المغامرة الحرجة للتأكّد من صحّة تلك المزاعم أو دحضها. فتقدّم من القرص حذراً وحمله ودار به بين العمّال، والزراقط تتبعه حائمة حوله أو سارحة على يديه وجبينه وثيابه، إلى أن أثبت ذاك العشّ على إحدى الشجيرات النائية، وعاد ونشوة الظفر بادية على محيّاه كما الدهشة والتساؤلات.

- حقّاً إنّها لحادثة مثيرة. فبقدر ما عالم الحشرات عجيب غريب يثير الاهتمام، بقدر ما كان والدك يتحلّى بالجرأة النادرة وحبّ المغامرة. ولكن هل عمّر طويلاً؟

وفاة والدي

– يجول الموت في الأرض دون هدىً. فيختار فريسته كيفما اتّفق وساعة يشاء. فينقضّ أحياناً بمخالبه على طفل رضيع في حضن أمه، ويتجاهل شيخاً طاعناً في السنّ باتت فيه عناصر الحياة خامدة خافتة. أحكامه مبرمة، وسرعان ما يتمّ التنفيذ دون مجال للمرافقة أو الاستئناف. وفيما الإنسان كتلة تضجّ فيها الحياة بانتظام عجيب، ملوءه الأمل والرجاء، إذا به "بين غمضة عين وانتباهتها" جثّة هامدة بادرة كلوح الثلج لا رجاء فيها ولا حياة. فتوارى التراب بأسى ولوعة. ووحدها الذكرى تبقى في الأذهان تتحدّى سلطان الموت والزوال.

فوالدي، بعد أن فتّت التربة وطحن الصخر وسقاهما من ماء الجبين ودم الجهاد، افتقده ملاك الموت الجوّال وهو في عزّ الشباب بينما كان يعمل مع رفاق له في زراعة التبغ في إحدى مشاتل التجربة التابعة لإدارة حصر التبغ والتنباك اللبنانيّة في القرية. وكان له من العمر ثمانٍ وخمسون سنة. فتوقّف فجأة ذاك القلب الكبير عن الخفقان. وتوقّفت به مسيرة حياةٍ عابقة بأريج التضحية والوفاء. وانطفأ في عينيه وميض النور الذي أضاء لنا السبيل والدرب السليم. وربّما كان حنوّه الأبويّ الصادق قد عجّل في رحيله المبكر عنّا. فلقد سمع في ذاك اليوم الموعود من إحدى الإذاعات المحليّة أن باخرة ركّاب تقلّ نحو ثلاثمائة راكب قد جنحت في المحيط الهندي، وما لبثت أن غرقت. ويخشى أن يكون جميع ركّابها قد لاقوا مصيرهم وباتوا أطعمة سائغة للحيتان. وإذ كانت ابنته الصغرى قد توجّهت مع زوجها قبل أسبوع بطريق البحر إلى أوستراليا، ولم يمض على زواجهما أكثر من ستة أشهر، لجأ والدي إلى أحد زملائه العمال في المشتل يستفسر الأمر. فقال له إنّ تلك الباخرة الجانحة كانت في طريق

سفرها من أوستراليا وليست في طريق الذهاب إليها. فظنّ أنّ ما قيل له لم يكن إلاّ من باب التهدئة والاطمئنان. فتسارعت نبضات قلبه وأفلت زمام التحكّم بها. وخار عزمه فجأة. فنُقل سريعاً إلى البيت حيث فارق الحياة على يدَي أحد الأطبّاء بعد أن دعا له ولنا بطول العمر والحياة.

أمّي

– وماذا عن أمّك؟

– وإن حيّرتني الدنيا بأعاجيب الخلق وانتظام الحياة فيها، فالأمّ تبعث فيّ ما يفوق الحيرة وما يجعلني مؤمناً بأنّ الأمومة مشاركة للربّ في الخلق والحبّ والتضحية والوفاء.

فكما جَبل حبّ الربّ آدم تراباً ونفخ في أنفه نسمة الحياة، فصار نفساً حيّة، كما يقول الكتاب المقدّس، كذا محبّة الربّ تعمل في الأمّ، وتنفخ فيها نسمة المشاركة في الخلق والإبداع. فتضع للحياة طفلاً في غاية الروعة من حيث الهيكل والمنظر والتنسيق، ومن حيث القدرة على النموّ والتفكير وبلوغ أرقى مراتب الرقيّ والكمال.

وكما الله رؤوم بعباده، يسخّر لهم قوّات البرّ والبحر والجوّ لخدمتهم وإعلاء شأنهم، كذلك الأمّ، تلك المخلوقة العجيبة، قد سخّرت كلّ ما في حياتها لخدمة أبنائها والسهر على راحتهم ومستقبلهم.

فكلّ كلمة فيها، مهما سمت، لا تفي بالغرض ولا تعطي الأمّ حقّها من الإكرام وعرفان الجميل. إذ كيف لإنسان أن يجازي مَن خلقه، ومَن جعله يرى ويسمع، ويشمّ ويذوق، أو مَن جعله يفكّر ويحلّل ويخزن المعلومات في ذاكرته، ويرقى بآدابه وفلسفته وطموحه إلى أعلى الدرجات كمالاً وإنسانيّة! فمهما فعلنا نبقَ مدينين لله بحياتنا وللأمّ بالولادة والرعاية والحماية والحنان.

وقد قيل في الأمّ ما لو جُمع منذ بدء الخلق لما استوعبته ملايين الأسفار. ولكن ما

قاله فيها الشاعر القرويّ رشيد سليم الخوري في قصيدة "حضن الأمّ" يوازي بنظري تلك الملايين من المجلّدات. فقد ذكر شاعرنا أنّ أحد الشعراء في الشوق، بعد أن أضاع عمره في طلب المعاصي، قد توفّاه الله. لكنّ برّه لأبويه كان المأثرة الوحيدة التي جعلته يخلص من نيران جهنّم. فنام في حضن إبراهيم و لم يهنأ، بل أخذ يشكو ويتذمّر. فهدّأ الربّ روعه وأقام النبيّ داود يرنّم له. لكنّه ظلّ يتبرّم إلى أن ضجّ له "أهل الخلد" ممّا جعل الربّ يكاد يندم على خلق الشعراء بعد أن جاوزوا الحدّ. ولمّا سُئل الشاعر المتبرّم عن سبب بكائه وشكواه، صاح طالباً نقله إلى حضن أمّه حيث كان ينام قرير العين "بين الضمّ والشمّ". فاحتار الربّ واهتمّ لشكوى "شاعر الغبراء" وتساءل:

أينعم خاطئٌ في الأرض قبلي بما أنا لستُ في الفردوس أنعم؟

وقرّر الربّ أن يكتشف سرّ الأمومة، هذا الذي ما زال مغلقاً عليه، حتى ولو كلّفه الشقاء والصلب. "وكانت ليلةٌ... وإذا صبيّ صغيرٌ نائمٌ في حضن مريم".

أمّا أمّي فماذا أقول فيها؟ إنّها أمّ وكفى! هي التي كاد قلبها يدبّ أمامي حارساً إذ تراني أدبّ على الأرض. وكاد فكرها يطير ويحفظني أينما حللت إذ صرت شابّاً. إنّنا، نحن الأبناء، فلذات من كبدها انشطرت، وإليها تحنّ. وليس بالغريب أن تحسّ بالخطر المحدق حولنا قبل أن نشعر به نحن. فحدسها غريب، وتنبؤاتها حقيقة. وتدابيرها واعية.

لقد عرفتها كأوّل شخص في حياتي. قريبة منّي دائماً. تقوم بتدبير أمور البيت والأولاد خير قيام. تساعد والدي أحياناً في أعمال الزراعة والحصاد وجمع السنابل وغربلة القمح. ماهرة في أعمال الطبخ، وكريمة جداً في إضافة الملح إليه... وفي أواخر فصل الصيف كنت أراها تذهب مع جاراتها إلى الحقول لجمع الحطب مؤونةً لمواقد الطبخ والخبز وغسيل الثياب في أيّام الشتاء. فتحزم العيدان الثخينة بحبال من

القنّب، وتحملها على رأسها واضعة تحتها خرقة ثياب استدارت كالكعكة لتخفّف من أذى العيدان الجافّة وثقلها. وإذا شعرت بثقل الحِمل وأرهقها التعب، ألقته إلى حائط أو على صخر عالٍ بموازاة الرأس ليسهل إعادة حمله من جديد بعد التقاط الأنفاس.

وكما كانت ربّة بيتٍ صالحة، كذلك كانت تلك المرأة التي تحبّ الظهور دائماً بالمظهر اللائق. فتُعنى بأناقتها وملبسها، ولا تتردّد أبداً في شراء ما يحلو لها من ملبوسات حتى ولو كان أحياناً على حساب أولادها. تحبّ الزيارات والصداقات وتهوى السفر. وقد قضت أيّامها الأخيرة في أوستراليا مع أخي وأختي هناك. وكان قلبها يتفتّت حناناً وشوقاً إلى أولادها المشتّتين في لبنان وكندا وأوستراليا نتيجة الأحداث الأليمة وكوارث الحرب اللعينة التي ألّمت بالوطن الحبيب. وإذ شارفت على الثمانين توفّاها الله فجأة هناك دون أن يكون لها الفرحة المرجوّة في جمع شتات العيلة تحت سقف الوطن الأمّ، ودون أن يكون لي حظّ إلقاء النظرة الأخيرة على ذاك الوجه الباسم الذي أحبّنا وعمل وضحّى من أجلنا. نعم لقد "ماتت التي ولدتني" و لم تكحّل عينيها بسنى أنوار لبنان وتُطرِب أذنيها بصدى نواقيس الكنائس تردّده الأودية وتستعيده التلال والهضاب دعوة للمؤمنين ولودعاء القلوب. ماتت على شفتيها تمتمات الوداع لأبنائها تلتقطها من بين حشرجات الموت، راجية اللقاء بهم بعد عمر طويل في دنيا خالية من الحروب والمآسي، وآلام البعاد المبرّحة.

إخوتي

– وماذا عن إخوتك وعلاقتك بهم؟

– لي من الأشقّاء اثنان ومن الشقيقات ثلاث. وأنا أكبر شقيقيّ.

فالأصغر منّي، ويدعى رشيد، تحوّل باكراً إلى تعاطي مهنة الحدادة الإفرنجيّة والتلحيم على الكهرباء والأوكسيجين. حتى بات في غضون سنين معدودة يجمع بين فنّ المهنة والبراعة ما يحسد عليه. وما أن بلغ السابعة عشرة من عمره حتى سافر إلى الكويت برّاً مقتحماً مخاطر السفر، مغامراً، رغم حداثة سنّه وعدم خبرته بالحياة. وقد كانت ورشة العمل في الكويت آنذاك على أشدّها. فعمل في إحدى شركات صناعة أنابيب النفط. ثم اتّخذ له مصنعاً لصناعة المفروشات الحديديّة دعاه بمصنع الرشيد تيمّناً باسمه. وبعد أربع سنوات من العمل المضني، في ظروف مناخيّة قاسية، وُضع في السجن لمدة تسعة أشهر إثر حادث اصطدام إحدى سياراته العاملة في نقل المياه الصالحة للشرب، وقعت ضحيّته طفلة كانت تمتّ بصلة القرابة إلى بعض ذوي النفوذ هناك. خرج بعدها ليرى أنّه قد خسر عمله في الشركة، وخسر سيّاراته، ووقع مصنعه تحت عجز ماليّ كبير. فقفل راجعاً بخفيّ حنين بعد ضياع خمس سنوات من عمره في دنيا الاغتراب. وكانت لعودته "طنّة ورنّة" إذ كنّا قد استفقدناه طيلة الشهور التسعة التي قضاها في السجن دون أن نعلم عنه أيّ خبر. فجُنّ جنون العائلة. وعبثاً حاولنا الاتصال به، وتسقّط أخباره، إلى أن كان ذات يوم وقد اجتمعنا إلى فسحة منزلنا الخارجيّة في الضيعة تحت أشجار الزنزلخت، حيث توقّفت أمام البيت سيارة حمراء لابن عمّ لي، وترجّل منها جدّي لأمّي وشابّ معه، إضافة إلى ابن عمّي السائق، فزعموا أنّ هذا الشابّ المرافق يودّ شراء البقرة الحلوب التي كنّا نملكها،

لكنّ شقيقتي الصغرى مهى، ما إن ألقت نظرتها على القادمين، حتى فاجأت الجميع بصوتها: "أخي رشيد! إنّه حقاً رشيد. لقد جاء أخي!"، فوقفنا مذهولين للحدث وإذا برشيد، بلحمه ودمه، يعود إليها سالماً بعد طول غياب. فتتعالى هيصات الفرح وتُذرف دموع اللقاء. كيف لا؟ وأخي "كان ميتاً فعاش وضالاً فوُجد".

ورشيد رجل لا تفارق البسمة شفتيه. يرشف كلّ ليلة كأسين من العرق مع أحلى المازات. يأكل الفلفل الحرّ كما الخيار. يهوى صيد السمك والطيور. وبكلمة وجيزة: يعرف أن يعيش كما يُلقّبه رفاقه.

أمّا أخي الأصغر ويدعى جورج فهو وديع القلب، كان صغير السن إذ فقد والده. فكنت له الوالد والأخ. واحتضنتُه بعنايتي. ووفّرت له المدارس المناسبة لإتمام علومه الثانويّة. ومن ثم لتوظيفه في وزارة البريد والهاتف. ولمّا بلغ أشدّه تابع تخصّصه في العلوم التجاريّة والمحاسبة. وعلى إثر أحداث لبنان والتهجير القسريّ، سافر إلى أوستراليا مع عائلته وأمّه حيث يسعى هناك لبناء مستقبل أفضل له ولأولاده.

أما شقيقاتي اللواتي أحبّهن كثيراً فقد تزوّجن جميعهنّ وبقين في الوطن الأمّ إلاّ الصغرى منهنّ، حيث سافرت منذ زواجها إلى أوستراليا كما ذكرت.

وهكذا فالعائلة التي كانت تجتمع حول طبق واحد من القشّ لتناول الطعام كلّ مساء تشتّتت في كلّ أصقاع الدنيا، في مشارقها ومغاربها، نتيجة لعبة جهنّمية كانت ملاعبها ساحات بلدي. فأحرقوا الساحات، ودمّروا المنازل، وأقفلوا الطرقات، وقضوا على معالم الحضارة فيها. فيا لها من لعبة مأجورة! جالت في بلدي من ضيعة إلى ضيعة ومن دسكرة إلى أخرى، ومن زقاق إلى زقاق. تلتهم أمامها الأخضر والجافّ كالجراد ولا تُبقي على حجر أو بشر.

مدرستي الأولى

– وأين أنت من المدرسة؟ هل لي أن أعرف بعض الشيء عن مدرستك الأولى؟

– لم يبقَ الأولاد طبعاً يلعبون ويمرحون في الشوارع والأزقّة، رغم مشكلة التعليم آنذاك.

فمشكلة التعليم في القرية، وأعني في كلّ قرية، مشكلة هامة وصعبة، وهي الوحيدة الرئيسيّة التي تواجه أهل الريف وعليها يتوقّف مصير الجيل الطالع. إذ لا يجوز أن يستمر أولادنا قائمين بجهلهم وأمّيتهم، فالدولة إذ ذاك لم تكن قد حزمت أمرها بعد لتؤمّن المدرسة الرسميّة للمواطنين. فيضطرّ الأهالي إلى تأمين المدرّسين لأولادهم على نفقاتهم الخاصّة. وهذا ما فعل أبناء بلدتي. فقد كانوا مزارعين يكتفون بما تدرّه عليهم أراضيهم، ويعيشون قانعين بما يهبه الله لهم من نِعم وخيرات. ولكن لم يكن لهم ليقووا على دفع مصاريف التعليم الباهظة. فكانوا يتّفقون مع أحد المدرّسين الذين أخذوا من العلم بعض مبادئه الأساسيّة، فيدرّس هذا أولادهم لقاء مبلغ زهيد، إضافة إلى تأمين عيشه والمسكن المناسب له. وقد لا تطول إقامة هذا المدرّس في الضيعة أكثر من بضعة شهور، فيترك وظيفته عائداً من حيث أتى، وينقطع الأولاد إذ ذاك عن الدراسة إلى أن يرزق الله لهم خلفاً يحلّ محلّ السلف. هذا ما كان عليه التدريس في بلدتي: عمل وانقطاع وتشريد، إلى أن قدّر الله لأولادنا افتتاح مدرسة رسميّة في بداية الخمسينات من هذا القرن. وكنت آنذاك قد تركت البلدة مع أهلي، نازحين إلى بلدة الدامور المجاورة، حيث العيش أسهل والعلم مستطاع.

لقد أخذت مبادئ علومي الابتدائيّة في قريتي على بعض المدرسين آنذاك مدّة سنتين أو أكثر وعلى فترات متقطّعة. وقد كان أحدهم شاباً وسيما رزيناً. ينعته أكثريّة

تلامذته بصعوبة المراس، وقساوة القلب، فلا يرحم، ولا يعفو أو يلين. لم يكن لديه عصاً طويلة وعصاً قصيرة وصولجاناً وكرة وطبلاً وبوقاً كمعلّم الصبيان عند الجاحظ. لكنّ قضيب الرمّان كان بانتظار من فاته استيعاب بعض الدروس. وإلاّ بعض صفعات لاسعة من يديه الخشبيّتين. كنّا نكتب دروسنا على أوراق سميكة من الكرتون المقوّى، ونستعمل ألواحاً حجرية في الأعمال الحسابيّة والإملائيّة. لم نكن نستعمل إلاّ أقلام الرصاص، أمّا استعمال الريشة والحبر فكان مقتصراً على المعلّم وأحياناً على الكبار المتفوّقين. وويل لمَن يُخطئ أو يتقاعس عن إتمام واجباته. وغالباً ما كان يتجسّس علينا ليلاً ليلحظ أعمالنا وسولكنا. فلا تفوته فائتة ولا يقبل عذراً أو حجّة ما لم يكن قد تحقّقها بنفسه.

كان لنا مراقباً عاماً، يُحصي تنهداتنا، يرقب سكناتنا، يترصّد حركاتنا. إنّه معنا دائماً في الليل كما في النهار. في فراشنا كما في ساحات لعبنا. وإذا اقترف أحدنا ذنباً بسيطاً مع أبويه أو إخوته كان لنا به التهديد والوعيد. حتى بات مبعث كره عند جميع الأطفال، يبغض رؤيته كلّ من ذاق لسعات قضيبه الأخضر. ويمقت ذكره كلّ مَن تسوّل له نفسه الانفلات والتحرّر. وإذ كنت لم أشارك أطفال بلدتي هذا الشعور نحو مدرّسهم، فذاك يعود إلى أنّي لم ألمس منه إلاّ كلمات التشجيع والإطراء، تصدر عن قلب مفعم بالمحبّة والحنان. كنت أرى فيه أباً رؤوماً، بينما الآخرون جلاّداً مسلّطاً، يحثّهم مرغمين على العمل والتحصيل، ويرشدهم إلى الدرب الصحيح بالتهويل والوعيد.

أمّا الإشراف على نظافة التلميذ، فحدّثْ عنها ولا حرَج. فليس المهم بنظره ما كان يلبس التلميذ، أو ما ينتعل. فالكلّ على قدر الحال كما يقال. وذووهم لا يقوون على شراء الثياب الجديدة اللائقة لأولادهم أو البذلات الخاصّة بالمدارس، فالمهمّ أن تكون الثياب نظيفة مرتّبة ولو كانت مرقّعة، والأحذية سليمة تحفظ الأقدام من التبلّل.

أمّا الشعر الطويل فجزاؤه التنبيه ثم الطرد الموقّت، لئلاّ يتفشّى القمل بين الرؤوس، ويهرب المعلّم قبل الأولاد من هول انتشار تلك الحشرات الممقوتة. أو ليس في كلّ بيت مقصّ؟ فليستعمله الأب أو الأمّ حتى ولو بات على رؤوس أولادهم خرائط تجمّع القوّات العسكريّة، وساحات معاركهم الحربيّة.

وكثيراً ما كان رمد العينين يصيب الأطفال في ذاك الحين. فيلقون اللوم جزافاً على "قيح" التين أو على غبار العاصفة. ويمتنع عندها التلميذ المصاب عن الذهاب إلى المدرسة، مخافة نقل العدوى إلى رفاقه، بينما يلعب معهم ويشاركهم الرحلات إلى الحقول بعد الدوام المدرسيّ.

وأما عن "الفلق" الذي كان شائع الاستعمال في المدارس آنذاك، فلا أذكر أن أيّاً من رفاقي قد عوقب به، بل كان يُحبس بعضهم طيلة فترات اللعب إضافة إلى بعض الجَلدات بقضيب من الرمّان على راحتيه أو على مؤخّرته. وتحضرني حادثة جرت لأحد الزملاء الصغار الذي لم يكن يستوعب من دروسه إلاّ الشيء القليل. فتتوالى عليه القصاصات يوميّاً كالمأكل بحيث كان يتمنّى أحياناً لو لم يولَد. وقد تمنّع هذا ذات يوم عن الذهاب إلى المدرسة، إذ بات يعرف سلفاً ما ينتظره هناك من "حسن الاستقبال وتكريم الضيوف" الذين على شاكلته. فما كان من والده إلاّ أن قطع قضيباً أخضر من شجرة توت قرب البيت وانهال به ضرباً على ولده دون شفقة أو رحمة، وساقه مرغماً إلى باب المدرسة. ومن غريب المصادفات أنّ المعلّم كان قد قرّر في ذاك اليوم ترك مهمّته التعليميّة في البلدة نهائيّاً، بعد أن عرض عليه أحد النافذين وظيفة حكوميّة في العاصمة. فودّعنا جميعاً في نهاية النهار وقال لذاك الذي لم تجفّ دمعته بعد: هدّئ من روعك يا بنيّ! فمِن الآن وصاعداً تستطيع أن تلعب وتمرح متى تشاء.

وكان لنا في الضيعة أحياناً معلّمان أو بالأحرى مدرستان. لكلّ فريق مدرسة ومعلّم. هذا ما كانت تؤول إليه سياسة الناطور والمختار في كلّ ضيعة ودسكرة.

فينقسم الأهلون إلى فريقين يتجاذبان وينفصلان. فيأتي كلّ منهما بمدرّس. وتنتقل المنافسة إلى الأولاد فيبالغون بمزايا هذا الأستاذ أو ذاك، ليستقطبوا التلامذة إلى هذه المدرسة أو تلك. وقد عيب مرّة أحد المدرّسين إذ فاته أن يعرف معنى حبّة "الفول" في الفرنسيّة، ثم ما لبث أن غادر واستُبدل بآخر لأنه لم "يطبخ القاموس".

وقد فاتني أن أذكر أنّ المدرسة التي عنيتها هنا وحيث أخذت عنها أولى مبادئ العلم في حياتي، كانت تشغل غرفة من غرفتَي بيتنا الاثنتين. لذا كان لديّ المتّسع الكبير من الوقت لألزم بيتنا حتى ساعات الدخول إلى الصفّ.

تركت الضيعة كما أخبرتك وكان لي من العمر عشر سنوات. وسكنت وأهلي في الدامور، في قصر كبير من القرميد، ومؤلّف من طبقتين ويعود إلى أحد الأمراء الأقدمين الذين لعبوا دوراً بارزاً في تاريخ بلدي السياسيّ. فسكنّا الطبقة السفلى منه. وكان والدي يُعنى ببستان من الليمون والموز هناك. وقد تحسّنت قليلاً أحواله المعيشيّة والاقتصاديّة. والتحقت أنا بمدرسة المدينة لأنهي فيها المرحلة الابتدائيّة.

عشت فترة طفولتي الثانية هناك، وقد بدأت تباشير الحياة الهانئة تلوح لنا في الأفق. وكانت صداقاتي مسؤولة وأعمالي واضحة. كان جميع أترابي في المدرسة يتودّدون إليّ ليكسبوا ودّي وثقتي، وربّما لأُعينَهم أحياناً في أعمالهم المدرسيّة. أمّا مدرسيّ فكانوا يقدّرون أعمالي ويحترمونني كلّ الاحترام. وما زلت أكنّ لهم كلّ تقدير ومحبّة، لأنّهم أوّل من أرشدني إلى طريق الحياة القويم.

في الدامور

– وماذا عن ذكرياتك في الدامور "مدينة الحبّ" تلك؟ فهل وقعت في شرك الحبّ هناك أم هرولت من أرض الخُصَيب لئلاّ تفتنك عرائسها؟

– قضيت فيها أربع عشرة سنة من عمري. بنيت خلالها مداميك حياتي الأساسيّة لأنطلق بعدها في دروب العمل والإنتاج.

في مدرستها أنهيت المرحلة الابتدائيّة من دراستي. وكان لي فيها ذكريات طيّبة مع رفاق المدرسة. فكانوا جميعاً يطلبون صداقتي. وإنّي إذ أذكر ذلك، فليس من باب الفخر أو الاعتزاز بالنفس، بل من باب الأمانة في أوقات فراغي، نلعب بالورق "ونزرّك" للمغلوب مدحاً أو هجاءً مردّدين بعض رباعيّات زجليّة من "القرّادي"، أو نقوم معاً ببعض الرحلات المحليّة إلى معالم المدينة، أو إلى البحر، حيث نقضي في مياهه وعلى شاطئه الرمليّ بعض الأويقات السعيدة.

وممّن أذكر من هؤلاء أحدهم، ويدعى ح. س. فقد كان يقضي أوقاته في البيت ولا يشاركنا نزهاتنا ورحلاتنا بل يلهو بأعمال النجارة في بيته. فيصنع الخزائن والكراسي والمكاتب، مهملاً دروسه وواجباته المدرسيّة. ولطالما نهيته عن هذا الإهمال فكان يردّد على مسامعي القول المأثور: "عند الامتحان يُكرَم المرء أو يهان". ويردف قائلاً: "سترى النتيجة". وكان يُكرم حقّاً وينجح في جميع امتحاناته. فيرجّح بعض الأسئلة ويكون له ما يريد. وهذا ما حدث له فعلاً في امتحانات البكالوريا.

وكان لصديقي هذا أخ يصغره بقليل، ويختلف عنه كليًّا بسلوكه واجتهاده المدرسيّ وانكبابه على العمل الجديّ. وذات يوم، وكان عيد لأحد القدّيسين، فتخلّف فيه عن مدرسته وراح مع بعض الرفاق إلى أحد الأديرة هناك للاحتفال

بالعيد. وكان الناس يأتون من كلّ حدب وصوب إلى ذاك الدير، وفي ذات اليوم من كلّ سنة، ليخيّموا هناك بين أحراج الصنوبر والسنديان ويأكلوا ما طاب ولذّ ممّا يحملون أو يصطادون.

خيّم صاحبنا الصغير مع بعض رفاقه تحت شجرة سامقة، ثمّ تحلّقوا حول بساط من القماش مُدّت عليه أصناف المأكولات التي حضّروها لساعتهم. وكان أحد رفاقه قد علّق بندقيّة الصيد في أحد الأغصان، وكانت محشوة. فوقعت البندقيّة أرضاً وانطلق منها النار ليصيب صدفةً ذاك المسكين في عينيه الاثنتين، فيخسرهما في الحال. ويخسر نور الحياة المتمثّل فيهما، ليعيش بعدها في دنيا الظلمات، كمَيتٍ يتحرّك فوق التراب. وهكذا بين لحظة وأخرى يلفظ القدر كلمته. وما أقساها أحياناً! فيتغيّر كلّ شيء في دنيانا. وتتبدّل آمالنا. وتنقلب مقاييس حياتنا. ويصدق قول أبي تمّام:

ما بيـن طرفـةِ عيـنٍ وانتباهتِها   يغيّـرُ اللهُ مِـن حـالٍ إلى حـالِ

وقد ترأف الحياة أحياناً بمَن قست عليهم. فتهبهم نعمة الصبر والسلوان. وتوقظ فيهم روح العزم والإيمان. وهذا ما كان لذاك الذي فقد نظره ولم يفقد أمله في الحياة. فقد تابع دراسته فيما بعد، ونال دبلوماً في الآداب الإنكليزيّة، وآخر في الفلسفة. وقد كنت أتردّد إليه غالباً لأقرأ عليه بعض الصفحات فيكتبها على طريقة "برايل" المعروفة ليعود إليها وقت الحاجة.

وهكذا بات شقيق صديقي مع قافلة العميان العظماء أمثال هوميروس وبشّار والمعرّي وطه حسين، الذين حرمتهم الطبيعة نعمة البصر فكانت لهم في بصيرتهم.

وإن أنسَ لن أنسى ما شهدته يوماً هناك من طرافة عمّهما الكهل، وقد كان شاعراً زجليّاً مرحاً لا تفوته النكتة وسرعة الخاطر. فقد كان ينتظر في بيته أحد سائقي التاكسي للذهاب إلى بيروت بعد أن حجز له مكاناً ووعده السائق خيراً. لكنّ هذا أخلف بوعده فأوقف سيارته، بعد أن امتلأت بالركّاب، قرب دار صديقيّ ونادى

ذاك الكهل معتذراً. فما كان من شاعرنا المرح إلاّ أن أطلّ من النافذة وارتجل القرّاديّة التالية:

قـلـتـلّـك مـطـرح بـدِّي   قـلـتـلِّـي بـحـطّـك حـدِّي
مش ممكن شقمه وشوفار   يـنـامـوا عـا فـرد مخـدِّي

صراع مع الموت

وكان لي مع بعض الرفاق الآخرين مغامرات عدّة أذكر منها الحادثة التالية:

ركبت درّاجتي الهوائيّة، ذات يوم من أيّام الصيف الحلوة وذهبت إلى الشاطئ القريب بصحبة أحد الرفاق من محلّتنا، لنلهو قليلاً بين أمواج البحر اللطيفة أو على رمال الشاطئ الناعمة.

وإذ كنّا نسبح بعيداً، وننعم بالمياه الباردة تحت أشعّة الشمس الحارقة، جرفني تيّار مائيّ، أخذ يدور بي على نفسه مراراً وتكراراً، حتى أنهكني وخارت قواي، فلم أعد أقوى على العوم، وكدت أغرق في اللجّة الظلماء دون مقاومة أو حراك. ولمّا أحسست بدنوّ الساعة، ندمت على مغامرتي الفاشلة واستنجدت برفيقي، علّه يستطيع شيئاً، لكنّه ظلّ بعيداً و لم يجرؤ على الدنوّ منّي مخافة أن يجذبه التيّار بدوره، ونلقى معاً المصير المحتوم. فكان يرقب حركاتي ومحاولاتي اليائسة، متوقّعاً هزيمتي الأكيدة أمام عناد العناصر الكونيّة تلك.

حقّاً إنّها ساعات حرجة أن يتنازع الإنسان البقاء مع قوى الطبيعة العاتية، رغم فوارق القوى بينهما. لكنّ القدر قد يقول كلمته أخيراً ويقلب المقاييس. فترتدّ الهجمات وينجو الإنسان بقدرة قادر من جولة غادر.

فبعد صراع مرير مع الحياة والموت، لفظني التيّار أخيراً إلى خارج مداره، بعد أن رآني لا أُغني عن جوع ولا أسدّ من شبع. فحاولت يائساً أن أتّجه نحو الشاطئ البعيد. ولكني بتّ لا أقوى على القيام بأيّة حركة تعينني على النجاة، فقد استنفد التيّار كلّ قواي، وخارت عزيمتي، ووهن نشاطي. فابتلعتني اللجّة الغادرة مستسلماً لقدَري ومصيري دون أيّة مقاومة تُذكر. وإذا بي، بعد كلمة القدر الحاسمة، على

صخرة مغمورة، أقف عليها لأرى أيّ أيّ المياه قد غمرتني حتى الأنف تقريباً. تنفّست الصعداء واستعدت على سطح تلك الصخرة المنجاة بضعاً من قواي المفقودة، ثم استأنفت السباحة لأرتمي على الشاطئ جثّة تحمل بعض رمق من حياة، حامداً ربّي على خلاصي، واعداً نفسي ألاّ أغامر مرّة أخرى وأقتحم تلك اللجّة العاتية التي لا ترحم.

خدعة مضحكة

أمّا ما حدث معنا في بيتنا ذات يوم فيبعث إلى الضحك.

كان في بيتنا "القصر" في "مدينة الحب" كما سمّيتها قناطر عديدة تشرف على بستان الليمون من ناحية البحر. كنّا ننام أحياناً تحت تلك القناطر في ليالي الصيف الحارّة لننعم بلفحات البرد العليلة الآتية من البستان. وكان ينام هناك أيضاً وعند القنطرة الأخيرة أحد العمّال المصريّين الذي كان يعمل مع والدي في البستان.

وبين الحين والآخر كان كلب سلوقيّ أسود، ضخم الجثّة، يربض ليلاً على إحدى فرشاتنا. فيبلّلها ويوسّخها ويترك عليها من قوائمه "النظيفة" آثاراً لا تمحى. فتقوم قيامتنا عليه، وننذره بأشدّ العقاب إن أمسكناه يوماً، ويأخذ والدي في مراقبته ليلاً كي يكيل له من عصاه ما يستحقّ. ولكن الكلب كان يشعر في كلّ مرّة بما قد يأتيه من ويل، فيهرب وينجو. و لم يكن أحد ليستطيع أن يعطيه الدرس التأديبيّ الموعود.

وذات ليلة، وبينما كنّا مستغرقين في نوم عميق، أفاق والدي وتطلّع إلى ما حوله فإذا بشبح أسود يربض إلى جانب فراش المصريّ وقرب الرأس تماماً. فأخذ عصاه التي لم تكن تفارقه ليلة، وراح يتسلّل خلسة للإيقاع بذاك الكلب اللعين، وطالما انتظره! وكان الليل شديد السواد، والهدوء يسود المكان تماماً. فأتاه على حين غرّة من الوراء والكلّ نيام، ورفع عصاه عالياً يكيل له ما يستحقّ من جزاء مرير. وكم كانت الدهشة كبيرة وصدى الصوت أكبر!

لقد أفاق العامل على صوت تنكة فاحمة السواد، كانت أمّي تستعملها لغلي الغسيل على الموقد، أصابت رأسه فأطاع صوتها بعقله ولبّه، فبات المسكين يهذي كالمجنون، لا يعي شيئاً ممّا حدث حوله. و لم يكن أحد ليخبره ساعتئذ بما جرى. فقد وقع والدي أرضاً من شدّة الضحك. و لم يعد يعي أيضاً ما يقول. بينما فوجئنا نحن بالصوت وهذيان الجار الملتاع الذي تلقّى الصدمة وكانت شديدة مرعبة.

خدمة القدّاس

وفي "مدينة الحبّ"، وإذ كان لي من العمر عشر سنوات جرت لي حادثة طريفة لا بدّ من ذكرها.

فقد اعتدت كلّ يوم أحد أن أقوم بواجباتي الدينيّة. فأحضر القدّاس الإلهيّ في كنيسة مار تقلا، وكانت الأقرب إلينا. وهي كنيسة صغيرة تقوم إلى جانب معمل من الكبريت قرب سهل المدينة الأخضر. ولا تفتح أبوابها للمؤمنين إلاّ "يوم الربّ". فيتوافد إليها أبناء الحيّ هناك ليقيموا الصلاة ويحضروا القدّاس. وكان كاهن الرعيّة راهباً يأتي من دير قريب هناك.

وصدف ذات يوم أن تأخّر الكاهن عن موعد القدّاس، فانتظره المؤمنون بفارغ الصبر، إلى أن وصل أخيراً وبدأ يستعدّ لإقامة الذبيحة الإلهيّة. لكنّ الشماس تأخر بدوره أيضاً على غير عادته. فطلب الكاهن منّي أن أقوم بالخدمة حتى وصول الشمّاس. فاعتذرت لأنّي لا أعرف الترتيبات والطقوس والتراتيل المناسبة، إضافة إلى أنّي قد تهيّبت الموقف خجلاً ووجلاً. وبعد إلحاح الكاهن وتشجيعه وعلى مرأى من المؤمنين جميعاً، صعدت المذبح وحملت المبخرة وإناء البخّور وبدأ القدّاس.

كنت أقدّم البخّور والماء والنبيذ كلّما تقدّم نحوي الكاهن، دون أن أنبس ببنت شفة. حتى أنّني لم أجرؤ على قول كلمة "آمين" عند نهاية كلّ صلاة يتلوها الكاهن.

وانتهى القدّاس بصمت وسكون. وخجلت من نفسي متسائلاً: "هل يجوز لي وأنا في العاشرة من عمري، ولا أجهل القراءة والكتابة، أن أجهل الصلوات المسيحيّة الأساسيّة ولا أشترك بإقامة الشعائر الدينيّة المناسبة؟". عندها تخيّلت أنّ كلّ مَن كان في الكنيسة يومذاك بات يحتقرني لجهلي، ويمقتني لجبني واستخفافي بأموري

الدينيّة. فعزمت أن أغيّر صورتي تلك التي علقت في ذهن كلّ منهم، وأقلبها رأساً على عقب ليروا مدى قدرة كلّ منّا على التحكّم بأموره إن أراد ذلك.

فليس على الإرادة مستحيلٌ ولكن نحن تنقصنا الإرادة

طلبت في اليوم التالي من أحد الجيران الذين يرودون العاصمة يومياً أن يبتاع لي من إحدى المكتبات كتيّباً لخدمة القدّاس. وكان لي ما أردت فانكببت على حفظ الصلوات والتراتيل بالتسلسل المطلوب، حتى رأيتني في غضون أسبوع قد أتيت عليها جميعاً واثقاً بأمري، عازماً على الإقدام على الخطوة التالية بثبات وعناد.

وكان الأحد التالي. وكنت هناك. فطلبت من الشمّاس بإلحاح أن يسمح لي هذه المرة بخدمة القدّاس الإلهيّ منفرداً. فتعجّب من أمري. و لم يكن ليدري ما أنا فيه. وبعد لجاجة عنيدة قبل الأمر مكرهاً، وجلس بين صفوف المصلّين. وبدأ القدّاس. فقمت بالخدمة خير قيام دون الرجوع أو الالتفات إلى كتاب الخدمة الموضوع على طاولة خاصّة هناك. والكاهن والمؤمنون لم يصدّقوا ما تراه عيونهم أو تسمعه آذانهم، فتساءلوا: "أليس هذا الصبيّ هو ذاك الذي كان أخرس في الأسبوع الفائت فنطق اليوم؟ ماذا حلّ به؟ لعلّ الروح القدس قد أنار ذهنه، وأعطاه الجرأة من لدنه. فبدّل حاله وصنع به عجائبه؟".

هذا ما كان لي إذ ذاك و لم يكن ليكون لولا مجابهة الواقع بكلّ حزم وعزم.

اللاجئون

– ما كان الحدث البارز في نظرك لمّا كنت صغيراً؟

– لكلّ منّا اسمٌ يحمله منذ الولادة ولا يفارقه حتى بعد الممات. فقد صُهرا معاً صهراً عجيباً وباتا واحداً لا ينفصل أحدهما عن الآخر. وكما يُنسب الاسم إلى كلّ منّا منذ الولادة كذلك يُنسب إلينا ذاك المكان حيث وُلدنا، وحيث كحّل شعاع النور عيوننا للمرّة الأولى. ويبقى ذاك المكان هو الأعزّ لدينا، مهما رحنا وجُلنا في أصقاع هذه الدنيا الفسيحة. لذا فالوطن هو ذاك الشعور أو الحنين الذي يشدّنا إلى قطعة من الأرض نفحتنا بنسمة الحياة فتنشّقناها. وأرضعتنا من خيراتها فنمونا، وسقتنا من لدنها فارتوينا، وصارت فلذة منّا، التصقنا بها والتصقت بنا. تفاعلنا معاً فكان لنا فيها ذكريات طيّبة أو أليمة. فعزّت علينا كالروح وعبدناها مع الخالق الوهّاب، ودافعنا عنها بكلّ ما أوتينا من قوّة وحكمة حتى الاستشهاد في سبيلها.

تلك القطعة الوطن، إن خسرناها خسرنا بها كلّ شيء، خسرنا الأرض والكرامة. وأيّ شيء يبقى لنا إن خسرناهما معاً؟

هذا ما حدث فعلاً منذ ما يقارب خمسة عقود من الزمن لجيران لنا أشقّاء حيث خسروا أرضهم المقدّسة في فلسطين، ولجأوا إلينا مشرّدين تائهين، طالبين المأوى والنجاة، مستنجدين بالحقّ الدوليّ والضمير العالميّ، واثقين بقضيّتهم العادلة وإحقاق الحقّ وعودة كريمة مشرّفة. ولكن هيهات أن يكون لهم ذلك! والعالم في بؤرة فساد، يتنازعون كما حيوانات الغاب، والغلبة دائماً للأقوى ولذوي السلطات والمال. فيندحر الحقّ أمام تلك القوى الفاعلة على الساحة العالميّة، وتطول إقامة اللاجئين هؤلاء بيننا – إلى أن يأتي الله شيئاً كان مفعولاً – وقد بدت أخيراً في الأفق

البعيد بوادر حلول لقضيّتهم. فعسى أن يعود الحقّ إلى أصحابه ولو بعد حين.

هذا هو الحدث البارز الذي شهدته في طفولتي. وغيّر مجرى الأحداث كلّها في منطقتي وبلدي. وإنّنا إذ نتطلّع إلى إحقاق الحقّ كاملاً نرجو أن يعود كلّ لاجئ أو مهجّر إلى بيته وبلده ويستعيد أرضه وكرامته، وتتحقّق على الأرض العدالة الإنسانيّة المرجوّة.

الحق على الطليان

– ماذا عن ذكرياتك المدرسيّة؟ أرى في مفكّرتك الشيء الكثير منها.

– صدقت! إنّ الحياة المدرسيّة لأجمل مرحلة من حياتنا. تحمل الكثير من ذكريات الصداقة واللهو والطيش، والعمل المسؤول واللامسؤول. وإنّ أصدق الصداقات ولدت ونمت على مقاعد الدراسة، فلا تموت رغم التباعد ومرور الزمن. على المقاعد تلك تنكشف النفوس على حقيقتها ببراءة متجليّة. فالأنانيّة والكبرياء والتزمّت والبخل والحقد، كلّ هذه الصفات تتجلّى على صفحات الوجوه دون نقاب أو حياء، كما تتجلّى على بعضها الآخر إمارات المحبّة والتواضع والانفتاح على الغير، والجود والصداقة الحقّة. فيختار الطالب من أترابه مَن يرى فيه ما يكمّل صفاته وخصاله. فنرى الأنانيّ يصادق الأنانيّ والمتواضع المتواضع، وكريم الأخلاق يتقرّب من نظيره، ولكن مهما يكن من أمر تلك الصداقات، فرفاق المدرسة يذكرون بعضهم البعض بالخير. ويعتبرون مرحلة الدراسة مرحلة حلوة مُثقلة بالمرح والذكريات الطيّبة.

وممّا أقرأ في مفكّرة ذاكرتي المدرسيّة أنّي بعد أن أنهيت دراستي الابتدائيّة في الدامور التحقت بإحدى مدارس الرهبانيّة الأنطونيّة في عاصمة الجبل – بعبدا – كتلميذ داخليّ. وقد أقيم الدير على تلّة تشرف على البحر الأزرق حيث يسرح النظر بعيداً حتى الأفق السحيق. وعلى الشاطئ الرمليّ هناك يقوم الميناء الجويّ للعاصمة ويشكّل صلة وصل بينها وبين العالم الخارجيّ.

هناك، ولأوّل مرّة، أحسست أنّي قد سُلخت عن أهلي والعالم، لأعيش في دير تفوح بين أرجائه رائحة القداسة والمحبّة. عشت فيه ناسكاً ككهنته، تلميذاً كرهبانه،

هادئاً كحجارته. أحسست وكأنّي وُلدت بالروح من جديد بعد ولادتي بالجسد. لقد صفا ذهني، وزاد إيماني بالله مخلّصي. فانبعثت طاقاتي الإنسانيّة والفكريّة. وصرت أعبّ من معين مدرسيَّ الفوّار دون ارتواء، فيعطونني دون حساب كآباء كرماء.

وممّن أذكر منهم بتقديري ومحبّتي مدرّسَي اللغتين العربيّة والفرنسيّة. فمدرّس العربية رجل مسنّ، ضعيف البنية، يعتمر دائماً طربوشه، يَمشي بتؤدة مخافة أن تزلّ قدماه فيعثر ويقع. كان يكلّمنا كوالد لنا لا كأستاذ. يأمرنا بالخير وينهينا عن المنكر كنبيّ مرسَل. يبسّط لنا الأمور اللغويّة المعقّدة بطريقته الخاصّة فتبدو لنا سهلة المنال. فنلقفها ونمضغها بنهم، ونُقبل على الدراسة والمطالعة بالترغيب لا بالتهويل.

وممّا كان يجذبنا إليه قوله: "إنّي أعلّمكم ما لم يعلّمه أحد غيري، وممّا لا تجدونه في كتاب مدرسيّ. إنّي أدرّسكم أبحاث اللغة العربيّة وأصولها وأسبابها ومسبّباتها. يجب أن تعلموا لِمَ بنيت الأفعال وأُعربت الأسماء؟ ولِمَ أُعربت الجموع السالمة بالحروف لا بالحركات، ولِمَ أعرب منها جمع المؤنث بالكسرة عِوضاً عن الفتحة، ولِمَ يُحذف التنوين من المعرفة، ولِمَ عُرّف المبتدأ ونُكر الخبر، ولِمَ ولِمَ إلى ما هنالك من أمور معقّدة، وخصوصاً في الإدغام والإعلال". وهذا ما جعلني أقدّر فيه حبّ العطاء والبذل دون حساب رغم كبر سنّه وضعف بنيته. وكم كانت دهشتنا كبيرة عندما علمنا أنّه لا يحمل أيّة شهادة رسميّة، ولم يقف على أستاذ قط. بل تلقّف ما تلقّفه من علوم اللغة بجهد المطالعة والتحصيل الشخصيّ. فأكبرنا فيه تلك الهمّة، وودِدنا لو نحذو حذوه في البحث والتحصيل.

أمّا مدرّس الفرنسيّة فكان فرنسيّ الجنسيّة. لا نستطيع التكلّم معه إلاّ بلغته. وهذا ما ساعدنا على إتقان الفرنسيّة بالسرعة المتوخّاة.

وقد كان لي معه بعض الذكريات الطيّبة لا بدّ من ذكر إحداها لما فيها من عبرة وطرفة:

أوّل عهدي بالمدرسة هناك في ذاك الدير، أُعطيتُ كتاباً أجنبيّاً لا هو بالفرنسيّة ولا بالإنكليزيّة. ولما استفسرت عنه أحد الرفاق قال لي إنّه كتاب في اللغة اللاتينية. فتصفّحته لأجد أنّي لا أفقه منه شيئاً حتى القراءة. فكيف لي أن أدرس فيه وهو للصفوف الثانويّة، و لم أتعلّم بعد المبادئ الأولى الأساسيّة لتلك اللغة القديمة الميتة؟

مرّ الشهر الأوّل على دراستي اللغة الجديدة تلك، فلم أستوعب منها شيئاً يذكر. وكنت في كلّ حصّة دراسيّة منها كالأطرش في الزفّة كما يقال وإذ كان المدرس يعطينا العلامة الشهريّة في هذه المادّة ويسمّي التلامذة حسب ترتيب علاماتهم جاء ترتيبي الأخير بين رفاقي. فشجّعني المدرّس آملاً بالمزيد من النشاط والتركيز.

أمّا أحد الرفاق، وكان من الرهبان المبتدئين، وقد نال العلامة الأولى في هذه المادّة، تطلّع إليّ بهزء وسخرية ظاهرتين، وابتسم ابتسامة صفراء ملؤها التهكّم والاعتزاز بالنفس، وقال: "ما عليك إلاّ أن تعود إلى الصف الأدنى حيث تكتسب المبادئ الأساسيّة للاتينيّة". عندها أحسست بحقارة ذاك الرفيق المتهكّم. وعزمت أن ألقّنه درساً لن ينساه مدى العمر. فانكببت في الشهر التالي على دراسة اللاتينية وأصولها مستعيناً بأحد الكتب الابتدائيّة إلى أن تمّ لي في شهر واحد ما لم يكن أحد ليتوقّعه. فنلت في الشهر التالي أعلى علامة في تلك اللغة. وفقتُ بترتيبي ذاك الرفيق "المتغطرس" ممّا لفت نظر الجميع بمن فيهم المدرّس. فتقدّم إليّ رفيقي الراهب مهنّئاً. فقلت: "كلمتك الساخرة كانت لي حافزاً". فقال: "وتصميمك كان لي أمثولة، وكلانا أخذ العبرة المناسبة".

صمت زكريّا

– وهل هناك شيء آخر عن حياتك المدرسيّة في ذاك الدير؟

– حياة التلميذ الداخليّ، خصوصاً في دير للرهبنة، رغم ما فيها من تحصيل تربويّ وثقافيّ وبناء للذات الإنسانيّة، لا بدّ من أن تنطوي على شيء من الانكماش والتقوقع، فإذا بالتلميذ عصفور في قفص، فقدَ حريّته، وألقى مصيره بين أيدي سجّانه. لذا كنت ترانا إذا خرجنا من "القفص" ولو لفترة وجيزة حاولنا الطيران، ولو بأجنحة الدجاج، لنعود بعد حين إلى حيث كنّا، ننتظر فرصة أخرى للانفلات.

وقد اعتاد مديرنا ومرشدنا الروحيّ آنذاك وعند عطلة نهاية الأسبوع أن يرافقنا في رحلة إلى الجوار مشياً على الأقدام. فكنّا نمشي أحياناً أكثر من ثماني ساعات ذهاباً وإياباً لنزور ديراً أو مدرسة أو معملاً. ونعود بعدها فرحين سعداء دون شعور بالتعب أو الملل.

وكنّا ذات يوم، في رحلة من الدير إلى مطار العاصمة. وهو لا يبعد عنّا أكثر من ساعة سير على الأقدام. وكان علينا أن نجتاز طريقاً تربط العاصمة بالجنوب وتزدحم فيها السيارات غالبًا. فأشار إلينا المدير معلناً وجوب التوقّف والانتظار إلى جانب الطريق، لتأمين عبورنا إلى الجانب الآخر. لكنّي، وبغفلة منه، عبرت الشارع مسرعاً متجاهلاً إشارته، فرحاً بنجاتي، متباهياً بإنجازي. وهل هذي الطريق بحراً أحمر، لا يُعبَر إلاّ بعصا موسى؟ فما كان من المدير إلاّ أن وجّه إليّ من الطرف الآخر لومه وتأنيبه، وأرفقه بعقاب صارم أطلقه بالفرنسيّة بما معناه: "ستبقى أسبوعاً كاملاً دون كلام".

وقع عليّ القصاص وقوع الصاعقة. ولكنّي إذ تذكّرت عقاب زكريّا في الهيكل هان عليّ عقابي.

وأكملنا الرحلة إلى المطار وعدنا من حيث أتينا، وأنا ملتزم صمت زكريّا بمرارة وتذمّر. إلى أن طرقت باب المدير في اليوم التالي وشرحت له عزمي على مغادرة المدرسة نهائيّاً إلى البيت. فتفرّس المدير بي وعلم ما يجول في خاطري. فأعتق لساني. وربّما كان دفق نشاطي وحسن سلوكي قد تشفّعا بي تلك الساعة. فعدت عن قراري بعد إطلاق لساني.

وتوقّف القطار

أوّل عهدي بالدراسة في ذاك الدير لم يتسنّ لي النوم أبداً لفترة طويلة شعرت بعدها بالإرهاق يوهن جسمي ويكاد أن يقضي عليّ. فالانسلاخ عن الأهل، والعيش في دير كراهب أقرب منّي إلى طالب داخليّ، وضرورة التكيّف السريع مع هذا الموقف المستجدّ، كلّ هذه الأمور التي لا عهد لي بها من قبل بدّلت نظام حياتي وجعلتني أرقّ شعوراً وإحساساً. وزادت فيّ الحنين إلى أبويّ وإخوتي، وسرقت من عينيّ النوم لأيّام عديدة متتالية. وممّا زاد الطين بلّة ذلك القطار الحديديّ الذي كان يسافر كلّ ليلة من عاصمة بلدي إلى السهل الداخليّ مارّاً بين منعطفات الجبل، وكانت خطوط سيره تحاذي مركز الدير. ولا يحلو لذلك القطار اللعين إلاّ أن يمرّ في ساعة متأخّرة من الليل، والكلّ نيام، والهدوء يخيّم على التلال والآكام. فينفث من أنفاسه ما يكفي لتلويث كافّة أجوائنا الصافية. ويبعث من أمعانه هديراً تهتزّ له عظام الأموات. فكيف لتلاميذ الدير، طلاّب الهدوء والسكينة، أن يناموا على قرقعة الحديد وشهيق ذاك القطار الممقوت.

كنّا، نحن التلامذة، نتبادل الشكوى والتذمّر، لائمين الدولة على إقلاق راحتنا، إذ لم تجعل خطوط القطارات ملازمة لسير الأنهار في الأودية.

وما إن مضى شهر ونيّف على حالنا هذه حتى صرنا نتساءل: "تُرى لِمَ توقّف القطار؟ ولِمَ لم يمرّ هذه الليلة؟". فيجيب أحدنا بأنّ القطار يمرّ كلّ ليلة كالمعتاد ولكنّنا بتنا لا نحسّ به. فكلّ أمر غريب إذا تكرّر بات مألوفاً.

الرهبانيّة الأنطونيّة

– وهل كان لك في ذاك الدير من صداقات تفتخر بها رغم مرور السنين؟

– كنت أعيش هناك مع رفاقي وكأنّنا عائلة واحدة تصبو إلى خدمة الله وتمجيده في جوّ يعبق برائحة القداسة والبراءة الحقّة. وكان الزميل الذي كنت أشاركه دائماً مقعد الدراسة يحتلّ المرتبة الأولى في قلبي من حيث طيبة جبلته وصفاء سريرته. فترسّخت الأخوّة بيننا طيلة فترة دراستي في ذاك المعهد إلى أن غادرت إلى مدرسة أخرى وانصرف كلّ منّا إلى تحضير مستقبله المنتظر. فكنت في ما بعد المدرّس والمدير في مدرسة متوسّطة رسميّة، وكان حنا سليم كاهناً ثم رئيس دير للرهبان المبتدئين وبالتالي رئيساً عامّاً للرهبانيّة الأنطونيّة. وانقطعت العلاقات بيننا بحكم انشغالنا بالدراسة ومن ثمّ من جرّاء الأحداث الأليمة التي دفعتني إلى السفر خارج البلاد.

وبعد أربعين سنة من الفراق، وبينما كنت صدفة في بيروت، قصدت مع ابن عمّ لي دير مار روكز، مركز الرئاسة العامَّة للرهبانيّة الأنطونيّة، لنقدّم التهاني لذاك الأباتي الجليل بمناسبة تسلّمه قيادة مسيرة الرهبانيّة. وما إن وقع نظره علينا عند المدخل العامّ للدير حتى بادرني قائلاً: "يا فرنسيس، يا فرنسيس! أوَ أنت هنا؟"، وتعانقنا بعد طول فراق. وعدنا في لحظة واحدة أولاداً صغاراً في أحضان دنيا الدير. نعم بعد فترة طويلة من الزمن انقطعت فيها أخبار كلّ منّا عن الآخر بقي ذاك الأباتي الجليل يذكر بالخير صداقة ذاك الذي كان قربه يوماً على مقعد الدراسة يشاركه همومه المدرسيّة وتطلّعاته المستقبليّة.

وشاءت الصدف بعدئذ أن يزور الأباتي سليم الأديار والكنائس الأنطونيّة المنتشرة في ديار كندا ليطّلع على مسيرتها التبشيريّة وخدماتها الروحيّة. وقد شرّفني بزيارة

كريمة كان لي فيها هذه الكلمة عربون تقدير واحترام، وكان ذلك في ١٢ حزيران ١٩٩٤:

في البدء كان الله.

وكان لبنان مذ كان الله.

وكان جبل الأرز واللبان في قلب الله.

وشهق الجبل فارتفع. وتثاءب فتطاول حتى الغيم.

ثم انتفض لينثر على الشواهق والمنحدرات.

صوامع نسك وعبادة.

تروي حكاية الله وعلاقته مع شعب هذا الجبل.

وهياكل بعلبك وبيبلوس شاهدة على متانة تلك العلاقة.

وهذا هو أحيرام ملك صور يأبى إلاّ ويشارك في بناء هيكل أورشليم من خشب أرز الربّ.

وها هو الربّ، بروحه وجسده، يشاركنا أفراحنا في قانا الجنوب، ويزور صرفت صيدا لفتة تقدير منه ومحبّة.

وكما تنمو خلايا النحل بين الأزهار هكذا نمت هياكل العبادة على أفنان الجبال عندنا.

ثم انتظمت تلك الحركات النسكيّة في مجموعات ترعى التراث النسكي السامي لتحضن رهباناً ينذرون الفقر والعفّة والطاعة في سبيل الله.

وكانت الرهبانيّات!

وكانت الرهبانيّة الأنطونيّة مميّزة ببذرتها الصالحة حيث وقعت في أرض صالحة.

وأعطت ثماراً كثيرة طيّبة في مسيرة دربها الرهبانيّ الشاقّ.

وإيماناً منها بأنّ الفتور آفة الصلاة، اتّخذت من عصا القديس أنطونيوس رمزاً لها

ومنبّهاً وحافزاً لمتابعة المسيرة المقدّسة، تتوكّأ عليها سنداً، وترعى بها حملان الربّ، كما تهشّ بها أحياناً على أعدائها المتربّصين.

وقد رعت هذه الرهبانيّة قطعان الله منذ قرون عديدة في لبنان.

ولّما كان اللبنانيّون حيثما حلّوا يبنون لبناناً جديداً، كان لا بدّ لرهباننا الأشاوس من أن يرافقوا اغترابنا، ويقدّموا لنا خبز الحياة، ويكونوا قربنا في السرّاء والضرّاء حتى الممات.

وها هي الرهبانيّة الأنطونيّة تنثر بذور قداستها في أميركا وكندا وأوستراليا وإيطاليا وفرنسا وفي جميع أصقاع الدنيا.

وما وجود سيادة رئيسها العامّ الأباتي حنّا سليم بيننا اليوم إلاّ ليشرف عن كثب على الحقول المقدّسة حيث زُرعت تلك البذور، ويعتني بها عناية الأب الصالح، وفي قلبه إيمان الفلاّح القدّيس، وفي روحه رجاء المتواضعين، وفي فكره عزم المؤمنين.

إنّه اليوم قائد الرهبانيّة العامّ، وفكرها ومدبّرها. فالسفينة في أيدٍ أمينة وقيادة حكيمة، واعية. اتّصفت بالعلم وهدوء الرؤية والتعقّل وإيمان بطرس الصخرة.

وكأنّني إذ أختم كلمتي، أستنير بآراء بعض الشعراء وأقول:

هذا الـذي يعرف الشلاّل[3] جرأته	والنسـكُ يعرفـه والعلـمُ والحلُـمُ
يا حاملاً مع عصا أنطونيوس جرَساً	في حقلكَ ارتاحـت الرعيانُ والغنمُ
يـا مَن حملـت صليباً ثقلـهُ رزحٌ	ثقـلُ الصليـبِ سعـادةٌ لا تُحـرَمُ
يكفيك فخـراً هنا أن قدتَ رهبنةً	ومـن يقـدْ شعبـه للـربّ يتسـمُ
إن عدت لبنانَ طابت نفسُك فرحاً	فههنـا يقظـةُ الرهبـان مـذ رُسموا

---

٣ الشلاّل: إشارة إلى شلاّل جزّين مسقط رأس الأباتي سليم.

في العاصمة

– وهل تابعتَ دراستك في مدرسة الدير تلك أم انتقلت إلى مدرسة أخرى؟

– كان أبي، كما سبق وقلت، مزارعاً يكسب قوته بعرق الجبين. وكلفة التعليم في بلدي كانت ترهق المواطنين ذي الدخل المحدود. فاضطررت إلى متابعة دراستي في إحدى ثانويّات العاصمة برفقة ابن عمٍّ لي، ويدعى ملحم د. وقد كان لي رفيقاً مخلصاً ووفيّاً طيلة دربنا في الدراسة والعمل المدرسيّ فيما بعد. فكنّا نشغل كلّ سنة شقّة صغيرة بالإيجار في أحد أحياء العاصمة القريبة من المدرسة، ونقوم بكلّ أعمالنا البيتيّة والمدرسيّة خير قيام. ولا نعود إلى أهلنا إلاّ في عطلة نهاية الأسبوع. وكان لنا في المدرسة أيضاً رفاق أقرباء ومن بلدتنا بالذات، ويتّخذون لهم بعض الشقق الصغيرة المجاورة لنا مسكناً لهم.

ومن بين هؤلاء نسيبان لنا يسكنان معاً. كنّا نتبادل وإيّاهم الزيارات الوديّة. فنتعاون فيها على أمورنا المدرسيّة، ونلعب بعدها بالورق، أو نروي بعض أحاديث الضيعة الطريفة.

– هل لك أن تخبرني قليلاً عمّا كان يجري معكم وأنتم بعيدون عن أعين الأهل ومراقبتهم، وتعيشون في المدينة أحراراً دون رقيب أو حسيب؟

– كنّا جميعاً أبناء قرية واحدة. نؤمن بالقيم الروحيّة والأخلاقيّة النبيلة. ولم تسوّل لنا نفوسنا أن نضيع في ترّهات المدينة، أو ننزلق بين أزقّتها الفاسدة ونغترّ بالبرق الخلّب. كنّا إذا أردنا الخروج لنروّح عن أنفسنا بعد إنهاء واجباتنا المدرسيّة، نذهب إلى السينما، أو نلهو بلعب الورق حيث تتعالى الضحكات وصيحات التزريك والضحكات، ونلقى اللوم والعتاب من الجيران.

– وهل من مزيد؟

أحجية الإبريق

- من ذكرياتي في لعب الورق حادثة طريفة أذكرها لعلّ فيها أيضاً بعض العبر:

فقد كان يقصدنا حيث نسكن أحد زملاء الدراسة، وكان ماهراً في لعبة "الطرنيب" وطرح الحزازير المستعصية. وغالباً ما كنّا نخيّب ظنّه، إذ نتوصّل سريعاً إلى الحلول الصحيحة لمسائله.

وصدف مرّة أن ألقى علينا أحجية حسابيّة تقوم على أرقام ورق اللعب، فلم نتوصّل إلى معرفة كنهها ومفتاح حلّها بالسرعة المعهودة. وقد امتنع صاحبنا عن إعطاء الحلّ مكتفياً بإمهالنا أسبوعاً كاملاً للتفكير بها. وكانت الأحجية تقضي بأن نعرف مجموع الأرقام التي تحملها أوراق اللعب بعد أن تعدّها ابتداءً من رقم ورقة ما، حتى الرقم عشرة وتقلب مجموعة الأوراق التي عددتها بحيث تبقى الورقة التي بدأت العدّ بها في الأسفل. كأن إذا أخذنا الورقة ذات الرقم ثلاثة مثلاً نبدأ بعدّ الأوراق ابتداءً من أربعة، خمسة حتى عشرة ونقلب كلّ الأوراق المعدودة على أرقامها بحيث تبقى الورقة الأولى ذات الرقم ثلاثة في الأسفل. وهكذا دواليك إلى أن نأتي على كلّ أوراق اللعب.

أحجية تبعث على التفكير. ولم نتوصّل إلى الحلّ رغم تعاوننا جميعاً، ورغم ما قمنا به من تجارب وترجيحات أتت على دفاتر بكاملها، إلى أن خطر لي أن أطرح على رفيقي هذا أحجية سحريّة نتبادل بها الحلول المناسبة.

أخذت إبريقاً من الزجاج كان لنا هناك ووضعت على فوهته قطعة من الورق صغيرة وقلت لرفيقي: "فليأخذ أحدكم هذه الورقة بينما أقف خارجاً. وعند عودتي سأعرف مَن أخذها من على فوهة الإبريق". وكانت المحاولة الأولى. فانتظرت

خارجاً وعدت طالباً من كلّ منهم أن يقوم بضرب فوهة الإبريق ضربة خفيفة. إلى أن فعلوا كلّهم ذلك، فأخذت الإبريق بين يديّ هامساً في فوهته أكثر من مرّة: "مَن أخذ الورقة يا إبريق؟"، ثم لا ألبث أن أشير بعدها إلى "السارق". وكان كلّ رفاقي طبعاً يعرفون اللعبة التي تقضي بأن أتّفق مع أحدهم فيضرب فوهة الإبريق تلو "السارق" مباشرة.

وعبثاً حاول ذاك الرفيق المغرور بأحجياته أن يتوصّل إلى اللغز المعجزة إلى أن استسلم أخيراً فتبادلنا الحلول. وكم كانت دهشته كبيرة لسهولة الحل الذي أُشكل عليه ملقياً على نفسه اللوم وعدم دقّة الملاحظة.

حلم فتاة

وقد أتذكّر نادرة طريفة حصلت في صفّنا إذ كنت أتابع دراستي. ولم تزل في البال.

فقد كان لنا في الصفّ زميل يكبرنا ببضع سنوات، طويل القامة، أسمر البشرة، وملامح شاربيه بدأت تطلّ بخجل أسود. وكان يجلس في إحدى زوايا الصفّ إلى مقعد ضيّق الأبعاد بالنسبة إليه. اتّصف بسرعة الخاطر وخفّة الدم، يُطلق الطرائف جزافاً بمناسبة وبغير مناسبة. وتُطلَق معها الضحكات فترتاح أساريرنا، ولو لفترة وجيزة نعتبرها متنفّساً لنا بعد عناء الدرس والتفكير.

وكان ضعيفاً جدّاً بالفرنسيّة. لا يتقن منها حتى القراءة واللفظ السليم.

وذات يوم، وفي إحدى الحصص الفرنسيّة، بينما كان المدرّس منكبّاً على قراءة وشرح مقطوعة للكاتب الفرنسيّ الشهير لافونتين، عنوانها ما معناه "وعاء الحليب"، لفت نظره زميلنا القابع في الزاوية، يلهو بأدواته المدرسيّة فيخرجها من درج الطاولة ليضعها أمامه ثم يعيدها إلى حيث كانت. فتركه وشأنه. وتابع مجرى القصّة، موضوع الدرس. ولمّا أتى على نهايتها وعلى ما تخلّلها من مفردات جديدة، سألنا عمّن يستطيع أن يروي إلى زملائه القصّة بالفرنسيّة. والقصّة تدور حول فتاة تذهب يوميّاً إلى المدينة لتبيع الحليب هناك. وفيما هي ذات يوم في الطريق ودلو الحليب على رأسها راودتها أحلام سرّت لها كثيراً. فقد رأت أنّ دجاجتها ستحضن بيضاً كثيراً ويكون لها فراخ عديدة تكبر فتحضن بدورها بيضها. وفي وقت قصير سيكون لها دجاجات كثيرة تبيعها وتشتري بقرة إلى أن يكون لها أيضاً بقرة أخرى وهكذا كانت أحلام الفتاة تكبر كلّما قصرت أمامها الطريق إلى المدينة، إلى أن مرّت أخيراً تحت شجرة وارفة الظلال واصطدم الدلو بإحدى أغصانها ووقع أرضاً وروى

الحليب ذرّات التراب. وطار الحلم هباء كما الحليب.

ولما طلب المعلّم منّا أن يعيد أحدنا القصّة حسب طريقته الخاصّة، لم يجرؤ أحد منّا على ذلك، خوفاً أو تهيّباً، أو ربّما عدم ثقة بالنفس. وإذ انتظر المعلّم طويلاً وكرّر السؤال و لم يلقَ جواباً، انبرى "زميلنا الطريف" لينقذ الموقف ويصون شرف الصفّ، ويرفع عنه الإهانة التي قد تلحقه من جرّاء صمتنا. فرفع إصبعه مبدياً استعداده للجواب. فذُهل المعلّم وكذلك الجميع. لكنّ المعلّم تدارك الموقف حالاً وأخذ يشجّعه على البدء بالكلام، فأخذ صاحبنا في ترتيب حوائجه داخل الدرج ليُخرج بعضها ويعيد بعضها الآخر كعادته، والكلّ بانتظاره، والعيون شاخصة إليه كأنه المنقذ، إلى أن استطاع أخيراً إلى الوقوف سبيلاً.

وبعد صمت جليل سرق الأنظار إليه قال: "Perrette". وهو اسم الفتاة. فقال له المعلّم: "نعم! هيّا! ما بها؟".

فأخذ يرسم بأصابعه دائرة فوق رأسه مشيراً إلى الدلو المستدير التي كانت تحمله على رأسها. فشجّعه المعلّم على الكلام إلى أن انتزع منه الكلمات التالية "sur la tête".

ثم تابع استعمال يديه مشيراً إلى أنّها سارت في دروب متعرّجة نحو المدينة إلى أن وقعت أرضاً. وقال بعدها: "tombete".

فقال له المعلّم: "لماذا tombete؟".

فقال: "feminine monsieur".

وتعالت الضحكات في الصفّ وانطلقت بعيداً. إلى أن انبرى زميل آخر يقبع في الزاوية المقابلة ليكمل القصّة بسجعه المعهود قائلاً: "وانكبّوا الحليبات".

الفرن القاتل

ولعلّ قصّة "الفرن القاتل" تعطي صورة واضحة عن آفاقنا الضيّقة، ودنيا معارفنا المحدودة، نحن الأبناء الصغار الذين نتلقّى العلوم في مدينة النور!

كان لنا في المدينة شقّة صغيرة قد شغلناها، ابن عمي وأنا، كعادتنا في كلّ سنة دراسيّة، وكذلك كان يفعل قريبان لنا أيضاً، فيتّخذان لهما شقّة أخرى. وكانا يزوراننا كلّما سمحت لهما ظروفهما المدرسيّة، فنقضي معاً أطيب الأوقات وأجمل السهرات الحرّة التي عرفناها.

كانا كلّ مرّة وفي طريقهما إلينا يمرّان من أمام فرن تقاعد عن العمل. ونبتت عند مدخله الأعشاب البريّة. ونمت إحداها نموّاً بارزاً حتى غطّت الحائط كلّه، متمسّكة بأصابع سحريّة لاصقة، فطمست معالم الفرن وصورته الحقيقيّة. وقد لاحظ أحدهما يوماً أنّ عتبة المدخل من حجر أسمر نُقشت عليها بعض الكلمات. وبعد أن تلمّسا قراءتها تبيّن لهما الكلمات التالية: "بدأ بصاحبه فقتله".

إحتارا في أمر هذه العبارة، والدافع إلى كتابتها على مدخل ذاك الفرن. فعزاها أحدهما إلى أنّ صاحب الفرن قد قُتل حرقاً في داخله عند افتتاحه، فنقشوا آنذاك الآية على العتبة وأقفلوه.

أمّا الآخر فلم يرَ تفسيراً سوى أنّ معركة ما قد جرت ربّما أمام هذا الفرن فكان أن قُتل صاحبه قضاء وقدراً. وبات الفرن مبعث شؤم كشؤم البسوس باعثة الحرب بين بكر وتغلب لأربعين سنة، فأقفلوه.

وكنّا، إذ علمنا بأمر تلك النقوش، نشترك بدورنا في التعليلات والتفسيرات.

و لم نتوصّل إلى حلّ اللغز المكتوب، إلاّ بعد أن عزم رفيقانا ذات يوم من أيّام الشتاء القارسة على زيارتنا، وقد هبّت الرياح عاتية واعدة، فاقتلعت الأشجار وكسّرت النوافذ، وسدّت الطرقات. فرأيا أنّ العشبة التي كانت تغطّي مدخل ذاك الفرن قد انتزعتها الرياح من على الحائط واقتلعتها، ورمتها بعيداً. فبانت لهما إذ ذاك النقوش على العتبة جليّة واضحة. وكان أن قرأا عليها الحكمة التالية:

"لله درّ الحسد ما أعدله، بدأ بصاحبه فقتله!"

خيبة معلِّم

كنت في مدارس العاصمة مرتاحاً إلى دروسي، واثقاً ممّا أفعل. فاكتسبت تقدير معلّميّ واحترامهم.

وكان لنا في إحداها مدرّس للعربية، نشيط، جبرانيّ الخيال، يحاول توسيع آفاقنا ومخيّلاتنا، فينقلنا من دنيا الواقع إلى دنياه العائمة فوق السحاب أو الهابطة إلى جوف الأرض أو الغائرة في لجّة المياه. وكنّا نطير أو نهبط أو نغور معه، غير عابئين بما نحن فيه من عدم الخبرة في الطيران أو الغطس.

لكنّ معلّمنا هذا لم يكن راسخ القدم في قواعد اللغة. فكان خلال حصّة الصرف والنحو يدبّ دبيب النمل على الأرض، فتمشي "قواعده" في نفوس تلاميذه "كتمشِّي النار في الفحَم" أو "كتمشِّي البرء في السقمِ". لا يعي أين يمشي ولا أين يقف. فيتوجّه إلينا يدقّ الباب متردّداً كلّما صادف عقبة. فأحاول وأحد الرفاق المجلّين في الصفّ أن ننجده ونأخذ بيده دون أن يشعر الآخرون بالأمر، حفاظاً على كرامته ومركزه كمعلّم. وكان في كلّ مرّة، إذا اختلفنا في الرأي على إعراب كلمة ما، يقف إلى جانب رفيقي، فأعترض غالباً دون جدوى. وتبقى كلمتي في الموضوع صرخة في وادٍ، أو خربشات طفل على رمال، رغم إيماني بصدق وحقيقة ما أرى.

وإذ تكرّرت هذه الأمور مراراً بحيث لم أعد أتحمّل التمادي في الخطأ الذي يتعلّمه رفاقي، وقد طفح الكيل ولمّا يتّسع للمزيد، انتظرت ذات يوم مدرّسي هذا ليعود إلى المدرسة لفترة ما بعد الظهر، فاعترضت طريقه في الملعب وسألته: "لِمَ بُنيت الأفعال وأُعربت الأسماء يا أستاذ!".

فقال: "الفعل مبنيّ والاسم معرب".

قلت: "ولِمَ يبنى الاسم أو يُعرب الفعل أحياناً على خلاف الأصل؟".

لا جواب.

سألته مجدّداً: "وبما أنّ الأفعال قد بُنيت فلِمَ أُعرِب منها المضارع دون غيره؟".

أجاب: "فقط الفعل المضارع هو المعرَب بين الأفعال".

قلت: "ولِمَ يُبنى هذا حين دخول نون النسوة أو نون التأكيد عليه؟".

لا جواب.

سألته مجدّداً: "ولِمَ يُرفع المثنّى بالألف وينصب ويجرّ بالياء وليس بالألف والنون، أو بالياء والنون؟ ولِمَ تُعرَب الجموع السالمة بالحروف دون الحركات؟ ولِمَ يُنصَب جمع المؤنث السالم بالكسرة لا بالفتحة؟ ولِمَ يُحذف التنوين من الاسم عند الإضافة؟ ولِمَ عُرّف المبتدأ ونُكِّرَ الخبر؟ ولِمَ يجزم الفعل بالسكون إلاّ المعتلّ الآخر فبحذف آخره؟ ولِمَ؟ ولِمَ؟ إلى ما هنالك من أمور معقّدة في قواعد اللغة...".

بُهت المعلّم من أسئلتي المنطقيّة التي تبحث عن إجابات مقنعة. وعاد إلى نفسه متسائلاً: "حقّاً لِمَ يتمّ كلّ هذا في علم النحو؟ وهل كان ذلك صدفة؟ طبعاً لا! هنالك أسباب لكلّ هذه الأمور اللغويّة المعقّدة". ثم حدّق بي وقال: "وهل تعرف أنت ذلك؟ وأين تعلّمتها؟"

قلت: " لم تمنحني الفرصة ولو لمرّة واحدة لأبيّن حقيقة الأمور المطروحة، بينما تقف دائماً إلى جانب زميلي م. ش. وينال منك أعلى العلامات".

قال: "بالله عليك! قل لي بعضاً منها".

فاتّخذت ناحية من الملعب وشرحت له ما تيسّر لي شرحه آنذاك من باب البناء والإعراب:

"فالاسم أُعرب أصلاً لتظهر معانيه وموقعه في الجملة من حيث الفاعليّة أو المفعوليّة أو غيرهما، وترتيب حركاته تختلف عن ترتيبها في الفعل حيث نرى في الاسم حركة يتبعها سكون أو حركتين متتاليتين يتبعهما السكون، بينما نجد في الفعل ثلاثة حروف متحرّكة متتالية كما في كَتَب. حتى إذا أشبه الاسم الحرف بُني، وإذا أشبه الفعل الاسم في ترتيب حروفه وحركاته وفي معناه أعرب كما في يَكْتُبُ وكَاْتِب. ويكون ذلك في المضارع...".

فقال لي: "ولِمَ لا يُجزم الاسم ولا يجَرّ الفعل؟".

أجبت: "لو جُزم الاسم لم يظهر القصد الذي يراد به من حيث الفاعليّة والمفعوليّة، وعلامات الإعراب تدلّ على موقعه منهما. والجرّ لا يقع في الفعل لأنّ الفعل ثقيل في اللفظ باعتبار وزنه، وفي المعنى باعتبار مدلوله وهو الحدث والزمان. وكلمة "زَيد" هي أصلاً "زَيدُن" وليست "زيدْ" بالسكون. والنون هي من أصل الاسم. وفي المثنّى نزيد الألف أو الياء لتصبح "زيدان" في حالة الرفع أو "زيدَين" في حالتي النصب والجرّ. وبذلك يكون الألف أو الياء دون النون علامة الإعراب في المثنّى...".

قال: "ولِمَ أُعرب جمع المذكّر السالم بالحروف؟".

أجبته: "يشرح الشيخ ناصيف اليازجيّ ذلك فيقول: إنّ الإعراب بالحركة هو الأصل لأنّ الحركة هي العلامة الوضعيّة للإعراب والحرف نائب عنها. والإعراب بالحروف هو الفرع. لذا استحقّ الاسم المفرد أن يعرب بالحركة لأنّه الأصل في الأسماء، فإنّ الاسم يوضع أوّلاً للواحد ثم يثنّى ويجمع. وبناء عليه استحقّ المثنّى والجمع الإعراب بالحروف لأنّهما فرع المفرد، والإعراب بالحرف فرع الإعراب بالحركة. غير أنّه لمّا كان جمع المذكّر السالم هو الأصل في الجمع وبقيّة الجموع فروع له جعلوا له الإعراب بالحرف الذي هو الأصل في إعراب الجمع. وتركوا لها الإعراب بالحركة الذي هو الفرع فيه قصداً للمطابقة بين المعرب وإعرابه. لذا أعرب

جمع المذكّر السالم بالحروف وبقيّة الجموع (جمع المؤنّث السالم وجمع التكسير) أعربت بالحركات".

سألني مجدّداً: "ولكن لِمَ ينصب جمع المؤنّث السالم بالكسرة؟".

قلت: "هو جمع سالم ويتبع في علامات إعرابه الجموع السالمة. فجمع المذكّر السالم أعرب بالحروف فرفع بالواو عوض الضمّة، ونصب بالياء حيث لا يوجد فيه ألف تقابل الفتحة، وجُرّ بالياء مقابل الكسرة. أمّا جمع المؤنّث السالم المعرب بالحركات فيُنصب بالكسرة حملاً على جمع المذكر السالم الذي ينصب بالياء لاشتراكهما في السلامة".

قال: "وبالنسبة لحذف حرف العلّة في الفعل المعتلّ الآخر؟".

أجبت: "يجزم الفعل بالسكون، إلاّ المعتلّ الآخر فيحذف آخره لأن الجازم لا يجد فيه حركة ليحذفها كما في الفعل الصحيح الآخر، فيحذف آخره الشبيه بالحركة. وهذا حسب اليازجيّ أيضاً".

ولمّا لم يكن لديه الوقت الكافي شكرني بعد أن غمرت الفرحة والبشاشة وجهه واعداً نفسه بلقاءات أخرى مفيدة للاستزادة، ومضى. ومنذ تلك اللحظة بات الحقّ إلى جانبي. فهو كالاستقلال يؤخَذ ولا يُعطى!

إبن الشعانين

قد تستطيع التربية أحياناً تقويم بعض الاعوجاج في الإنسان، وأقول بعضه لا كلّه. وإلاّ لكان الأشقّاء الذين نشأوا في بيئة واحدة وتلقّوا نفس العلوم التربويّة وفي نفس الظروف متشابهين في التصرّف والسلوك.

فللبيئة والمدرسة والبيت دور كبير في هذا المجال. ولن ننسى طبعاً الدور الوراثيّ والفيزيولوجيّ ومدى قدرة كلّ منّا على استيعاب العلوم وتطبيقها، وعلى مدى تأثيرها في تغيير الذات الإنسانيّة وطباعها المعهودة أو الموروثة. فقد ترى أخوين توأمين وُلدا معاً وعاشا معاً في بيت واحد، وتلقّا العلوم نفسها في مدرسة واحدة، يختلفان في الشخصيّة والذوق والسلوك. لذا فكلّ العوامل الوراثيّة والمدرسيّة والعائليّة والتربويّة مجتمعة تجعل من كلّ منّا عالماً قائماً بذاته، له آراوه واستقلاليته وذكاؤه واجتهاده كما طباعه الخاصة وأخلاقه المميّزة.

وقد كان لنا في إحدى مدارس العاصمة مدرّسان يتقاسمان تدريس الرياضيّات في صفوفها. وكان كلاهما من بلدة واحدة. أحدهما طويل القامة، نحيلها، ذو دم حارّ، نشيط، يحبّ التدريس والعطاء، يأخذ بيد تلاميذه ويُشركهم دائماً في حلّ المسائل الرياضيّة. فيحبّونه ويحبّهم. حتى باتوا كأفراد عائلة واحدة. أمّا زميله فقد كان صورته المعكوسة، قصير القامة، بدينها، أبيض البشرة، تراه كلّ يوم يتسربل ببذلة جديدة أنيقة، ويصفّف شعره بطريقة لبقة، تفوح منه دائماً الروائح العطريّة الجذّابة، يمشي بتؤدة مخافة أن يعلق الغبار على حذائه أو يطير بعض منه إلى ثيابه. وقد لقّبه أحد الرفاق بابن الشعانين الذي يحمله والده مرفلاً بالثياب الجديدة البرّاقة حاملاً شعانين العيد للاحتفال بالزيّاح. وقد صدف أن كنّا ذات يوم في الملعب عند استراحة

الظهر، وكان الملعب ترابيّاً، والأولاد يمرحون فيه ويموجون، محدثين سحابات من الغبار تلفّ المكان وتتعالى إلى الجوّ لتختلط مع جلبتهم وصياحهم، وإذا بالمعلّم الفارِه القامة يدخل بوّابة المدرسة ويخترق الملعب ليصل إلى الدرَج الذي يقوده إلى الطبقة العليا حيث الإدارة وغرف التدريس. وهناك عند قاعدة الدرَج اصطدم به ولدان كانا يركضان ويلحق أحدهما بالآخر، فوقع أحدهما أرضاً أمام المدرّس وهبّت من تحته غمامة من الغبار ابتلعت المدرّس وتركت على ثيابه السوداء بصماتها وآثارها الواضحة. فما كان منه إلاّ أن سارع إلى نجدة ذاك التلميذ. آخذاً بيده ليعينه على الوقوف، مربّتاً على كتفه، نافضاً عن ثيابه الغبار، ومستفسراً عمّا لحق به من جرّاء عثرته.

وتشاء الصدف أن يأتي بعد لحظات يسيرة المدرّس الآخر، "ابن الشعانين"، حيث أخذ يمشي بين التلاميذ بتحفّظ بارز مخافة أن يُمسك به أحد فيلطّخ بذلته الكحليّة أو يوسّخ حذاءه اللمّاع. وكان له ما كان لزميله منذ فترة. فالتلاميذ في حركة وجلبة مستمرّتين، وكرّ وفرّ أين منهما جواد امرئ القيس. فلطم أحدهم "ابن الشعانين" ليسقط قربه مُحدثاً بركاناً من الغبار قذف بين ثنايا بذلة الأستاذ البرّاقة.

تقدّم الأستاذ ساعتئذ من التلميذ المنطرح أرضاً وأوقفه عنوة. وبدأ يصفعه على خدّيه صفعات لاسعة، لائماً عاتباً، موجّهاً إليه أشنع عبارات التأنيب والتهويل. ثم تابع سيره صُعداً على الدرج وهو ينفض الغبار عن ثيابه، حانقاً غاضباً، لاعناً هكذا تلامذة وربّما هكذا مدرسة.

تُرى! مَن لعن التلامذة بدورهم من هذين الأستاذين؟

غضب السماء

في نهاية كلّ أسبوع كنت أعود من المدرسة إلى بيتنا في "الدامور" وأقضي مع أهلي وإخوتي بعض الأويقات الدافئة، وآكل من مطبخ أمّي ما يحلو لي ويطيب. وكثيراً ما كانت تخبّئ لي قطع الحلوى وبعض المفاجآت السارّة.

وذات يوم من أيّام تشرين، تأخّرت في العودة إلى البيت. والذنب لم يكن ذنبي بل ذنب المواصلات الصعبة وقِصر أيّام الخريف، إضافة إلى العاصفة المفاجئة التي داهمتنا على حين غرّة وزادت الطين بلّة.

في ذاك اليوم انتقلت بالأتوبيس من العاصمة إلى حيث يسكن أهلي، وسط ظروف قاسية وصعبة: فالهواء على أشدّه، والأمطار كالسيول، والطبيعة غضبى لا ترحم. تركت الأوتوبيس لآخذ طريقي إلى البيت مشياً على الأقدام. وكانت الطريق إلى بيتنا على خطّ مستقيم بين بساتين الموز والليمون، حيث تنتهي بعد ثلاثمائة متر إلى حارة قديمة من طبقتين يعلو سطحها قرميد ما زال محتفظاً بلونه ونضارته، متحدّياً السنين والعوارض الطبيعيّة القاسية.

مشيت في طريقي، والرياح تقذفني وتتلاعب بي وتعيقني عن التقدّم. وسيول الأمطار تلسع وجهي كأسواط باردة. وصفير العاصفة ينذر بكوارث طبيعيّة جسيمة وسط ظلام الليل الدامس الذي يزيد الأمر رهبة ووجلاً.

وبينما أنا في هذه الحال أتلقّى غضب السماء، مرميّاً في لجّة من الظلمة والمياه المتدافعة من كلّ جانب، حاولت التوقّف فترة في مكاني لأتنفّس الصعداء وأستعيد بعضاً من قواي التي نفدت، أتسلّح بها في اجتياز تلك الدرب العقبة، وكانت عيناي مسمّرتين في السماء لعلّي أقرأ فيها بعض الانفراجات المرتقبة. ولكن للطبيعة

أحكامها. فهي تُكمل عملها غير عابئة بالنتائج والخسائر.

ففي تلك اللحظة الحاسمة تشقّقت السماء عن أثلام عميقة انبعثت منها ألسنة من نار ربطت السماء بالأرض. فبانت كأحزمة ناريّة وهّاجة، لمعت سريعاً وجرّحت لجّة الظلام، لتنقضّ على حارتنا حيث أقصد وتبتلعها بألسنتها الحارقة، باهرة عيوني، سارقة نظري، مرفقة ذلك بجلبة قضّت كياني، وهدّت عزيمتي وأقعدتني في مكاني، فبتّ ملقىً على الأرض، لا أعي شيئاً ممّا أنا فيه، إلى أن أفقت أخيرًا على قعقعة القرميد والحجارة التي استهدفتها تلك العاصفة، وعلى روائح الكبريت والبارود تملأ الأجواء وتزكم الأنوف.

فما كان منّي بعد هذه الصدمة العنيفة التي تلقّيتها ورأيتها بأمّ العين، إلاّ أن سارعت إلى لملمة بعضي المفقود، وركضت مذهولاً أتفقّد مصير والديّ وإخوتي إثر تلك الصاعقة الهدّامة.

لم يصب أحد منهم بأذى والحمد لله، وكذلك جيراننا. لكنّ هيكل القرميد كان قد هُدّ وتلاشى. وبات بيت الجيران في الطبقة العليا عرضة للأمطار والرياح، فتجنّدنا جميعاً لنجدتهم وتخفيف وقع الحدث عليهم.

وإذ حان وقت النوم، لم ترضَ أمّي أن أنام منفرداً في غرفتي في مثل تلك الليلة المرعبة. فاقترحت عليّ أن أنام في غرفتها ففعلت. وكنت قد ألقيت على وسادة سريري صورة "العشاء السري" التي ابتعتها من العاصمة وحملتها معي تلك الليلة بالذات.

وقد قدّر الله أن تنقضّ صاعقة ثانية على "الحارة" أثناء الليل فأفقنا مذعورين وجلين، بعدما بتنا هدفاً للصواعق الحارقة. وما ذاك إلاّ لأنّ السارية في أعلى البناية كانت لا ترتبط بالحبل السلكيّ الذي يقود الصاعقة إلى بئر من الماء ويطفئها هناك.

وفي الصباح بعد أن انجلت العاصفة وهدأ غضب السماء، دخلت غرفتي لأرى حجراً كبيراً قد انتزع من مكانه في الحائط وسقط على سريري إلى جانب الصورة، دون أن يمسّها أو يُحدث فيها أيّ أذى. فشكرت الله على عنايته بي وعلى خلاصنا جميعاً من ثورة الطبيعة حيث يقف الإنسان تجاهها مكتوف الأيدي، عاجزاً عن القيام بأيّ عمل يقيه الأخطار، فيتضرّع إلى القدرة الإلهيّة لترفع عنه غضب السماء وثورة العناصر.

المعلّم سلطان

– ماذا عن أوّل عهدك بالتدريس، وأنت في مقتبل العمر تتحمّل مسؤولياتك في قرية هي قريتك؟

– تركت قريتي وأنا في العاشرة من عمري. وعدت إليها و لم أنهِ بعد العقد الثاني. تركتها ولداً صغيراً يلعب بين أزقّتها. ويركض في الحقول وراء فراشاتها لأعود إليها بعد حين شاباً في مقتبل العمر، أتحمّل مسؤوليّتي "كأستاذ" في مدرسة رسميّة أتقاضى مرتّبي من الدولة، وأقوم بما يمليه عليّ واجبي الوظيفيّ بكلّ أمانة وإخلاص، دون أن أخون شرف الرسالة التي انتدبتُ نفسي لأجلها.

أذكر أنّي قصدت مركز المدرسة في ذاك اليوم حاملاً أوراقي التي تخوّلني تسلّم مهامّي فيها كمدرّس بديل. ولّما وصلت، استقبلني أبناؤها بالتهليل والترحاب. ولا عجب، فكلّهم أبناء ضيعتي وأقاربي. كما استقبلني مدرّسها بكلّ تقدير واحترام، داعياً لي بالتوفيق في دربي الطويلة الشاقّة.

كنت كلّما نظرت إلى معلّمي أحسد فيه تلك الحريّة في التصرّف بمصير تلامذته. فيقاصص هذا ويكافئ ذاك. ويهب علاماته الجيّدة إلى مَن يشاء. فكأنه سلطان وجميع أبناء رعيّته يرجون التقرّب إليه خوفاً من عقاب، أو طلباً لمكافأة أو جزاء. ولما تبوّأت عرش "السلطنة" هذا رأيت فيه مسؤوليّة كبرى ترهق كاهلي. وهل هناك من أمر تفوق أهميته أمر تربية طفل، وإعداده للحياة كي يكون عضواً فاعلاً فيها؟ وجدت ذاك العرش قفصاً يقيّد "السلطان" ويسجنه ضمن قواعد وترتيبات تقتضيها المهنة، أو بالأحرى الرسالة الشريفة. فـ "تاج القيصر لا يقيه وجع الرأس" كما قال أحد الكتّاب الروس، فيحسده ناظروه وهم عمّا به غافلون. ولا يعلمون أنّ صاحب

السلطان "كراكب الأسد يُغبَط بموقعه وهو أعلم بموضعه" على حدّ قول الإمام عليّ.

سنوات قليلة مضت، وأنا أتعامل فيها مع تلامذتي كأب أو أخ أو رفيق، متّخذاً ممّا اكتسبته من مدرسيّ أمثولة للاقتداء، بمُثلهم والابتعاد عن أخطائهم، ومن حكمة زياد: "لين في غير ضعف وشدّة في غير عنف" عبرة ودستوراً. فأحبّني تلاميذي كثيراً وكذلك أهل بلدتي، فقد رأوا فيّ ذاك المعلّم المخلص الذي يعمل بكدّ ونشاط لرفع مستوى تلامذته دون التطلّع إلى مكافأة أو كلمة تقدير.

وحدث ذات صيف أن تداعت وزارة التربية إلى جمع ما يزيد عن خمسمائة مدرّس من مدرّسي محافظة الجبل في دورة تدريبيّة عامّة يتلقّن فيها المدرّسون طيلة ثلاثة أشهر المبادئ الأساسيّة في التربية والتعليم وعلم النفس وطرق التدريس. ذاك لمن فاتهم الحصول على شهادة دار المعلّمين حتى ولو كانوا من حملة الإجازات. فكنت من المشتركين الفاعلين في تلك الدورة التي أشرف عليها منسّقون من منظمة الأونيسكو الدوليّة. وقبل اختتام الدورة بيوم واحد زوّدونا بمحاضرات إضافيّة مكتوبة في التربية وطرق التدريس، لينهوا على أساسها الدورة بامتحان شامل يتمّ فيه تقدير الجهود وتوزيع الجوائز على المجلّين. وكم كانت دهشتي كبيرة إذ أعلن مدير الدورة حيازتي على المرتبة الأولى. فهنّأني ومنحني جائزة ماليّة تقدّر بمرتّب شهر، كما هنّأتني مندوبة الأونيسكو ومنحتني كتاب "المهرجان الذهبيّ لخليل مطران" تقديراً لجهودي المبذولة وتفوّقي السافر. وكان لي في تلك الجائزة جائزة معنويّة أكبر من أن تقدّر بثمن. ذاك أنّها كانت الدافع الحقيقيّ للبذل والعطاء والتحصيل الدائم في مجالي التربية والآداب.

وإذ إنّي في صدد التحدّث عن الدورات التدريبيّة هذه لا بدّ لي من أن آتي على ذكر ما حدث لي بعد عشر سنوات من ذاك التاريخ. فقد عدّلت وزارة التربية مناهج التعليم مواكِبةً التطوّر الأكاديمي والحضاري. وكان أن تبدّلت بذلك مناهج

الرياضيّات والعلوم. فاستُحدثت حتى بات المدرّسون - غرباء عن أورشليم - لا يفقهون شيئاً ممّا يجب أن يدرّسوه. فسارعت الوزارة إلى إشراك مدرّسي هاتين المادّتين في المرحلتين الابتدائيّة والمتوسّطة في دورات تدريبيّة متواصلة لإعادة بناء المدرّس الصالح وتأهيله للعمل المنتج.

فما كان منّي إلاّ أن اشتركت في هذه الدورات الثلاث وفي ثلاث سنوات متتالية، حبّاً في التحصيل وتوسيع أفاق ثقافتي العلميّة والتعليميّة، ورغبة في مساعدة أبنائي في هذا المجال. وكنت في هذه الدورات جميعها من المجلّين والحائزين على أعلى درجات التقييم المتّبعة فيها، ممّا لفت أنظار القيّمين عليها ومنسّقيها المختصّين وإشراكي في مناظرات موضوعيّة معهم لجلاء الأمور في بعض المسائل المطروحة. وقد اقترح بعضهم اسمي كمدرّس نموذجيّ في المدارس النموذجيّة لكنّي رفضت الاقتراح لأمور عائليّة.

وإن كان لي من كلمة حقّ أقولها في هذه الدورات، فقد أعطت دفعاً جديداً للنشاط التربويّ ورفعت من مستوى المدرّس الأكاديميّ والثقافيّ.

مواكبة التطوُّر

– تركتَ الضيعة فتى يافعاً وعدتَ إليها شابّاً في مقتبل العمر. فكان لا بدّ من أن تلمس بعض التغيير في الضيعة التي غادرت، والضيعة التي استقبلت من حيث التطوّر العمرانيّ والاجتماعيّ والثقافيّ. فهل لي أن أقف على وجوه التطوّر تلك، وعلى دورك في هذا المجال؟

– ما يقرب من عشر سنوات قضيتها بعيداً عن ضيعتي، عشتها بين أهلي ورفاق المدرسة ومعلّميّ، إلى أن عُيّنت مسؤولاً عن مدرستها الرسميّة. فأعادتني ظروف وظيفتي إلى أحضان الطبيعة التي أحببت، وأرجاء ضيعتي التي عبدت، حيث ذكريات طفولتي الحلوة.

عدت أخاطب التلال والهضاب. وأهمس إلى الأودية والشعاب. أشارك الطيور مناجاتها، والرياح غدواتها. أقدّس في المزارعين أعمالهم وأحمل معهم همومهم. عدت إلى زملاء الأمس القريب وقد بتنا في عمر الزهور المتفتّحة، لنسرح من جديد بين الكروم، ونحيي مغامراتنا في صيد الطيور أو في الرحلات والاكتشافات، دون أن ننسى البحث عن السبل الآيلة إلى إنماء الحياة القرويّة، بغية الاكتفاء الذاتيّ ومواكبة التطوّر، والحدّ من الهجرة إلى المدينة. ففي القرية نفوس عطشى إلى المعرفة والثقافة، وشباب شغوف بحبّ الأرض والطبيعة. يتحلّون ببراءة فطرية وأخلاق دمثة. فلنوظّف تلك الطاقات البشريّة التي نُحسد عليها، في جميع المجالات الزراعيّة والثقافيّة والاجتماعيّة والعمرانيّة والرياضيّة لرفعة شأن بلدتنا الناشئة. ومَن لنا في هذه الورشة أو لهذه المهمّة الصعبة غير مَن وقف للخير أعماله، وللتربية أهدافه، وللتعليم رسالته؟

مجموعة صغيرة من هؤلاء الشبّان كانوا روّاد الإصلاح الأوائل في ضيعتي. وكان لي الشرف أن أكون بينهم العضو الفاعل والعنصر المصلح والدليل المرشد. رغم سني عمري المعدودة.

فمدرستي التي تسلّمتها كمدرّس منفرد كانت تشغل غرفة واحدة، وتفتقر إلى جميع التجهيزات المدرسيّة المألوفة، كما إلى المستوى العلميّ المطلوب لتلامذتها الذين لم يتجاوزوا آنذاك العشرة. ولكن في غضون سنوات خمس فقد تطوّرت المدرسة سريعاً لتصبح ابتدائيّة كاملة تشغل خمس غرف للتدريس، يعمل فيها أكثر من سبعة مدرّسين. ثم لم تلبث أن واكبت المسيرة لتمسي بعد عشر سنوات مدرسة متوسّطة تشغل عشر غرف للتدريس إضافة إلى الإدارة والمختبر وقاعة المعلّمين، ومجهّزة بأحدث المقاعد والسبّورات، وبمكتبة قيّمة ومختبر علميّ كافٍ، ويعمل فيها ما يقارب الثلاثين من المدرّسين الأخصّائيين.

ولا يُخفى ما كان لهذه المدرسة من أثر فعّال في نفوس أبنائها، وفي تطوّر أفكارهم وصقل معارفهم وشحذ أخلاقهم وسلوكهم. فالطبيب والمهندس والمحامي والجامعيّ الذي كان ذات يوم لتلك المدرسة تلميذاً، ما برح يذكر بالخير مدرّسيها والقيّمين عليها الذين نذروا حياتهم في سبيل خدمة النشء الجديد بكلّ أمانة وإخلاص. وذاك يعود طبعاً إلى إيماناهم بالقضيّة التربويّة التي انتُدبوا لأجلها فملأت فكرهم وأفئدتهم. وهكذا فحبّة واحدة من خردل ذاك الإيمان كانت كافية وافية لنقل ضيعتنا من أسفل إلى أعلى ووضعها في مصاف البلدات المجاورة التي كان لها مع العلوم والآداب جولات عريقة مشرّفة.

وإن كنت أوّل من حمل رسالة التعليم والتثقيف في بلدتي، بحكم رسالتي، كذلك لم أتوقّف يوماً عن المشاركة في حركة الإصلاح الاجتماعيّ التي قادها نخبة من شباب ومثقّفي البلدة لتسير في خطّ موازٍ مع مسيرة المدرسة التربويّة؛ ولا عجب فالشباب دائماً "ثروة وثورة".

ففي عام ١٩٦٢ سعَونا إلى إنشاء نادٍ دعوناه بـ "نادي الإصلاح الثقافيّ الرياضيّ"، فكان من أولى الجمعيّات والحركات الاجتماعيّة التي أُسّست في القضاء، والتي عُنيت برفع المستوى الثقافي والرياضيّ والاجتماعيّ في المنطقة. كما كان الحافز الرئيس لتأسيس نوادٍ أخرى في المدن القريبة منّا وتبدأ المنافسة الفعّالة في سبيل الأفضل والأحسن. وكان نادينا عضواً مؤسّساً وفاعلاً في الحركة الاجتماعيّة في المنطقة والتي كانت تُعدّ المؤتمرات والندوات المتنوّعة بهدف الانفتاح الفكريّ، واكتساب المعارف والصداقات، وتنمية العلاقات الاجتماعيّة بين أبناء الوطن الواحد. هذا فضلاً عمّا كنّا نقوم به من دورات رياضيّة في جميع الألعاب، أو الاشتراك في مباريات وديّة في لعبة الكرة الطائرة. وكانت سهرات النادي خلال أسابيع الدورات الرياضيّة تلك تجذب هواة الألعاب ومحبّذيها من كافّة أنحاء القضاء والأقضية المجاورة وتمتدّ حتى الصباح الباكر. فتشترك الجموع في سباق الدرّاجات البطيء أو في سباقات الحمير وشدّ الحبال وألعاب الطرنيب والليخا، أو تلهو بألعاب الكرمس المسلّية، وما إلى ذلك من أنواع المباريات التي تثير الحماس والتنافس لكسب الكؤوس المخصّصة في نهاية المهرجان.

جنى الحقل

– أرى في جعبتك المزيد من ذكريات التدريس المشوّقة والنوادر الطريفة. فهل تتذكّر بعضاً منها؟

– سبع وثلاثون سنة قضيتها في حقل التعليم كما الفلاّح يقضي سني عمره في حقله. أبذر وأزرع في أرضٍ ليست لي، ويحصد غيري جنى ما بذرتْ وما زرعتْ يداي.

إنّه حقل عجيب غريب. أرضه ليست تراباً أو صخوراً، ولا ماءً أو شجراً. بل ما يشبه الضباب المثقَل بذرّات المطر الخفيّة. حتى إذا وجد المناخ المناسب استحالت ذرّاته حبيبات مائيّة تعطي الحياة وحلاوة الحياة.

أبذر في حقلي ممّا اختزنَتْه جعبتي من فكر وخيال، وخبرة وحكمة فتتلقّفه الأرض العطشى بنهم وشهيّة، لتنبت فيها أزهار ونباتات متنوّعة تختلف بين أرض وأخرى. فتنمو النباتات هذه وتُثمر، ويقطف صاحبها الثمن. وأنا مزهوّ فخور بما زرعت يداي، وما جنى غيري من ثمر. فأن تعملَ وتكدّ في سبيل الغير ويقطف غيرك ما أثمر عملك، فهذا منتهى التضحية. وأن تسهرَ في سبيل الخير العام، لا طمعاً بمكافأة أو جزاء، بل حبّاً بالعطاء والإصلاح، فهذا منتهى القداسة والبرّ. ولقد قال نعيمة: "سقيت زهرتي في حديقتي كان قد برّح بها العطش فلم تقل لي شكراً ولكنّها انتعشتْ فانتعشتُ". وهكذا فحقل التعليم حقل مقدّس، وفعلته رسل خير وسلام. تكفيهم كلمة حبّ أو تقدير يسعدون بها وينتعشون، وينسون بعدها ما بذلوه من تضحيات وأتعاب، ويفخرون بالحصاد والجنى الوفير.

مشوار طويل كان مشواري مع أبناء الجيل الصاعد. رافقتهم في شبابي وكهولتي. فكنت لهم الرفيق المخلص والأب العطوف والمربّي الصالح. كنت لهم طفلاً يداعبهم، وشابّاً يأخذ بيدهم، وكهلاً يقودهم في دروب الحكمة والنزاهة. فحمدت الله على أنّ أحداً منهم لم تستهوِه المغريات المضلّلة والحقارات المذلّة في دربه الشاقّ. بل ظلّ منزّهاً عن الصغائر، مُكنّاً لي كلّ التقدير والمحبّة والعرفان بالجميل.

وخلال مشواري التربويّ هذا لا تزال بعض الصور عالقة في ذهني. أسعد برؤيتها من جديد ولو بمنظار الذاكرة. فأعيش معها فترة أخرى جديدة تعيدني سنوات إلى الوراء، وتبعث فيّ مجدّداً دفقاً من النشاط لا يخفت، وفورة رجاءٍ لا تهمد.

كنت كمدير للمدرسة أقوم بتوجيه مدرّسيّ إلى العمل الجدّيّ المثمر والابتعاد عن الروتين المميت. فأُحبّبهم برسالتهم التربويّة، وأحثّهم على البذل والعطاء دون منّة أو مكافأة. كنت لهم الزميل والرفيق والأخ الأكبر، مبتعداً عن سياسة الرئيس والمرؤوس. أحلّ مشاكلهم مع تلامذتهم بما يضمن حقوقهم وكرامتهم قبل كلّ شيء، ولا يتعارض والأصول التربويّة والمدرسيّة المتّبعة. فاكتسبت احترامهم وتقديرهم. وبتّ مثلاً أعلى يقتدون به من حيث احترام الرأي والسهر الدائم على سير المدرسة وسلوك التلامذة، ممّا جعل مدرستي من أرفع مدارس المنطقة مستوى وتنظيماً، يتوافد إليها الطلاّب من كلّ ناحية، حتى ضاقت بهم غرف التدريس وبتنا بحاجة إلى مدرّسين نوعيّين في بعض المواد العلميّة والأدبيّة. وأذكر أنّه كان في المدرسة ذات يوم سبعة مدرّسين فقط لأحد عشر صفّاً فتجنّدت لأدرّس ستّ ساعات يوميّاً في الرياضيّات والعلوم واللغات في الصفّين الأخيرين من المرحلة المتوسّطة، إضافة إلى أعمال الإدارة التي كنت أتمّمها خارج أوقات الدوام الرسميّ حفاظاً على مصلحة الطلاّب. فلم أجعل تلامذتي يشعرون بالنقص الحاصل في عدد المدرّسين، إلى أن تمّ فيما بعد ترتيب الأمور وسدّ الحاجة المطلوبة.

وكم كانت دهشة تلامذتي إذ رأوني أدرّسهم جميع المواد واثقاً نشيطاً، بينما كان يختصّ غيري بتدريس مادّة اختصاصه فقط.

ومن الطرائف التي شهدتها أثناء قيامي بمهامّي المدرسيّة هذه، أن كنت ذات يوم أحضَر درساً في العلوم لدى أحد زملائي لتقييم عمله، وعمل التلامذة، كما تقتضيه الأنظمة التربويّة. وكان موضوع الدرس يختصّ بالنباتات الصناعيّة وما يستخرَج منها. وممّا توصّل إليه المدرّس مع تلامذته أنّ الكحول يُستخرج من العنب وكذلك العرق والخلّ والنبيذ. ففاجأته إحدى تلميذاته بسؤالها قائلة: "لِمَ يُستخرج العرَق من العنب وليس العكس فيُستخرج العنب من العرق؟".

سؤال لا يخلو من طرافة وسذاجة رغم ما يحمل في طيّاته من تضعضع التلميذة في منطق المفهوم الطبيعي للكائنات. ولم يكن أحد لينتظره. تُرى أين الجواب؟ وما كان تصرّف المدرّس؟

أحد التلامذة، وقد خطر له أن يقرع السؤال بسؤال آخر، كمَن يقرع الحجّة بالحجّة، اندفع ليلقي على زميلته، طارحةِ السؤال، سؤالاً آخر كان فيه الجواب الضمنيّ الفكه، فقال لها: "لِمَ ولدتكِ أمّك ولم تلدي أنتِ أمّك؟". فضحك الجميع وأُنقِذ الموقف واكتفى كلّ منهما بسؤاله.

التعليم والتفتيش

كان لدى وزارة التربية الوطنيّة جهاز تفتيش تربويّ يسهر على مدى قيام الجهاز التعليميّ في المدارس بالمهام الموكولة إليه. فيقوم المفتّش سنويّاً بزيارة واحدة وأحياناً باثنتين لكلّ مدرسة ليطّلع على سير العمل المدرسيّ ومدى تطبيق النظام الداخليّ، وحاجات ومتطلّبات المدرسة من أجهزة بشريّة وتجهيزات مدرسيّة أو مخبريّة.

لم تكن الجولات التربويّة فاعلة أو رادعة. فقد كانت قليلة غير مكثّفة، وتهتمّ بالقشور دون الألباب، كأن يهتمّ المفتّش بدوام المعلمين وتقاريرهم الطبيّة وتعبئة إضباراتهم الشخصيّة، والاطّلاع على سجلاّت المدرسة المتنوّعة واقتراحات المدير بشأن زيادة أو نقصان عدد أفراد الهيئة التعليميّة فيها. وكأنّ المدرسة مكتب إداريّ يشغله موظفون يتعاطون بالأوراق، ويقومون بإنجاز مشروع بناء أو شقّ طريق. وقليلاً ما كان المفتّش يرافق المعلّم إلى صفّه أو يستمع إليه ويشاركه آراءه، ويتبادلان معاً النصائح التربويّة، ويسعيان لتقويم الاعوجاج أو الخلل الحاصل بما فيه مصلحة التلميذ والوطن. وقد كان مدير المدرسة هو الذي يقوم بهذه المهمّة، فيحلّ المشاكل العالقة، ويقوم بين الحين والآخر بإعطاء التوجيهات اللازمة في اجتماعات مجلس المعلّمين المتكرّرة أو إعطاء دروس نموذجيّة يحضرها الأساتذة المختصّون وتكون خاضعة في النهاية للنقاش التربويّ المسؤول.

هذا ما كنت أقوم به في مدرستي إضافة إلى إعطاء بعض الدروس وقيامي بالأعمال الإداريّة المطلوبة. لم يهدأ لي بال خلال دربي الطويل الشاق، وكيف لي ذلك ولي في بيتي أربعة أبناء، وخارج البيت ما يزيد عن مئتي ولد أتحمّل مسؤوليّة تربيتهم في مدرستي بحكم رسالتي؟

حقّاً كانوا كأولادي. وكنت لهم الأب الصالح. حملتهم في فكري وقلبي معاً. فأقسو أحياناً للإمساك بالأمور. وأعود سريعاً إلى طيبة قلب الأب لأغفر الخطأ طمعاً بالإصلاح. وممّا أفخر به طيلة دربي الطويل، تعاون جميع زملائي تعاوناً أميناً مرفقاً بالثقة والاحترام المتبادل إضافة إلى العمل المسؤول.

كنت بينهم أخاً وزميلاً لا رئيساً يملي الأوامر. أساعدهم في كلّ ما يطلبون. أحلّ محلّهم إن اضطرّوا أحياناً إلى التغيّب لأمور خارجة عن إرادتهم، فيضطرّ المعلّم إلى مبادلتي بالمثل فيقوم بعمله خير قيام، ويعطي أحياناً تلاميذه بعض الحصص الإضافيّة خارج أوقات الدوام الرسمي رغبة في العطاء والتضحية، ولقاء كلمة تقدير منّي أو من زملائه وأولياء تلامذته. حتى أنّ أحدهم، ويدعى ح. ب. وهو مدرّس للعلوم، بعد أن اضطرّ للانتقال من مدرستي إلى مدرسة بلدته لظروفه العائليّة، وإذ رآنا نفتقر إلى مدرّس لهذه المادة الأساسيّة، كان يأتينا في ساعات فراغاته ومن مسافة عشرين كيلومتراً يومياً ليسدّ الفراغ الحاصل لدينا دون أيّ مقابل. وما كان ذلك إلاّ لتفانيه وإخلاصه لمهنته وعرفاناً بالجميل لِما كان يلقى لدينا من تقدير واحترام.

هذا كان شأن مدرستي؛ مستوى رفيع وانتظام عجيب، حتى بات الكلّ ينظر إليها نظرة تقدير وإجلال، ممّا دفع أحد المفتّشين التربويّين أن يقترح على بعض زملائه الجدد بإقامة تدرياتهم الأوّليّة في مدرستنا. وقد لاقوا لدينا كلّ ما كانوا يرجون ويأملون. ويكفينا فخراً أنّ أحد تلامذتنا قد فاز بأفضل رسم تعبيريّ في أحد أعياد الطفل بين جميع مدارس المحافظة، والتي أقامته وأشرفت عليه وزارة التربية الوطنيّة.

كلّ هذا لم يكن ليتمّ لولا قناعة المسؤولين في الوزارة بما نقوم به على الصعيد التربويّ ومساعدتهم لنا في كلّ أمورنا وحاجاتنا، وإطلاق يدي في ما أراه مناسباً للنهوض بمستوى طلاّبي.

ولن أنسى ما كنّا نوزّع من جوائز للتلامذة المجلّين في احتفالات ثقافيّة وفنيّة ورياضيّة منوّعة بهدف توسيع أفاق مداركهم وسلوكهم، وهم ينشدون للمعلّم الذي "كاد أن يكون رسولا" النشيد الذي وضعته آنذاك:

معلِّمي

مـعـلّـمـي مـعـلّـمـي   يـا مـرشـدي ومـعـجـمـي
يـا سـاهـراً مـن أجـلـنـا   وحـافـظـاً لـعـهـدنـا
كـوالـدٍ مـتـيّـمِ
يـا أهـلـنـا هـيَّـا بـنـا   نـكـرِّم في عـيـدنـا
مَـن ضـحَّـى فـي سبيلنا   وذاب فـي تعلـيـمـنـا
مـثـل نـبـيٍّ مـلـهَـمِ
مـعـلِّـمـي نـجـلُّـك   نـقـدِّس سـجـلَّـك
أمـثـولـةٌ فـي كـلِّـك   صـلاتـنـا مـن أجـلـكَ
يـا أحـسـن مـعـلِّـمِ

وإيماناً منّي بأن "التعليم فنّ ولذّة" لا نكبة وورطة، فقد رأيتني أكرّس حياتي وأنذر تضحياتي في سبيل أبنائي الطلبة. فأخذت المدرسة منّي كلّ مأخذ وسلبت جميع أوقاتي و لم تترك لي متنفّساً أستعيد به قواي المنهوكة. وقد أضطرّ أحياناً للسهر حتى الصباح الباكر أحضّر الدروس والبرامج والامتحانات وأنجز الأعمال الإداريّة المطلوبة، ممّا أوهن ذاك القلب الذي أهملته فلم يمهلني. فإذا بي ذات صباح أفيق وقد كدت أختنق، وسكاكين النار تعمل في الأحشاء عملها المميت، فأسبح في عرقي،

وتتلاشى قواي، ويُخطف ذاك اللون النضر من وجهي، وأضيع في غيبوبة شبه نهائيّة، بحيث لم أعد أعي ما أنا فيه، ورأيتني بعد ساعات طويلة في إحدى مستشفيات العاصمة، وفي غرفة العناية القصوى، أفتح عينيّ لأجد قربي تلك الآلات التي تعدّ وتخطّط دقّات القلب الذي أصيب بجرحة خفيفة، وقد يصاب بأخرى مميتة.

لا تسألني عمّا أحسست به آنذاك. فقلبي المتعب لم يكن ليستوعب المصاب، خصوصاً والآلات هناك تحصي سكناته وتحرّكاته. فها هي تسجّل الآن نبضاته المتسارعة، فتجتاز المعدّل المألوف وتستمرّ في الاطّراد إلى أن تصل إلى حدّ مخيف، فأتخيّل أن روحي قد تُزهق بين لحظة وأخرى، إذ تدرك هذا العدد أو ذاك. ولكن وبقدرة قادر يتوقّف الاطّراد عند عدد معيّن لتبدأ منه المسيرة العكسيّة نحو المعدّل المعهود. وإذا بخطّ سيرها في النزول لم يكن بأفضل منه في الصعود. فتنخفض النبضات رويداً رويداً حتى تكاد أن تضمحلّ. فأنتظر مجدّداً مصيري المحتوم وقدري المكتوب. وأعيش لحظات حاسمة بين الحياة والموت، وصراعاً لا يعرفه إلاّ ذوو القلوب العليلة والجريحة. فأردّد أحياناً قول الشاعر: "لسنا بأوّل من دعاه الداعي"، وأحياناً أخرى قول ابن زهير:

كُلُّ ابنِ أنثى وَإن طالَت سَلامَتُهُ   يَوماً عَلى آلَةٍ حَدباءَ مَحمولُ

ولكن يظهر "إنّي خُلقت لأحيى حتى يشاء القضاء". وقد شاء القضاء أن أُبعث من تلك الهزيمة الجسديّة حيّاً قويّاً لأتمّم رسالتي التربويّة التي نذرت نفسي لأجلها مهما عتت الأيّام وتفاقمت الآلام.

إمتحان السَوق

وممّا لا أنساه، ما جرى لي يوماً مع أحد المفتّشين التربويّين عند اضطراري للتغيّب عن المدرسة بضع ساعات لأسباب سآتي على ذكرها:

فقد كان لي موعد مع اللجنة الفاحصة التابعة لدائرة سَوق السيّارات لتقديم الامتحان اللازم للحصول على رخصة السوق الضروريّة لكلّ سائق. وكان الموعد ذات يوم وعند الساعة السادسة والنصف صباحاً. وقد جرت العادة أن يتمّ الامتحان هذا خلال ربع ساعة فقط. وبذلك يكون لديّ الوقت الكافي للعودة إلى المدرسة قبل الثامنة، موعد دخول التلامذة إلى الصفوف.

ولكنّ اللجنة الفاحصة قد تأخّرت عن موعدها المحدّد في ذاك اليوم بالذات، ليحصل لي ما حصل. فقد وصلت عند الساعة التاسعة وتأخّرت بالتالي في العودة إلى مدرستي حتى العاشرة تقريباً.

وكان في صباح ذلك اليوم أن "داهم" المفتّش التربويّ مدرستنا. وكان له ما أراد. فالمدير المسؤول متغيّب دون عذر شرعيّ. فما كان منه إلاّ أن وجّه إليّ كتابَ استجواب بهذا الخصوص دون أن تتشفّع بي خدماتي التربويّة الطويلة التي لم تُوقِف مسيرتها حتى آنذاك أيّةُ إجازة طبيّة أو إداريّة خلال اثنتي عشرة سنة. ولكنّي إن أذكر ما أذكر، فليس من باب التحامل على ذاك الجهاز الشريف، الذي ظلّ منزّهاً عن كل الحساسيّات والنعرات، ويعمل ضمن ما يملك من طاقات وصلاحيّات للحفاظ على المستوى التربويّ المطلوب. فهناك مَن كانوا حقّاً مرشدين ومعلّمين نقتدي بهم ونجلّ أعمالهم وتضحياتهم. لكنّي أودّ أن يميّز بعضهم بين مَن يبني بناءً ومَن يبني إنساناً، بين مَن يتعامل بالأوراق في مكتبه، وبين مَن يتعامل مع نفوس تحسّ وتشعر، وتستوعب المعارف فتتهذّب وتنمو، بين مَن يقوم بوظيفة وبين مَن يؤدّي رسالة تربويّة شريفة لبناء الجيل الطالع.

حساب البيدر

وفي مفكّرتي من أعمال الامتحانات المدرسيّة والرسميّة الشيء الكثير. وكلّها تُظهر مدى تهيّب التلميذ للامتحان ومحاولاته الغشّ والخداع، أو مخالفة النظام العامّ، بغية اجتياز ذاك "القطوع" بسلام. وسأكتفي بذكر ما جرى في مدرستي ذات يوم، تأكيداً لِما في الامتحان من رهبة في نفوس الطلاّب.

فقد جرت العادة قبل بدء الامتحانات المدرسيّة النهائيّة أن يجتمع مجلس المعلّمين في المدرسة، ويناقش طريقة وضع الأسئلة واختيار الأصلح منها لتكون شاملة واضحة، ذات أجوبة محدّدة صريحة، يتمّ على أساسها وضع برنامج التصحيح اللازم لها. فيضع مدرّسو المادّة عدّة مسابقات يختار منها المدير ما يراه مناسباً منها ويحيلها للطبع، ومن ثم للنسخ على الآلة الناسخة التي كانت تعمل عندنا على الكحول.

وفي إحدى الامتحانات تلك اتّفق بعض تلاميذ الصفّ الرابع المتوسّط على الدخول خلسة إلى الإدارة للاطّلاع على أسئلة امتحاناتهم. فحاولوا ليلاً فتح النافذة الخشبيّة. ودخلوا الإدارة دون أن يشعر بهم أحد. فوجدوا الخزائن كلّها مقفلة وكذلك الأدراج، ولا سبيل إلى الأسئلة إلاّ بخلع الأقفال عنوة. فلم يتجرّأ أحد منهم على ذلك خوفاً من افتضاح الأمر وبالتالي من العقاب التأديبيّ المناسب.

وفيما هم كذلك لفت نظرهم مسودّة نسخة لأسئلة امتحان الرياضيات وقد تلطّخت بالحبر ورُميت خطأ في سلّة المهملات. وقد جرت العادة أن تُمزّق وتُحرَق. فأخذوها وأعادوا النافذة من حيث دخلوا إلى ما كانت عليه ووزّعوا الأسئلة على مَن رأوه أميناً لسرّهم.

وفي الصباح الباكر من اليوم التالي، وإذ فتحت الباب، لفت نظري أنّ النافذة مفتوحة وإحدى سلال النفايات قد سقطت منها الأوراق أرضاً بطريقة تثير الشكوك.

و لم يكن الأمر كذلك عند مغادرتي المدرسة في اليوم السابق. عندها أقفلت الإدارة على الطلاّب وأخذت برنامج الامتحان لذاك اليوم وعدّلت فيه جميع الأسئلة المطبوعة مستنيراً بما لديّ من مسابقات أخرى للجان، ومن خبرة تربويّة طويلة في هذا المجال. فنسختها بخطّ يدي وبالسرعة الممكنة إذ لم يكن لديّ الوقت الكافي لضربها على الآلة الكاتبة، ثم نسختها على الآلة الناسخة كالمعتاد، وحفظتها في أماكنها لتكون البديلة لذاك اليوم، إلى أن بدأ المدرّسون يتوافدون، فاضطلعوا على شكوكي وعلى ما قمت به مقدّرين عملي وواثقين منه تماماً.

وكم كانت المفاجأة كبيرة عند تلامذة صف البريفيه إذ وجدوا الأسئلة تختلف كليّاً عمّا انتظروه، مُبدين الدهشة والتذمّر. فحساب بيدرهم لم يكن مطابقاً لحساب الحقل.

وظلّت الشكوك قائمة و لم يعترف أحد بالذنب، إلاّ بعد أن صاروا شبّاناً كباراً يروون لبعضهم البعض قصّة فشلهم الذريع.

عاطفة أُمٍّ

أمّا ما حدث ذات يوم لأحد التلامذة في مدرستي فلن أنساه أبداً. فأثناء إحدى الاستراحات المدرسيّة التي تتخلّل ساعات العمل المدرسيّ، وبينما كان التلامذة يلعبون في الملعب كعادتهم، وقع خلاف بين تلميذ من بلدتي وآخر من إحدى بقاع بلدي الشرقيّة البعيدة. وكان أهله يسكنون قريتنا ويعملون في إحدى مصانعها البسيطة. فتراشقا بحصى صغيرة أُصيب التلميذ الضيف بإحداها في رأسه، وسال منه الدم. فأخذه الناظر حالاً وأسعفه وضمّد جراحه بِما لدى المدرسة من أدوات طبيّة للحالات الطارئة. ثم نقلتُه بسيّارتي إلى بيته هناك.

ولما دخلت البيت حاملاً الصبيّ وأخبرت والدته بالأمر قالت لي: "فداك ابني! ولو كان ميتاً. فقد دخلتَ عتبة الدار ولا بأس عليك. وما همّ إن عاش ابني أو مات. فسامح الله مَن أذاه، وشكراً لك يا أستاذ على اهتمامك بالأمر".

عرضت عليها أن أنقله بسيارتي إلى الطبيب. فرأت أن لا لزوم لذلك. فالجرح ليس عميقاً وسيدمل في غضون أيّام معدودة.

عدت إلى مدرستي مذهولاً بما سمعت وشاهدت. وأكبرت تلك الأمّ التي قدّمت التقاليد والعادات العائليّة والسمعة الشريفة على عاطفة الأمومة المكبوتة في صدرها.

إنتخابات

– لا بدّ لك كموظّف في التربية من أن تكون قد اشتركت بأعمال إنتخابيّة في بلدك. فهل لك أن تُخبرنا عن رأيك فيها؟ وعن بعض ذكرياتك؟

– الإنتخابات فرصة الإنسان الوحيدة للتعبير عن رأيه واختيار مَن يمثّله في المجالس العامّة لإدارة شؤون بلده أو بلدته. هي حقّ مقدّس يصير به المنتخب والمنتخَب شريكَين في المسؤولية في الشأن العام. وإذ أُعطيَ الإنسان هذا الحقّ فقد نال به حقوقه الإنسانيّة وحريّة التصرّف واختيار ممثّليه ونوّابه في المجامع، للسهر على مصلحته ومصلحة الوطن. مِن هنا كان حسن الاختيار هامّاً وأساسيّاً في عمليّة الانتخابات. فلا يجوز أن تُراعى فيها عناصر القرابة والصداقة والروابط العائليّة والقبليّة بل عناصر النزاهة والمواطنيّة الشريفة والكفاءة والاستحقاق، ليأتي الرجل المناسب في المكان المناسب ويعلو شأن الوطن وتُحفظ كرامته.

– فهل تجري الانتخابات في بلدك يا تُرى على هذا الأساس؟ أم تتداخل فيها أمور كثيرة تبدّل الغاية التي من أجلها كانت؟

– من الصعوبة بمكان أن يتجرّد الإنسان عن ميوله وعاطفته أثناء هذه العمليّة. وهذا طبيعيّ. فالكمال لله وحده عزّ وجلّ. ولكن على كلّ منّا أن يحاول السير في درب الكمال. فالمهمّ أن نسير. "وإمّا هلكنا قبل إدراكنا المنى فكفانا أنّا ابتدأنا" حسب قول نسيب عريضة. أمّا أن ندّعي سلوك هذه الدرب حتى إذا وجدنا مرشّحاً صديقاً أو قريباً، وليس أهلاً لأن يمثّلنا في المركز المطلوب، وننتخبه لاعتبارات الصداقة أو القرابة، فهذا منتهى الجهل والضياع. فالانتخابات لم تكن لهذه الغاية، بل لتمثيل الشعب التمثيل الصحيح. فيقرّر المنتخَبون عنه مصيره ويسيرون به في

دروب التطوّر والازدهار. ولكن هيهات للديموقراطيّة الحقّة أن تنتصر في عالم تسود فيه الأنانيّات والمصالح، وتطغى فيه المادّة على كلّ المثاليّات والإيديولوجيّات.

وقد تظنّني شردت عمّا نحن فيه. ولكن كان لا بدّ من التنويه بأهميّة الانتخابات، إذ إنّها صورة حقيقيّة عن مدى رقيّ الشعب وتفهّمه للديموقراطيّة.

أمّا في بلدي، فقانون الانتخابات قديم العهد ولم يزل حيّاً رغم سنيه الطويلة. وتجهد الحكومة حاليّاً في تعديله. وأثناء الانتخابات تجنّد الدولة كلّ طاقاتها مستعينة بالجهاز البشريّ لديها وخصوصاً لدى وزارة التربية ليشرف على هذه الأعمال الدقيقة الهامّة. وأذكر أنّي قد انتُدِبت عدّة مرّات للإشراف على تلك الأعمال في مراكز متعدّدة من العاصمة والجنوب والشمال، تسلّمت خلالها المسؤوليّات الأولى في إدارة شؤون تلك المراكز الانتخابيّة.

وذات يوم احتشد في ملاعب المدينة الرياضيّة في العاصمة الألوف من المدرّسين والموظّفين المنتدبين، ليتمّ توزيعهم على أقلام الاقتراع في محافظة الشمال. فبدوا كجنود عُبِّئوا للمعركة، ويتمّ توزيعهم على جبهات القتال دون أن يعرف أحدهم ما يخبّئ له الغد من مفاجآت.

واتّفق أن عُيّنت وبعض الزملاء الرفاق في نفس القضاء. فتعاهدنا على السير معاً في تلك الرحلة الطويلة، كلّ في سيارته، خوفاً من أن نُضلّ الطريق في منطقة نجهلها جميعاً. وقد انبرى أحدهم مدّعياً معرفة الطرقات جيّداً. وطلب منّا أن نتبعه. ففعلنا. وإذ اجتزنا عاصمة الشمال طرابلس تابعنا السير واثقين من "سعة اطّلاع" الزميل القائد على المعالم الجغرافيّة في تلك المنطقة، ولكنّ ثقتنا لم تكن في محلّها، إذ لم نلبث أن رأينا أنفسنا في شارع قد شُقّ حديثاً وفُرش بالإسفلت، فسررنا بسلوكه، وحمدنا الله على أنّ الدولة ما زالت تهتمّ بصيانة الطرقات رغم انشغالها بالأعمال الانتخابيّة. ولكن سرعان ما تبيّن "للقائد" بعد دقائق قليلة أنّ الطريق أمامه قد بُترت،

وها قد وصل إلى حقل وعر، تغطّيه النباتات الفتيّة والحجارة الصغيرة المتفرّقة، فذُهل للأمر وبحث سريعاً عن مخرج يقيه شرّ التوغّل في ذاك الهشيم. و لم يكن ليستطيع أن يسيطر على سيّارته ويكبح جماحها، وقد ذهب بعيداً في سرعته، مطمئنّاً إلى عمل وزارة الأشغال هناك وإشارات السير الدليلة، وواثقاً من معلوماته عن حال الطرقات. وبينما هو كذلك والسيّارة توشك أن توغل في الحقول، إذا بمخرج صغير يبدو له فجأة، وينفذ إلى طريق أخرى عبر جسر ضيّق فوق ساقية، فانحرف بسرعة ليأخذ ذاك المنفذ المنجاة. فتدور سيّارته على نفسها وتهبط في الساقية لتحاول أن تتسلّق إحدى ضفّتيها وتعود أخيراً وتستقرّ فيها على عجلاتها دون أن تنقلب.

جرى كلّ هذا أمام ناظريّ. و لم أكن بعيداً عنه. فأوقفت سيّارتي وترجّلت ورفيقي وأسرعنا ننقذ زميلَينا من مأزقهما. فقد منعت ضفّتا الساقية علينا فتح أبواب السيّارة. فحاولنا فتح النافذة في سقفها، وساعدنا أحدهما من الداخل ففُتحت. وانتشلناهما وكانت جراحهما طفيفة. فعدت بسيّارتي إلى طرابلس لأصطحب رافعة السيّارة من هناك إلى إحدى محلاّت الميكانيك لإصلاحها. وتابعنا بعدها طريقنا إلى حلبا مركز القضاء المقصود.

هناك، تجمّع الموظفون المنتدَبون جميعاً لتسلُّم مهمّاتهم الصعبة. فانتظرت دوري وإذا بي قد كُلّفت برئاسة قلم اقتراع في قرية بعث اسمها في نفسي بعض الخوف والتحفّظ. فكيف بي أن أقوم بإدارة قلم الاقتراع هذا وأخرج سالماً مع بقيّة أعضاء الهيئة الانتخابيّة؟ تردّدت كثيراً. وكدت أعتذر عن القيام بمهمّتي لما قد سمعت الكثير عن أعمال مجرمة حدثت أثناء الانتخابات في بعض قرى تلك المنطقة. لكنّي أخيراً عزمت على أن أستأنس برأي قائمقام القضاء، وهو ممثّل الدولة هناك، والمسؤول المباشر عن موظّفيها.

طرقت الباب ودخلت. فاستقبلني بلطف زائد. وطلبت منه أن يختار لي قلم اقتراع في قرية هادئة تبعث فيّ الارتياح النفسيّ. فأنا لم آتِ من هناك لأموت هنا بين

أيدٍ مجرمة، حيث لا ناقة ولا جمل في مشاكل الضيعة القبليّة والسياسيّة.

ولـمّا سألني عن المركز الانتخابيّ الذي انتُدبت إليه ابتسم وقال: "إتبعني". فتبعته إلى الشرفة وأشار بيده قائلاً: "أترى هذه القرية القريبة من هنا؟ إنّها مركز عملك. وهي الأقرب إلى مركز القضاء. وستكون مرتاحاً فيها لأنّ أهالي تلك القرية اتّفقوا على أن ينتخب كلّ منهم مَن يريد، دون إثارة أيّة نعرات مذهبيّة أو عشائريّة. وإن حصل لك ما يعكّر صفو الأمن والنظام. أو ما يُعيق سير العمليّات الانتخابيّة فأنا هنا لتلقّي الشكاوى والمساعدة الفوريّة، والتدخّل حين يلزم".

شكرت للقائمقام لطفه واندفاعه وتضحياته في سبيل المصلحة العليا. وتسلّمت صندوقة الاقتراع. ورحت إلى القرية المقصودة برفقة الكاتب وبعض عناصر قوى الأمن.

وقد كنت سعيداً حقّاً بتفهّم وتفاهم أهل القرية فيما بينهم. ووددت لو يعمّ هذا الميثاق السليم جميع الربوع والأنحاء في بلدي. فتكون عمليّة الانتخاب سبيلاً لاختيار الشخص المناسب للمكان المناسب وسلوك الدرب السليم المؤدّي إلى خدمة الوطن ومواكبة التطوّر والازدهار.

رهين مهمّتي

في بدء الأحداث الأليمة في بلدي أُقفلت جميع الطرقات المؤدّية إلى العاصمة. وبات على مَن يقصدها أن يضع روحه على كفّه ويمشي. فها هنا حاجز وهناك كمين وهنالك رصاص قنّاص. وكلّها تؤدي بالطبع إلى سجن مؤقّت فوق التراب أو دائمٍ تحته. لذا انقطعت الاتّصالات بين المدرسة والوزارة المسؤولة، واقتصرت اتّصالاتنا على المراسلات البريديّة في الأمور العاديّة.

وإذ بعدت الوزارة عمّا يجري في مدارسها في بعض المناطق، انتدبت بعض موظفيها الكبار من أبناء تلك المناطق. ومنحتهم صلاحيّات استثنائيّة للبتّ بالأمور العاجلة وتزويد المدارس بحاجاتها البشريّة والتجهيزيّة.

ولّما كان عدد التلامذة في مدرستي أخذ بالازدياد، رأيت أن أتحرّك نحو الوزارة لأجعل من مدرستي الابتدائيّة مدرسة متوسّطة. فأُلبّي طلبات التلامذة الذين حالت ظروفهم الأمنيّة من متابعة دراستهم في مدارس العاصمة. وأحلّ مشكلتهم التربويّة فأخدم بذلك بلدي حتى في الظروف الصعبة.

قصدت يوماً، مزوّداً بأوراقي اللازمة، إحدى بلدات الجبل في منطقتي حيث كان أحد كبار موظفي التربية يعقد اجتماعاً هناك لمدراء المدارس الرسميّة للاطّلاع على أمورهم وأمور مدارسهم. فكان المسؤول التربويّ متفهّماً للوضع المتأتّي من جرّاء الأحداث، ووعدني خيراً. وإذ أنا في طريق العودة إلى بلدتي، مررت بتقاطع طرقات فوجئت بإحدى التنظيمات العسكريّة غير الرسميّة تقيم حاجزاً، وتطّلع على هويّات المارّة وتعيق سبيلهم. ولما اطّلع أحد عناصرها على هويّتي طلب منّي أن أُرافقه إلى المكتب. ففعلت طوعاً. وكان المكتب كناية عن خيمة عسكريّة. ضمنها

طاولة صغيرة وكرسي يجلس إليها شاب في مقتبل العمر، وإلى وسطه مسدّس حربيّ بارز. وكان إلى جانب تلك الخيمة، مرابض مدفعيّة ومتاريس رمليّة تذكّرني بساحات المعارك الحربيّة التي كنت أشاهدها في الأفلام التلفزيونيّة. ولّما تعرّف المسؤول عليّ بدأ يوجّه إليّ الاتهامات جزافاً، وكأنّي المسؤول عن الفوضى العالميّة، أو أخطّط لحربٍ عالميّة ثالثة وشيكة. وعبثاً حاولت أن أُلقي عنّي التهم تلك مبيّناً أنّي موظف حكوميّ ومدير مدرسة رسميّة، أهتمّ بتربية تلاميذي دون أن أتدخّل بالسياسة أو أن أنتسب إلى أيّ حزب سياسيّ. فحزبي مدرستي وبيتي. لكنّ صاحبنا أصرّ على عناده. وعزم على النيل منّي تشفّياً لإرواء غليل حقده. فأحالني على مَن يلزم لينفّذ بي أمراً ما زلت أجهله، وبينما أنا في هذه الحال اليائسة إذا بأربعة من مدراء المدارس الذين أعرفهم وقد كنّا معاً في الاجتماع التربويّ المنوّه عنه، يقتحمون عرين ذاك المسؤول الحاقد، فيحملونني بين أيديهم ويخرجون بي قائلين له: "إنّه أخونا الحبيب ورفيقنا العزيز وزميلنا الكريم". ثمّ يفتحون لي سيارتي ويقولون: "بأمان الله. فنحن برفقتك إلى بيتك". وهكذا انتزعني أصدقائي المخلصون هؤلاء من ورطة كنت فيها رهين مهمّة تربويّة صرفة. وقد علّمتني الكثير من الحذر. كما زادتني ثقة بصدق صداقاتي وأملاً أكيداً بتغلُّب قوى الخير دائماً في النهاية.

الصداقة

وكما كانت صداقاتي مثمرة في منطقتي، كذلك كنت في العاصمة بعد التهجير، وأينما حللت بعد ذلك. فثروتي كانت ولمّا تزل تلك القلوب النيّرة الصافية التي تتآلف مع قلبي مُكِنَّة لي كلّ خير وسلام دون طمع بمال أو رغبة بمصلحة.

وَلَا يأْلَفُ الإنسانُ إلّا نَظِيرهُ   وكلُّ امريءٍ يصبو إلى مَن يُشاكِله

فالصديق هو مَن تشكوه همّك لا مَن تشكو إليه سوء تصرُّفه. هو من يؤنسك عند الوحشة ويُملي الفراغ في نفسك عند الحاجة. فتحسّ وكأنّك مندفع إليه تلقائيّاً لشعور لا يوصف. فترتاح إليه، ويكمل من روحه في روحك فتتطابق الروحان وتستقرّان أُنساً وسعادة.

هو مَن زرع في قلبك مرح النسائم والأعشاب، وفرح زهور نوّار بالزوّار. هو مَن قرأت فيه صراحة الزنبقة بشهقتها، وقناعة البنفسجة بتواضعها. وأيُّ فرح أو مرح أقوى من الفرح الداخليّ والسعادة النفسيّة؟ وأيّة صراحة أَحَبُّ إليك من أن تكون صادقاً مع نفسك ومع الآخرين فتبقى صفحتك بيضاء نقيّة كقلبك، لا كالمُصفَح من الناس الذي يملك وجهين متنافرين ويلقى الآخرين كلَّ ساعة بالوجه الذي يراه مناسباً. وإنّي إذ أذكر أصدقائي، لا أعني منهم كلّ مَن عرفته أو مَن شاركته طعامي وبادلني الزيارات العائليّة، أو مَن رافقته لمناسبة أو لظرف طارئ، بل صديقي مَن عرفته عن كثب. واختبرت فيه صفاء نيّته وبراءة أفكاره وصدق صداقته. فكان لي كخيالي، دائماً إلى جانبي، يؤنسني ويسامرني. ويبذل دوني كلَّ غالٍ ورخيص. وأشكر الله أنّ هؤلاء كثُر. ومَن كانت صداقاته كذلك فهو غنيّ بها ولا غنى له عنها.

رسائل

– هل لي أن أتعرّف إلى بعض أصدقائك أو إلى بعض الرسائل التي تنمّ عن صداقاتك الحقّة؟

– لم أحتفظ من الرسائل التي كتبتها في حياتي إلى أصدقائي إلاّ بالقليل. فقد اعتدت أن أكتب إليهم مباشرة ودون أي تحضير مسبق. فقط ما تزال صدفة بين أوراقي بعض الرسائل المتبادلة في السنوات الأخيرة بيني وبين الصديقين صبحي جورج داغر، صاحب المقدّمة لكتاب "شبل المغارة"، وجورج شاهين سليم صاحب التصدير لكتاب "روضات الأدب في بوادي العرب". وإن أنقل لك بعض ما كتبت إليهما وبعض ما وردني منهما تبقَ طائفة أخرى من الرسائل كنت أتمنّى أن تكون بين أوراقي الخاصّة، لتظهر مدى علاقاتي بأصدقائي الآخرين الذين لم أذكرهم في هذا الفصل.

جبيل، ليل ١٠ – ١١ تشرين الأوّل ١٩٩٢

أخي وزميلي الأستاذ فرنسيس أدامك الله:

أكتب إليك هذه الكلمات راجياً أن تستطيع التعبير عمّا أكنّه لك من مودّة صافية ومن تقدير استمرّ مع كرّ السنين والأيّام، وعرفاناً بالجميل يا أستاذي الأوّل.

فلقد وصلتني رسالتك العطرة حاملة هذا المولود الحبيب أو هذا الجنين للكتاب الموعود. وبوصولها رأيت بأمّ العين أحلاماً تتحقّق وتاريخاً يستيقظ وأمجاداً تتجلّى واضحة من خلف ستار الأيّام.

وصلتني رسالتك مساء السبت ١٠/١٠/١٩٩٢ ولم يكن لديّ متّسع من الوقت

لقراءة "شبل المغارة" والتمعّن بهذه السيرة الحبيبة بالشكل العلميّ والكافي، ومن المنظار الأكاديميّ. ولكن من خلال النظرة السريعة للمحتويات تبيّن لي مدى الجهد المبذول والعرق والتعب وسهر الليالي الذي كابدته لتأمين ولادة هذا المولود المنتظر. وعليه أتوجّه إلى المولى عزّ وجلّ راجياً أن يمدّك بالصحّة والعافية والصبر والجلَد كي تستطيع متابعة هذا الإنجاز الكبير وسدّ الثغرة الكبيرة في تاريخ عائلتنا وبلدتنا، رغم الصعاب والمشقّات وجمع المعلومات من كلّ وادٍ عصا، ومع غياب المستندات والوثائق الكافية...

صبحي جورج داغر

* * *

تورونتو ١٩٩٢/١٢/٤

أخي العزيز جورج سليم:

لا يقوى أيّ قلم أن يسكب من فلذات روحه ما يعبّر عن لواعج الحبّ والحنين في روح غيره. ولا تستطيع أيّه ورقة أن تحمل ضمن سطورها ما تحسّه القلوب أو تومض به الأفكار. فكلّ ما يقوى عليه القلم أن يحاول قراءة الأفكار علّه يكشف جوارح القلب أو خلجات الفكر والوجدان فيترجمها تعبيراً في سطور ملوّنة. وهيهات أن يكون التعبير صادقاً أو يقرب إلى الصدق.

لذا فقلمي وورقتي يحاولان أن يتلمّسا قراءة أفكاري فعسى أن يوفّقا إلى مهمّتهما وإن كنت أكيداً من فشلهما...

فرنسيس داغر

* * *

بيروت ١٩/١/١٩٩٣

أخي فرنسيس:

... إنّي افتقدت بغيابك صديقاً صدوقاً كنت لا آنس إلاّ بقربه، ولا أسعد إلاّ بلقائه. وقد تمرّ بي أويقات أقول فيها: "ليتني لم أتعرّف عليه". هي عاطفة لا أستطيع كبتها وإحساس نحوك لا أسعد إلاّ به...

جورج سليم

* * *

تورونتو ١٢/٣/١٩٩٣

أخي جورج:

... لن يمرّ يوم دون أن تمثل أمامنا بالروح ودون أن نراك في مفكرة ذاكرتنا. كيف لا وقد انسلخنا سلخاً و لم يكن لنا رأي في هذا البعاد والابتعاد. فتقاربنا في بعادنا كما في لقاءنا...

... إنّها لله أيّام حلوة تلك التي قضيناها معاً بمحبّة صافية وقلب بريء وفكر واضح دون مواربة أو مكر. وهل هناك صداقة وأخوّة أسمى من تلك التي تقرأها القلوب قبل العيون؟ ففي كلّ مرّة أكتب إليك أودّ ألاّ أدخل في عباب الماضي وألم الغربة لكنّي لا أستطيع إلاّ أن أعبّر عن لواعجي وأتكلّم عن حنيني وتعلّقي بتلك الصداقات النابتة في بلادي المقدّسة...

فرنسيس داغر

* * *

بيروت ١٩٩٤/٩/٥

أخي وصديقي فرنسيس:

أتوجّه إليك بتحيّة فيها أنفاس العوسج، مطيّبة بعطر الصعتر والنعناع، طافحة بشذا أنواع الرياحين التي تكلّل هضبات ومنحدرات وتلافيف وديان "ضهر المغارة" التي عاد أهلوها إليها ينعمون برائحة ترابها ويستسقونها من عرق جباههم التي هي من ذلك "الشبل"[٤] الذي هابته الوحوش. وإنّي إذ أتذكّرك من خلال "شبل المغارة" أقدّر عملك الذي خلّد إنساناً حبّذا الزمن لو يأتي بمثله، يعمّر الأرض البور ويصنع منها ضياعاً يورثها لأبنائه وأحفاده. وإنّي إذ أكبر هذا الإنسان وأجلّه أنظر إلى نفسي وإلى أبناء مجتمعي وأقول: "أين نحن منه الآن، نسير وراء المدنيّة الزائفة ونتباهى بما نقلّد به الغرب من فسيفساء حضارتهم، ولا نغوص إلى جوهرها". أقول هذا لأنّي كنت منذ صغري محبّاً للأرض التي ربّتني، متعلّقاً بالتاريخ، تاريخ بلادي، الذي أراه من خلال شخصيّة شبلكم المذكور آنفاً نموذجاً للأصالة التي تعشعش في نفوسنا جميعاً كشرقيّين، ولو ظهر منّا بعض العقوق بين زمن وآخر. ولذا أردّد مع الشاعر دائماً:

بـلادي وإنْ جارَتْ عليَّ عزيزةٌ　　　واهلـي وإنْ ضَنُّـوا علـيَّ كـرامُ

لقد آليت على نفسي يا صديقي ألاّ أتذكّرك. وإنّي إذ أناقض رأي أبي العلاء في مستحيلاته الثلاث فلأنّي وجدت فيك صديقاً تتحلّى بالنعوت الطيّبة مع الصداقة. فأنت الذي صفحت عمّن أساء إليك، وأنت الذي ضحّيت في سبيل راحة غيرك وهناءتهم. أنت الذي خلّدت ذكر ذلك الشبل ليعتزّ به جميع مَن هم على صلة قربى به دون ابتغاء الربح المادّي، بل لرفع اسمهم وشأنهم وعزّتهم. وهذا برأيي منتهى الإيثار. أنت الذي أرى بعينيه دمعة العطف والحنان التي لا أراها إلاّ في عيون رمز الحنان (الأم). أنت الوحيد الذي لم أكن أرتاح إلاّ إليه وتبتهج نفسي عند لقياه. وتقرّ

٤ إشارة إلى كتاب "شبل المغارة" وبطله شبلي داغر.

عيني ساعة أراه. أنت الوحيد الذي أفتقده في الليلة الظلماء. وقد تعلم أنّي لا أماري ولا أداجي ولا أحابي، وأنّ كلامي صادر من القلب إلى القلب فعسى الله يا صديقي أن يقبل دعائي ويجمعنا سويّة ولو بعد زمن...

جورج سليم

* * *

بيروت ١٩٩٥/٣/٦

أخي فرنسيس:

... والذكرى دائماً جميلة ولو كانت مأساويّة. أوَ ليس جميلاً أن يتذكّر أحدنا الآن أنّه اجتاز المحنة بعد المحنة، وكان نصيبه دائماً النجاة؟ أو ليس في نجاته انتصار على القدر وسخرية منه؟ أوَ ليس في نجاته تحدّ للإنسان الشرّير صانع الحروب والمآسي؟ جمال هذه الذكرى يكمن في شعورنا بأنّنا ابتدأنا حياةً جديدة عامرة بالأمل تتجدّد انبعاثاً وتملك كلّ مسبّبات الانطلاق نحو حياة أفضل لتعويض ما فاتنا والسير في ركب العالم المتحضّر.

جورج سليم

* * *

كندا في ١٩٩٥/٤/١٧

أخي جورج سليم:

بمناسبة الفصح المجيد، ذكرى غلبة ربّ الموت على الموت وقيامته منتصراً على أعدائه الجهلة، أتقدّم منك ومن العائلة الكريمة بأحرّ التهاني والتمنّيات السامية راجياً منه تعالى بحقّ قيامته المظفّرة أن يقيم دائماً في قلوبنا ليقيم فينا بذور الخير والمحبّة ويقيم عنّا نزوات الشرّ والبغضاء فندحرج حجر أثقالنا وهمومنا ونغدو كما أرادنا

رسل السلام الآتي من عند الربّ، فنُخلق من جديد ولعهد جديد يقوم على المحبّة الحقّة والبذل والعطاء...

فرنسيس داغر

*   *   *

بيروت ١٩٩٥/٨/٥

أخي وصديقي فرنسيس:

تحيّة مواطنيّة حقّة.

تحيّة عشقي لصداقتكم التي لم أحسّ بمثيل لها بعد معرفتي بكم، ولم يتسنّ لي أن أحسّ بمثلها مع غيركم، وبالرغم من تفتيشي الدائم عن صديق أتبادل وإيّاه معنى الحياة والمحبّة والوفاء. لأنّ الحياة بمعناها الحقيقيّ محبّة ووفاء. هي إيمان بالمثل من حقّ وخير وجمال. هي الأقانيم التي تشكّل القدرة الإلهيّة التي نعبد وبغيرها كلّ شيء زائل وباطل...

جورج سليم

*   *   *

بيروت ١٩٩٥/٩/١٨

أخي فرنسيس:

كما أنّ الأُخوَّة لا تعرف القرابة، فالصداقة من باب أولى هي التي تقارب الأرواح وتتجاذب الميول وتوحّد الأهداف. قد يكون هناك إخوة تتنازعهم الأهواء والمصالح بالرغم من أُخوَّتهم، أمّا في الصداقة الصادقة لا مكان للأهواء والأنانيّة وحبّ الذات. في الصداقة مبدأ. والمبدأ هدف والهدف يفي بحاجات الإنسان الماديّة والمعنويّة. الصداقة تعاون ووفاء وإخلاص. الصداقة أمانة والأمانة كنز.

من خلال هذه الصورة أتطلّع إليك دائماً، ولا تفارقني صورتك المتّسمة معنويّاً بمقوّمات الصداقة التي ذكرت، وماديّاً بالابتسامة الفرحة المشحونة بالتفاؤل والبادية على وجهك كلّما تخيّلتك أمامي. فما أن يمرّ مرأى وجهك البشوش في مخيّلتي حتى أسمع صوتك ناصحاً بالتسامح وفعل الخير غاضّاً النظر في الإساءة مهما كانت مؤذية (هكذا كان يفعل غاندي) وهذا مردّه إلى قوّة إيمانك بدين المحبّة والتسامح والفداء...

جورج سليم

براءة الأطفال

– وماذا كان لك من أمور بارزة مع الطفولة في مشوارك التربويّ الطويل؟

– الطفولة زهرة لم تتفتّح أكمامها بعد. تقبض على الفطرة والطهارة والنقاوة بين تويجاتها. لم تمتصّ منها النحلة بعدُ شذاها الفطريّ، ولم تدنّس أيّة حشرة نقاء أحشائها وظهر كؤوسها. صفحة بيضاء هي سريرتها. لم تخطّ عليها الطبيعة بعدُ خطوطها المتنوّعة. عطشى للحياة واستقبال النور. لا تعرف للشرّ سبيلاً ولا للسوء دروباً. إنّها شهقة زنبقة وتواضع بنفسجة. نغم في ناي، ورندحة في وتر. صلاة في ناقوس وشذا أريج في مبخرة.

قد يقبل الطفل كلّ خير كما كلّ شرّ. لا يعي ما يعمل أو ما يقول. قد تُشكل عليه الحقيقة والسراب. وإن لم يجد مَن يرشده إلى سواء السبيل ضلّ وتاه، أو عثر وزلّ.

لذا كانت مهمّة المربّي، أباً كان أو أمّاً أو معلّماً، دقيقةً في هذه المرحلة من عمر الإنسان. فمَن شبّ على شيء شاب عليه كما قيل. وصفحة قلب الطفل البيضاء قد تعكّرها ظُلمات الحياة إن أسأنا التصرّف أو ضللنا السبيل القويم. من هنا كانت مهمّة المدرسة في غاية الدقّة والصعوبة. إنّها تبني أجيالاً للحياة لا للموت، للبناء لا للهدم، للمعرفة لا للجهل، للنور لا للظلمات، للحريّة لا للعبوديّة. وكما قيل سابقاً "مَن فتح مدرسة أقفل سجناً"، كذلك مَن أساء التصرّف التربويّ مع هؤلاء الصغار كان كمن قضى بمعرفة وبغير معرفة على حياة جيل طالع، فيه الرجاء والخير للبشريّة جمعاء.

فكم من أناس ما زالوا يقدّسون معلّميهم ويذكرونهم بالخير ويتمنّون لهم السعادة والهناء! وآخرين يلعنون بعض مربّيهم لسوء تربيتهم ممّا جلب لهم الوبال وسوء الحال، فأظلمت دروبهم وأقفلت في وجوههم كلّ السبل المنيرة وباتوا رهائن

مداركهم الخاطئة ومبادئهم المعوجّة. ولا سبيل لإصلاح الاعوجاج بعد أن قست الأعواد وغلظت الجذور.

وإن أذكر براءة الأطفال لا بدّ لي من أن آتي على ذكر ما يثبت تلك البراءة في نفوس أنقياء القلوب هؤلاء. وحرام علينا أن نشوّه تلك البراءة، أو نلطّخ صفحتها الناصعة، بل نُملي خطوطها بالمحبّة والإيمان والرجاء، إضافة إلى المعرفة والعلوم النافعة.

ذات يوم، وقد اصطفّ التلامذة صباحاً في الملعب تمهيداً للدخول إلى الصفوف، والجو في غاية النقاوة والصفاء، والنسيم العليل يداعب الأجسام ويخدِّش صفحة البحر الساكنة، مُحدثاً فيها جراحاً من الزبد بيضاء، ولمّا كان بعض التلامذة يستعملون الطباشير أحياناً ويكتبون بها على حيطان المدرسة فيشوّهونها رغم تحذيرات المدرّسين والناظر، خطر لناظر المدرسة آنذاك وقد رأى تلك الخطوط البيضاء قد لطّخت صفحة البحر النقيّة، خطر له أن يمتحن نباهة ونجابة هؤلاء الصغار، أطفال الروضة الأولى، فسألهم: "مَن منكم قد (خرطش)[5] على البحر وشوّه نظافته؟ ألم أمنعكم من استعمال الطبشور خارج الصف؟".

فما كان من هؤلاء الصغار الأبرياء إلاّ أن أنكروا التهمة الموجّهة إليهم وأحالها بعضهم على زملائهم الكبار، حتى أنّ أحدهم أخذ يبكي، وكان في بكائه شكوى الضعيف البريء، وفي نفي رفاقه الآخرين ردّ التهمة بعفويَّةٍ وصدقٍ أمين.

---

٥ خرطش: بمعنى كتب بالعاميّة.

النادي

– لنعد قليلاً إلى النادي ولنتحدّث عمّا ترك فيك من ذكريات طيّبة، وعِبَر قيّمة استفدت منها في حياتك.

– لقد صدقت! فقد تسلّمت أمانة سرّ النادي فترة عشر سنوات، وكنت خلالها أميناً في القيام بمهامّي الاجتماعيّة. كما من خلال مدرستي بمهامّي الثقافيّة.

في مواسم الصيف الرياضيّة كنّا نقوم بعدّة دورات رياضيّة كما ذكرت وكنت فيها المنسّق والعرّيف. وفي الندوات الثقافيّة والاجتماعيّة كنت هناك أعرّف المُحاضِر وأحاوره لِما فيه النفع والخير للجميع. فالندوات الطبيّة كانت تعالج شؤون أمراض الأطفال وطرق وقايتها، والزراعيّة منها تكشف مكامن الآفات التي تفتك بمزروعاتنا وطرق مكافحتها، وتذهب مع المزارع بعيداً في طرق تقليم الكرمة وتطعيم الأشجار، ويأخذ بعضها الآخر الطابع الأدبيّ أو المعماريّ أو الفنيّ. وأذكر مرّة أنّنا قد عرضنا في ملعب النادي لثلاث ليال متتالية ثلاثة أفلام سينمائيّة وتثقيفيّة. وكان الدخول إليها مجّاناً.

هذه النشاطات المتنوّعة لم تشهدها من قبل أيّة بلدة شوفيّة أخرى صغيرةً كانت أم كبيرة. فكان النادي والقيّمون عليه روّاداً في هذا المجال الجليل.

ومن ذكرياتي مع نادي الإصلاح هذا أن قرّرت هيئته الإداريّة يوماً إقامة حفلة غنائيّة يعود ريعها لتغذية صندوق النادي وتغطية نشاطاته المختلفة. فوزّعنا جميعاً المهام فيما بيننا وراح كلّ في نطاق مهمّته يسعى لإنجاح هذه الحفلة المرتقبة. فارتبطنا مع المطربين والموسيقيّين، كما حضّرنا الإعلانات اللازمة للدعاية والبطاقات الخاصّة بها. وقد رأى الجميع أن يكون موقع الحفلة على خطّ الساحل عند مفترق الطريق

إلى بلدتي. وكانت هناك قطعة أرض مصوّنة بالأسلاك الحديديّة ولا ينقصها سوى تسوية أرضها لتكون أكثر انبساطاً وسهولة. وفيما أنا هناك، مرّ بنا جرّار يصلح لأن يقوم بالأعمال المطلوبة. فعرضت عليه الأمر وكان شاكراً. وإذ أنهى ما اتفقنا عليه رأيت أن أُنقِدَه ما يوازي أجره من بطاقات الدخول إلى الحفلة. وكان لي ما أردت.

لكنّ ذاك المسكين، وقد جاء طبعاً في الوقت المحدّد للسهر على أنغام فرقة الأوتار الذهبيّة وغناء المطرب الصاعد آنذاك فهد بلاّن، قد فوجئ بإلغاء الحفلة، نادماً على قبض بطاقاتٍ من الكرتون المقوّى. وعاد الإلغاء آنذاك إلى وفاة عمّي شقيق والدي إثر حادث سيّارة في منطقة الجنوب قبل يومين فقط من تاريخ موعد الحفلة. وكانت العادات تقضي بالحداد وبالتالي الامتناع عن إقامة الحفلات والأعراس والأفراح لفترة طويلة من الوقت. فخسرنا بذلك مبلغاً كبيراً من المال تحمّلناه، نحن أفراد الهيئة الإداريّة للنادي بالتساوي إذ لم يكن صندوق النادي قادراً على تحمّل مثل تلك الخسارة.

وعلى هامش تلك الحفلة، لا بدّ لي من أن آتي على ذكر ما حدث لي ولبعض الرفاق في النادي ذات مساء عند المدخل الشماليّ لعاصمة الجنوب صيدا:

ذهبنا، أربعة أشخاص وأنا، في سيّارة واحدة عصر ذات يوم، متّجهين إلى تلك المدينة لنعلّق على مدخلها الشماليّ عند مفترق الطرق يافطة كبيرة من القماش للإعلان عن حفلة النادي. وإذ وصلنا إلى المكان المقصود وجدنا أنّنا بحاجة إلى المزيد من خيطان القنّب المتينة لتعليق اليافطة فوق الطريق العامّ. فما كان من أحدهم ويُدعى الياس د. وهو مالك السيّارة، إلاّ أن استقلّ سيّارته برفقة أحدنا قاصداً المدينة لشراء حاجتنا من تلك الخيطان. والمدينة لم تكن بعيدة عنّا سوى كيلومترين على الأكثر. فانتظرنا، نحن الثلاثة الباقين، حيث كنّا ريثما يعود رفيقانا بما إليه مفتقرون.

وطال الانتظار إلى أكثر من ساعة وساعتين وثلاث ساعات. فغابت الشمس.

وكاد الليل أن ينقضي معظمه. ونحن لا نملك حيلة سوى الدعاء إلى ربّ العلاء أن يجعل المانع خيراً لا ويلاً. أخيراً رأيت ورفيقاً لي أن نحثّ الخطى إلى المدينة علّنا نتسقّط عن كثب أخبار رفيقينا المفقودين. وبقي رفيقنا الخامس حيث هو بانتظار ما قد يحصل.

ومشينا متسارعَين وكمَن يهرول في مكانه. أحسسنا أنّنا لن نقوى على متابعة السير لقلق في البال وذهول في الفكر. كنّا نوقف كلّ سيّارة باتّجاه وجهتنا لعلّها تقلّنا سريعاً، وتطمئنّ قلوبنا الحائرة وأفكارنا المبلبلة. إلى أن توقّفت لنا إحدى السيّارات الخاصّة فركبناها شاكرين إلى ساحة النجمة عند مدخل المدينة. ترجّلنا وحرنا في أمرنا. أين نذهب؟ وأين نفتّش عنهما في مدينة قد أُقفلت جميع محلاّتها وبدت شوارعها مقفرة إلاّ من بعض السيّارات ورجال التنظيفات. وقفنا في أماكننا نرقب حركة السير، ولا ندع سيّارة تمرّ إلاّ وتعرّفنا إلى نوعها ولونها وركّابها. وإذ طال حالنا على هذا المنوال وشارفت الساعة على الحادية عشرة ليلاً خطر لنا أن نتسقّط أخبارهما في المستشفيات أو في مراكز قوى الأمن الداخليّ. ولكن لعلّهما قد اقترفا جرماً ولاذا بالفرار من طريق العدالة! فتريّثنا قليلاً في أمرنا كيلا نفشي سرّهما دون أن ندري. ولكن هل يتحتّم علينا أن نشجّع الهاربين من درب العدالة ونخفي جرائمهم؟ علينا أن نكون في مستوى المسؤوليّة الوطنيّة إن هما قد اقترفا ذنباً يدينه القانون. أخيراً كان لنا القرار الجريء، والكيّ آخر الدواء. تركنا ساحة النجمة ومشينا إلى سرايا الدرك هناك. وفي الفناء الخارجيّ سألنا أحد العسكريّين في ما إذا كانوا قد ضبطوا أو حجزوا أحد السائقين إثر حادث سيّارة منذ غروب شمس ذاك النهار. فكان جوابه أنّه هناك وعلى تلك الكرسيّ منذ أكثر من ستّ ساعات، ولم يدخل حرم السراي أيّ من المدنيّين طيلة هذا الوقت. فاطمأنّ بالنا قليلاً. ولكن أين هما؟ هل شُقّت الأرض وابتلعتهما؟

عدنا من حيث أتينا، ولزمنا الساحة. ثم طلبت من رفيقي أن يذهب إلى أحد المطاعم المحاذية لنا هناك ويسأل عنهما هاتفيّاً في المستشفيات لعلّهما في إحداها. وعاد صديقي من المطعم دون أن يجد لهما أيّ أثر. فسألته إذ ذاك: "وهل اتّصلت بمستشفى الشرق؟"، قال: "لقد اتّصلت بكلّ مستشفيات المدينة، ولا أذكر إن كنت قد خابرت هذه". وعاد أدراجه إلى المطعم طالباً من صاحبه رقم مستشفى الشرق. وسرعان ما عاد على أعقابه قائلاً: "لقد وجدتهما! إنّهما هناك! فهل تعرف المكان؟"، قلت: "نعم هيّا، ولكن ما بهما؟"، قال: "لقد وقع على الياس عامود الهاتف إلى جانب الطريق فكسر ذراعه، وها هو هناك يلقى المعالجة".

وأسرعنا الخطى باتّجاه المستشفى المذكور. وعند المدخل ضغطت على الزرّ الكهربائيّ إلى جانب بوّابة المدخل المقفلة. فكلّمتنا إحدى الممرّضات من الداخل سائلة عن أمرنا. ولمّا سألتها عن الياس د. هل هو هنا أجابت إنّه بخير ويلقى المعالجة في يده التي كُسرت بعامود الهاتف. وفتحتْ لنا البوّابة للدخول رغم منع الزيارات في مثل ذاك الوقت من الليل. تسلّقنا الدرج حيث أودى بنا إلى غرفة الانتظار. فاستقبلتنا الممرّضة ثم راحت في إحدى الممرّات فتبعناها مسرعين ظنّاً منّا أنّها تودّ إرشادنا إلى غرفة مريضنا. لكنّها إذ رأتنا قد تبعناها انكفأت وتوقّف سائلة: "لِمَ تتبعاني؟ ألم ترياه في غرفة الانتظار؟ وتسألان عنه وقد كنتما معه؟". ثم مضت في سبيلها.

وعدنا إلى حيث كنّا في الصالة لنجد شخصاً قد عُلّقت ذراعه برقبته. فسأله رفيقي قائلاً: "أأَنت الياس د.؟"، فقال: "نعم ومَن أنتما؟"، ودون أن نجيب، خرجنا مسرعين والضحك يملأ ثغرينا والقلق قلبينا. عدنا أدراجنا إلى ساحة النجمة بانتظار ما قد يحصل.

و لم نمكث طويلاً بعدئذ حتى شاهدنا سيّارة رفيقنا الضالّ تتوقّف قربنا ويقول لنا كلّ مَن بالداخل: "إصعدا". فإذا بالرفاق جميعاً قد اجتمع شملهم. وتعالت صيحات العتاب والملام. و لم تهدأ إلاّ بعد أن علمنا أنّ سيارتهما قد توقّفت لعطل طارئ فيها، و لم يستطع الميكانيكيّ المتمرّن من إصلاح العطل طيلة تلك الفترة، فاضطرّا إلى عدم ترك السيّارة، وصرف النظر عن التفتيش عن ميكانيكيّ آخر يعمل في مثل تلك الساعة من الليل فكان ما كان. وعدنا إلى الضيعة نهدّئ من روع وقلق الأقارب شاكرين الله على سلامتنا ونجاتنا.

— قصّة طريفة ومقلقة فهل لنا بأخرى فيها عبرة وحكمة؟

المظاهر الخادعة

- كانت الحفلات الموسميّة هي المورد الوحيد لتغذية صندوق النادي وتغطية مصاريف نشاطاته المتعدّدة كما ذكرت. فيتجنّد الشبّان والشابّات للتحضير لحفلة مقرّرة من حيث الدعاية وبيع البطاقات وما إلى هنالك.

ذات يوم قمت وأحد الزملاء بجولة في القرى المجاورة لبيع ما يمكن من البطاقات حصّتنا. وصلنا إلى بلدة ساحليّة ولا نعرف أيّاً من سكّانها كي نستنير بآرائه في مجال مهمّتنا. فاعتمدنا على مظهر البيت الخارجيّ في توزيع بطاقات الشرف. فلا ندخل إلاّ البيوت الفخمة التي توحي لنا بأرستقراطيّة سكّانها، علّهم يشجّعون نادينا الفتيّ ويباركون خطانا. وعند مدخل البلدة إذا بنا أمام بيت أنيق يتقدّمه درج عريض تحيط به شجيرات من الورد اكتست زهورها بألوان لم يلبس مثلها سليمان النبيّ. وتتقدّم البيت شرفة كبيرة اتّسعت جوانبها وأُحيطت بحجارة جُعلت فيها فتحات هندسيّة منسّقة ومغطّاة بصفائح من الرخام العاجيّ الرفيع.

فما كان منّا إلاّ أن "اقتحمنا" البيت علّنا نحظى ببيع بطاقة شرف تسدّ بعضاً من عجز جمعيّتنا الفتيّة.

إستقبلنا صاحب البيت بالترحاب المعهود في استقبال ضيفَين غريبَين لا يعرف من أمرهما شيئاً. ولما عرضت عليه أمرنا وقدّمت له البطاقة المعتمدة إذا بزوجته تدخل إلينا من إحدى الغرف. فيبادرها باللوم دون أن يترك لها مجالاً للاستيضاح، قائلاً لها: "لم يحلُ لكِ إلاّ وأن تبني بيتاً فخماً ذا مدخل جذّاب يجذب إليه هواة الحفلات والنوادي. فكيف لنا بعد الآن أن نحدّ من مصاريفنا الطارئة غير المجدية؟".

فما كان من زوجته إلاّ أن قفلت راجعة من حيث أتت وعادت إلينا بغلاف قائلة:

"ناديكم يستحقّ كلّ تقدير وتشجيع لما يقوم به من نشاطات مفيدة. فلا تؤاخذوا زوجي. إنّه دائماً هكذا! لقد فُطر على البخل والإمساك كأهل "مرو"". وانصرفنا مردّدين مع جبران: "مِن الناس مَن يعطون بفرح وفرحهم مكافأة لهم ومنهم مَن يعطون بألم وألمهم معموديّة لهم"، ومتسائلين: "تُرى هل كلّ المظاهر الجذّابة خادعة؟".

قرويّات

– لو عدنا معاً إلى القرية قبل كارثة التهجير، فأيّة صورة تستطيع أن ترسمها لي عن طبيعة الحياة فيها، بعد أن خطت خطواتها التربويّة والاجتماعيّة التي حدّثت عنها؟

– عندما تسلّمت مهامّي التربويّة في بلدتي قيل لي كيف لك أن تترك العيش في مدينة أَلِفتَها واستأنست بها فترة طويلة من حياتك، لتعيش في ريف يفتقر إلى معظم وسائل الراحة والعيش الرفيه. ولكنّي ما إن عدت إلى ضيعتي حتى رأيت الصخور تناديني. والدروب تستذكرني. والأشجار توشوشني. والنسمات تهمس لي. والطيور ترتّل معي أناشيد الفرح والحرّية. وحفاف الأودية تعود بالذكرى إلى ذاك الولد الذي كان يتسلّق صخورها "ويتعمشق" على نتوءاتها يتعقّب عصفوراً أصابته حصاة نقّيفته فآلمته أو كسرت أحد جناحيه.

رأيتني هناك فجأة قد تفاعلتُ مع الطبيعة. وأصبحت ملازماً لها كملازمة الليل للنهار أو اللام للألف كما يقال. وجدت فيها حريّتي وهدوئي واستقرار نفسي وبراءة سريرتي. فيها وجدت ذاتي الحقيقيّة التي فقدتها مذ غادرت تلك الأرض الطيّبة لأعيش بين قرقعات المدينة الزائفة وترّهات حضارتها المصطنعة.

كنت قبل عودتي إلى القرية سجين النفس، ذابل الطباع، فاتر الروح. أفتّش عبثاً عن صديق ينير حياتي كما فتّش ديوجين اليونانيّ عن إنسان في وضح النهار على نور مصباحه، وكنت أهشّ لذكرى قريتي كما هشّ قيس للُبنى إذ قال:

فإن ذكرتُ لُبنى هششتُ لذكرها   كما هشَّ للثدي الدرورِ صيودُ

لقد سئمت المدينة حيث درست. ومللت حياتها حيث سكنت. وضجرت من أموري الرتيبة حيث شببت. فكانت عودتي إلى أحضان الطبيعة نعمة سخيّة من الباري. وغيثاً كريماً مفاجئاً من سحابة عابرة على أرض عطشى.

تركت "قصر" الأمراء السالفين حيث كنت أعيش مع أهلي. وتركت الخير دافقاً من مياه "مدينة الحبّ" ومن جنائنها الجوّادة وتركت ذكرياتي المدرسيّة في العاصمة، تركت ضجيج مدارسها، وصفير معاملها، وعجيج سيّاراتها، وصراخ باعتها، وتألُّب عوالمها، واختناق جوّها، لأُزرع من جديد في تربة تنشّقت رائحتها الطيّبة طفلاً صغيراً، وفي مناخ تنسّمت هواءه العليل فتى يافعاً، وكان شذا ذاك الترب زادي، ونقاء ذاك النسيم شرابي طيلة غيابي.

عدت إلى ضيعتي كما يعود الطفل إلى أمّه بعد طول غياب وقد شبّ، ومن بحور التجربة قد عبّ وغبّ. وبدأت هناك حياة قرويّة هادئة لن تُمّحى من الذاكرة طيلة عمري.

كيف لي أن أنسى مدرستي التي رافقت نموّها وتطوّرها، وأخذت بيدها لتصير محطّ أنظار الجميع، تستقطب الإعجاب والتقدير كما تستقطب الفتاة البارعة الجمال الروّاد والخطّاب.

وكيف لي ألاّ أذكر الحركات الاجتماعيّة والثقافيّة التي شهدتْها ضيعتي آنذاك، لترفع من مستوى أبنائها وتضعهم في المسيرة الصحيحة نحو المعرفة والتحرّر من قيود الجهل والانعزال؟

سكّان بلدتي من الأناس الطيّبين والودعاء بالروح. وهم إلى ذلك متوقّدو الذكاء، منفتحون على استقبال النور من الأبواب لا من المنافذ الضيّقة، دون أن يتخلّوا عن فطرتهم وسذاجة عيشهم وتقاليد أجدادهم. فالتطوّر المدنيّ ليس بغريب عنهم. وهم إلى الساحل والمدينة أقرب منهم إلى الجبل والريف. كما أنّهم لم يأخذوا من المدينة

المظاهر الخدّاعة ويلتهوا بالقشور دون الألباب. بل ظلّوا محافظين على السمعة الطيّبة وسموّ الطباع دون انفلات أو انفلاش في الأسس الأخلاقيّة المعهودة.

إبن بلدتي هو ذاك الإنسان الاجتماعيّ الذي يرى فيه كلّ ضيف مضيفه، وكلّ طالب حاجةٍ حاجته، وكلّ مَن يفتّش عن صديق صديقه. أبناء بلدتي من سماتهم تعرفونهم، ومن مرحهم وحبّهم للعيش الرغيد تميّزونهم.

في سهراتهم القرويّة تتعرّفون إليهم عن كثب، حيث يجتمعون كلّ ليلة مداورة في بيت أحدهم، فيستظلّون خيمة الكرمة على الشرفة صيفاً أو يتحلّقون حول موقد النار شتاء. ويتّكئون إلى وسادات سميكة من القشّ، ويختلط دخان سجائرهم البلديّة بالدخان المتصاعد من حطبات الموقد الخضراء حاملاً معه تأوّهات حزينة أو صفيراً تشوبه زفرات جريح. فتختلط الأشكال والألوان وسط سحابة من الضباب تلفّ المكان. فتستهلّ الدموع وتضيق الصدور بالأنفاس ويتعالى الصراخ وتتوالى النداءات بفتح الأبواب والنوافذ رغم الصقيع والأمطار. ويصبّ بعضهم تعابير اللوم والعتاب على موقد النار وعلى "حاطب الليل" الذي يجمع من الحطب كلّ ما ملكت يداه دون تمييز. وما إن تتهلّل صفحة سماء الغرفة قليلاً حتى يبدأ كلّ من الساهرين بحديث يطرف به الآخرين ويفرغ ما في جعبته من الحكايات والروايات المسندة إلى قبائل العرب الأوّلين. وربما أتوا على ذكر حرب السباق بين داحس والغبراء وغدر بني فزارة بغلمان بني عبس، الرهائن لديهم، وعزّة نفس قيس العبسيّ الذي فضّل أكل الحنظل في أواخر أيّامه والموت كريماً على أن يُخبر أحداً بحاجته. وقد يُكبر بعضهم مروءة ابن هند الذي أصلح ما بين بكر وتغلب بعد أربعين سنة من حرب شرسة بين القبيلتين أشعلتها البسوس حين نادت "واذلاّه!" إثر مشاهدتها ناقة سعد وقد أصابتها نبلة كُليب لرعيها في حِماه.

وإذ يملّون القصص التاريخيّة والقبليّة عند العرب تُفضي بهم الأحاديث إلى مناقبيّة الأجداد والآباء السالفين حيث عاركوا الطبيعة وصارعوا وحوش الفلاة بسواعدهم، وفتّتوا الصخور ومهّدوا الشعاب بحزمهم وعنادهم، ليؤمّنوا لنا عيشاً كريماً في أرض جوّادة.

وقد ينبري أحدهم ليطرح على الحاضرين بعض "الكعّيوات" التي تتطلّب جهداً جهيداً وعزماً أكيداً، وتتوالى القهقهات المتهكّمة أو المحاولات اليائسة والناجحة، أو صيحات التشجيع والإطراء، إلى أن يأتي دور البلّوط المشويّ بجمر الحطب. فيوزّع على الساهرين بأيدٍ ترتجف حذراً من سخونتها، وقد يطلب أحدهم شربة ماء قائلاً: "شربة مَيّ وبلّوطه بتسوى دجاجه ممعوطه". ويُكمل آخر ردّة "القرّادي" على ذوقه ثمّ يدخل "شاعر" زجليّ ثالث على الخطّ وتبدأ المزاجلات الشعريّة الطريفة. حتى إذا أمسك أحدهم عن القول والارتجال تلقّفه آخر ليُشعل الفتيل من جديد. وتروج البضاعة بعد كساد في سوق عكاظ الضيعة. إلى أن توزّع القهوة وينتشر أريجها في أجواء الغرفة الفسيحة فيحتسيها الكبار دون الصغار شاكرين ربّة البيت على حسن ضيافتها وتهلّلها بالحاضرين. ولم يكن للأولاد حظّ ارتشاف القهوة في عمر مبكرة. فتُمنع عليهم هامسين في آذانهم "مَن يشرب القهوة صغيراً أضحى أمرد الوجه، ولا ينبت شارباه لاحقاً".

والضيافة لا تكفّ ما دامت السهرة عامرة والنار متأجّجة. فهناك اللوز الفريك والتين المجفّف والدبس الطازج ذو الرغوة البيضاء. فتتباهى أحياناً ربّة المنزل بالكشك البلديّ الذي ينزع طعمه إلى الحموضة قليلاً، أو بالصعتر المدقوق مع السمّاق الحارّ والمخلوط بالسمسم. فتدور النماذج منها على متذوّقي الإنتاج القرويّ الصرف، مُبدين الإعجاب بدقّة الصناعة ومهارة اليد العاملة، مطلقين تعابير الإطراء والمديح للمرأة القرويّة التي تجمع بين واجباتها البيتيّة والاجتماعيّة دون تقصير.

وقد تطول السهرات إلى ما بعد نصف الليل. وينصرف القرويّون ليرتاحوا من عناء يومهم وهرج سهراتهم، ليستأنفوا في اليوم التالي نشاطهم المعهود.

أمّا إذا كان للسياسة باب في إحدى السهرات، فقد تطول حتى يتنفّس الفجر. فمصلحة الضيعة فوق كلّ مصلحة. ولا بأس إن تشاوروا في أمر تعيين ناطور أو انتخاب مختار، أو تأليف لجنة ترعى شؤون الوقف والمقبرة. فكلّ الأمور تُحلّ بالتراضي والوفاق إذا ما احترم كلّ فريق الفرقاء الآخرين، وعمل بما يؤمّن النفع العامّ. وغالباً ما يعلو الاحتجاج وترتفع درجة الحرارة بين المتجادلين، إلى أن يتأكّد كلّ منهم أنّ حقّه وكرامته ونصيبه في المشاركة محفوظ؛ فيعبر الضباب الأغبر سماء الغرفة وتعود المياه إلى مجاريها في أسرع ممّا نتصوّر؛ لأنّ الحلم زينة النفوس والصفح عن الإساءة من شيم الكرام.

وقد تتحوّل السهرة أحياناً من الجدل السياسيّ إلى جدل عقيم حول طاولة الورق بين بعض اللاعبين؛ فتُلقى الاتّهامات بتصفيف الورق أو باختلاس النظرات إلى اللاعب الخصم، وتتعالى صيحات اللوم والعتاب على الشريك الذي أخطأ التقدير، وأدّت لعبته إلى خسارة الشوط. وتبدأ عمليّة "التزريك" التي تختلف بين شخص وآخر. فيقيم هذا جنّازاً على روح الخاسرين، باللحن الأفراميّ المتّبع في إحدى الطقوس الدينيّة، حاملاً علبة صغيرة من التنك جُعلت بشكل مبخرة، وُضعت فيها فحمة أُخذت من الموقد والدخان لمّا يزل يتصاعد منها، أو يقوم آخر وكأنّه يدقّ الجرس عند مدخل الدار، فيمسِك الحبل بكلتي يديه ليرتفع معه إلى فوق ثم يشدّ به إلى الأسفل مرسِلاً من فمه أصوالاً تحاكي رنّاس الجرس الرتيبة. ويتعالى الضحك وتنفرج الأسارير. ويلزم الفريق الخاسر الصمت والسكون. لا يبدي أيّ اشمئزاز أو تذمّر أو اعتراض. فقد خسر لعبته وعليه أن يتلقّى بطيبة خاطر ما يُكال له من أمور مضحكة. وقد يتغيّر الوضع في الشوط التالي فينتقل من دور المفعول إلى دور الفاعل.

وأذكر أنّي كنت ذات ليلة في سهرة لدى شقيقتي في بيت فسيح من الطراز القديم المعهود. جدرانه من حجر غير مصقول. وأرضه من تراب أبيض. وسقفه من جذوع وأغصان أشجار وبلاّن غُطّيت بطبقة من الأتربة البيضاء المحدولة. وقد ضمّت السهرة حشداً كبيراً من مواطني الضيعة إضافة إلى بعض المزارعين البقاعيّين الذين كانوا يؤمّون قرى الساحل شتاء هرباً من الصقيع لرعي قطعانهم في ربوعنا الدافئة. وأتى بعض الساهرين في حديثه على ذكر الأفاعي، وأخذ كلّ منهم يُطرف الحاضرين بما شهد أو بما سمع من أحاديث حول تلك الزحّافات المرعبة السامّة. وإذ ساد جوّ من الحذر والرعب على المكان، ورأى كلّ نفسه يعارك أفعواناً يودّ أذيّته، ووسط هذا الجوّ المحموم بالحذر والهلع، أخذ أحدهم، وكان قد عمل طيلة نهاره المنصرم في أجمة من الصبّار ولاقى ما لاقى فيها من حشرات وزحّافات، والتقط بعضاً من العقارب وانتزع منها حُماتها ووضع كلاّ منها في علب فارغة لعيدان الثقاب، في هذا الجو الضاغط، أخذ صاحبنا يغتنم الفرصة السانحة ليُطلق بين الحين والآخر عقرباً من عقاربه المرعبة، فتدبّ هذه على الحصير وسط الجمهور أو تدغدغ أخرى بعض الأيدي، وتتسلّق ثالثة قميص أحدهم باتّجاه الرقبة أو الرأس؛ فتشرئبّ الأعناق وتتعالى صرخات الهلع والتحذير؛ ويجمد الدم في عروق النساء الهالعات، ويقف الساهرون جميعاً يرقبون أنفسهم ويبحثون عن العقارب التي أُتيح لها الهرب والاختباء بين ثنايا أسمالهم. وإذ يهدأون قليلاً ويرتاحون من هول ما حدث، ويطمأنّون إلى أنّ كلّ عقرب قد لاقت مصيرها المحتوم، إذا بذي الباع الطويل في تغيير المقاييس وتبديل حرارة جوّ السهرة يُطلق من جديد بعضاً من حشراته المكروهة لتثير من جديد ثائرة الساهرين، ويقفزوا من أماكنهم ويفتّشوا عبثاً عن أوجارها ومخابئها، وهم بذلك كمَن يطلب الضبّ في البحار أو النون في القفار كما قيل، ويعودون أخيراً إلى أماكنهم وقد عيل صبرهم. وبعد أن تسمّمت أجواء السهرة بالهلع والحذر انفجر صاحبنا المخادع بالضحك واتّهام الآخرين بالخوف من حشرة ضعيفة "لا حول لها ولا قوّة" بينما يستطيع هو مداعبتها وحملها بين يديه

دون أن تؤذيه؛ ثمّ أخرج من جيبه علبة كانت ما تزال بحوزته وفتحها أمام الجميع ليُخرج منها عقرباً مسنّة سوداء أخذت تسري على يديه. فبُهت الجميع بما شاهدوا وعاينوا. واندفع بعضهم نحوه لائماً مهدّداً ومحاولاً لكمه. فانصرف صاحبنا من بينهم ومضى ساخراً متهكّماً.

كيف لي أن أنسى سهرات بلدتي تلك وما كانت عليه مذ وعيتها؛ وأنسى أويقاتها المرحة وطرائفها المضحكة؟ وكيف لي أن أنسى تحدّي أحدهم لي في إحدى السهرات العامرة؟ وهو معّاز عتيق من إحدى قرى البقاع، تنطبق عليه صفات معّاز مارون عبّود، من حيث رأسه البطيخيّ، وأنفه الأفطس، ووجهه النحاسيّ المفلطح، وشاربيه الكثيين، أراد أن يمتحن ذكائي وسرعة خاطري ومدى اطّلاعي الثقافيّ العامّ، وذلك على مرأى من الجميع. وقد عرف أنّي "أستاذ المدرسة" في الضيعة، والأستاذ بنظره "دائرة المعارف ولسان العرب ومحيط المحيط" وفي الامتحان التقدير والإكرام أو الذلّ والهوان. فبادرني بأحجية حسابيّة تختلط على كلّ ذي حجّة. وكان لي لحسن طالعي حظّ اكتشاف أرقامها الصحيحة، ممّا جعله يُتبعها بأخرى ثم بثالثة وأنا في موقع لا أُحسد عليه؛ فكنت أعطي لكلّ منها مدلولها بعد تفكير وتركيز، إلى أن ضقت ذرعاً بذاك الذي نصّب نفسه عالماً وخبيراً يمتحن الذكاء والبداهة؛ فأحببت أن أتّخذ المبادرة لأقلب الموقع الذي وُضعت فيه. فبادرته بأحجية خطرت لي حينذاك ولم أكن أتوقّع ردّة فعلها. فسألته: "أين تجد مدناً بلا سكّان وجبالاً بلا صخور وبحاراً وأنهاراً دون ماء؟". فنزل عليه سؤالي نزول الصاعقة، وهدمت بلحظة واحدة ما قد بناه في ساعات، وتحوّلت الأنظار عنّي إليه بعد أن "سكت كمَن ألقم حجراً". وطال به السكوت إلى أن انصرف يجرّ أذيال خيبته، واعداً بإيجاد "المكان المطلوب" فيما بعد. لكنّه ما عتّم أن عاد لتوّه بعد خروجه ليسألني الحلّ ويلقى الجواب في "الخريطة". فيصفع جبهته ويلوم جهله ويمضي.

فلاّحُنا

– طيّبة وقاسية، حلوة ومرّة، هي حياة الفلاّحين. أيّامهم بالتعب والشقاء مليئة، وسهراتهم باطمئنان النفس سعيدة هنيئة.

– لقد صدقت يا أخي! فالفلاّح عندنا في حرب دائمة مع الطبيعة، بينما زميله هنا، في الغرب، يسخّر آلاته المتطوّرة في أعمال الحقل المختلفة دون أن يتكبّد مشقّة أو يندى له جبين. فلاّحنا يطوي نهاره في حقله؛ يقتلع الصخور بمخله، ويفتّتها بفأسه، ويبنيها بساعده حيطاناً تمنع السيل والجرف، وتحفظ للتربة حصنها وللأشجار جذورها.

فلاّحنا يغتسل جبينه بعرق العافية، ويكتنز ساعده بجهد العمل المضني. تسمرّ بشرته بأشعّة الشمس الحارقة، وتُصقل روحه بحلم الأرض وجودها. من الصخور عناده؛ ومن السهول هدوؤه؛ ومن الجبال رفعته وأنفته؛ ومن الأشجار كرمه؛ ومن البحر فسيح آفاقه.

ينهض قبل الفجر يسابق الطيور إلى الحقول. فيوزّع الحبّ مؤونة للطير والتراب. وتشاركه الأبقار عمليّة الرجاء المنشود ودفن بنات البركة على رجاء القيامة العتيدة. فيرويها بندى الجبين. والربّ يغمرها بفيض من نوره لتُبعث حيّة، تفتح أذرعتها ابتهالاً، وفمها شكراً. إلى أن يكتمل البنيان الذاتيّ وتبدو بنات الحقل سنابل من درر، تتسلّح بنصال حادّة برّاقة، تحرّم قطف البركة إلاّ لمستحقّيها. فيأتي راعيها آنذاك بمنجله ليجني الحصاد. فحبّات الأمل بانتظاره. لقد استُجيبت صلاته واستحقّ المكافأة. فقد تاجر بوزناته القليلة ليكون أميناً على الكثير.

فحبّة الحنطة أو حبّة البركة مثال خفيّ للتعاون والاتّحاد. فيها تكمن دورة الحياة والموت. ومنها عبرة القوّة الكامنة في اتّحاد جميع القوى في سبيل الهدف العام المرسوم.

إنّ حبّة الحنطة إن ماتت أتت بثمار كثيرة. فالموت تجديد واستمراريّة لحياتها وتكثير لبنات جنسها. وهكذا فموتها رمز موت العناصر الماديّة فيها، وبعثها من جديد رمز قيامة عناصرنا الروحيّة وتجديد الحياة فيها واستمراريّة وجودها. ولا يتمّ كلّ هذا إلاّ إذا أدّى كلّ دوره بالتمام والكمال.

فالفلاّح ينثر حبوب البركة في حقله. وكلّه أمل صادق ورجاء واثق وإيمان ثابت بأنّ قوى الخير ستتغلّب على الموت. والحبّة ستحبل بحبوب كثيرة، وتستمرّ دورة الحياة في الحبّة كما في كلّ شيء حيّ، بفضل تعاون هذه القوى الخيّرة لتأتي القيامة مباركة مثمرة.

يفرّق الفلاّح حبوبه هنا وهناك. فتتشتّت بعد جمع، وتفترق بعد لقاء. وتأخذ كلّ حبّة في بناء نفسها متّخذة من عناصر تربتها مَعيناً لبعثها من جديد؛ حتى إذا بزغت إلى النور نمت وخلقت من ذاتها حبوباً جمّة تجمعها وحدة السنبلة. ولا تلبث هذه الحبوب أن تتلقّى عوامل التفرقة على البيدر. لكنّ أعمال التذرية، عِوض عن أن تباعد فيما بينها، تعود فتجتمع لتكوّن من اتّحادها متّسعات من الخير والبركة. إلى أن تأتي عليها أحجار الرحى فتمتزج عناصرها وتتداخل، ثم تتفاعل النار فيها داخل الأفران لتكوّن لقمة سائغة تقيت الإنسان وتقيه شرّ الجوع والفقر المدقع.

ويتابع فلاّحنا عمله المقدّس فيزرع الأرض أشجاراً تقيته بأثمارها، وتظلّله بفيئها، وتدفئه بحطبها، وتنعشه بنسيمها. يسمّن الأكباش مؤونة للشتاء، مستدفئاً بجلودها، متوقّياً لفحات الصقيع بنسيج صوفها. أمّا الدوابّ فلا تني تنقل الأحمال الثقيلة من حبوب وأثمار وغلال حطب دون تذمّر أو اعتراض حتى إذا احتجّت كان قضيب

التوت عقابها وزيادة الحمولة جزاءَها. ومتى كانت الحقوق تُنال بالنهيق أو العواء؟

كم هي مفرحة عودة الفلاّحين مساء مع فدادينهم، والرعيان مع قطعانهم، بعد أن ملأوا الحقول بأنغام مواويلهم وآهات ناياتهم. أجراس القافلة عند الإياب تختلط بقوقأة الدجاج ونباح الكلاب ومواء الهررة وصراخ الأولاد ونداءات الأمّهات. فرقصة الأصوات عند المساء تملأ الأذن والعين، وتدعو الذين يعيشون في النور إلى الانكفاء في المنازل والحظائر والأوكار، ريثما يتسنّى لدكنة الظلمات الاندحار أمام جيوش الأضواء من جديد.

بنت بلدي

– لم تخبرني عن دور المرأة في مجتمعكم وما كانت عليه آنذاك وما آلت إليه حديثاً. هل كان لها من الثقافة والتحرّر والانفتاح نصيب؟

– منذ البدء والمرأة إلى جانب الرجل تشدّ أزره وتبني معه عائلة تقرّ بها عيونهما. لقد رافقت الرجل في الكهف والحقل والبيت كما في المدرسة والمعمل والمكتب. لقد كانت للرجل طفلة بريئة وأختاً عزيزة وأمّاً حنوناً وزوجة كريمة صالحة. فكيف له أن يعي دروب حياته دون إرشاداتها، أو يحفظ نفسه من مهالك الشرور دون حنوّها، أو يبرأ من بؤس بوارحه دون سهرها وعطائها؟

لم تكن المرأة في بلدي إلاّ عوناً وسنداً، ورجاءً وأملاً. فيها يجد الرجل ملجأه وبها يبني عائلته. فتتجدّد بها الحياة وتستمرّ. ولولاها لخلا الكون من المحبّة والتضحية والرجاء، وانعكست مقاييس الحنوّ والوفاء.

لقد شاركت المرأة في بلدي رجلها في بناء المجد وإقامة صروح الخير والعزّة والعيش الكريم. تحمّلت معه شظف الحياة وحماقة الطقس وحروب الطبيعة؛ فكانت له خير رفيق وأوفى شريك. فتّتت معه صخور الهضاب ومهّدت شعاب المنحدرات، وزرعت أشجار الكروم والمنبسطات. كانت للقطعان راعياً وللأولاد حارساً وللزوج حبيباً مخلصاً. هكذا عرفت المرأة في بلدي مذ كنت يافعاً طريّ العود. عجبت من تلك المخلوقة الضعيفة تبذل قصارى جهدها في أعمال الحقل والبيت دون شكوى أو تذمّر. فيهبها الله الجلَد والاجتهاد، وتؤمّن لعائلتها مشاركة صحيحة في الرعاية الحقّة والتربية الصالحة وتأمين لقمة العيش الكريمة.

تعود مساء كلّ يوم إلى بيتها قبل زوجها فتنهي أعمال الطبخ والغسيل والتنظيف.

وتحضّر للموقد مؤونة السهرة، ولعيلتها لقمة سائغة بعد جهد النهار؛ حتى إذا أتمّت ذلك تفقّدت المعجن لتطمئنّ إلى أنّ الخبز ما زال يكفي ليوم آخر وإلاّ أحضرت المعجن والطحين الأسمر أو الأبيض والخميرة المغمورة فيه وشرعت في أعمال العجن وغمس الذراعين حتى الكوع في كتل العجين الطريّة. ثم راحت تقرّص العجين كرويّات متساوية، تصففها على أطباق من القشّ وتغطّيها بملاءة بيضاء بانتظار أن تفور وتملأ الوعاء. فتعمد حينئذ إلى الخروج بالأطباق إلى كوخ قرب المنزل لتخبز ذاك العجين أرغفة تنبسط على صفحة الصاج المحدودب، وتملأ العين ويسيل لها اللعاب. وفي أمسيات أخرى تغزل الصوف على مغزالها الخشبيّ الذي يدور على نفسه دورات تجعل من كتل الصوف خيوطاً متينة، تحيك بها القمصان الدافئة لجميع أفراد العائلة، باذلة قصارى جهدها في تنسيق الرسوم الهندسيّة عليها. وقد تسعى جهدها لتبقي مسامن القاورما عامرة، وأكياس الكشك البلديّ منتفخة، وأوعية الصعتر الحارّ طافحة، وكتل اللبنة البلديّة بالزيت الصافي مغمّسة، يمنع عنها الفساد والعفونة. أمّا الدست النحاسيّ الكبير فينتظر قِطع التين المجفّف، حيث يُطبخ مع السمسم والجوز ويُحشك في أوان فخّاريّة مؤونة للشتاء وزاداً للفلاّحين في الحقول. وفي أواخر موسم العنب يأتي الفلاّح بغلال كرمه ويعصر العناقيد مع زوجته في براميل كبيرة، حيث يُخمّر عصيرها لأيّام معدودة ثم يضعانها في كركة من نحاس تتصل من الأعلى بأنبوب يمرّ وسط برميل آخر مُلئ ماء، فينتقل البخار بالأنبوب المبرّد حيث يكثّف ويستحيل كحولاً، ثمّ يُقطّر الكحول ثانية مع اليانسون الأخضر، ويستحيل عرقاً يُقدّم شراباً سائغاً في الأعرس والمناسبات المفرحة. وكم من امرأة تباهت على جاراتها في صناعة الخلّ والنبيذ والمربّيات أو عصر أثمار البندورة في أواخر موسم الصيف وجعله "رُبّاً" يُضاف إلى أنواع المأكولات ويزيدها نكهة وطيبة.

أمّا من حيث التربية، فما أن بدأت مدرسة بلدتي تنهض من كبوتها، وتخطو خطواتها حثيثةً في نشر العلم والثقافة بين أبنائها، حتى رأيت الفتيات يُقبلن على تلقّي العلوم والمعرفة بشغف ونهم، إلى أن أنهى بعضهنّ درجة المرحلة المتوسّطة ليتابعن التحصيل المدرسيّ في ثانويّات المنطقة أو المدينة وبالتالي في جامعاتها، ويحصلن بالتالي على إجازات مختلفة في العلوم والآداب. وبعضهن اخترن رسالة التدريس في المدارس الرسميّة والخاصّة أو وظائف مختلفة في الملاك العامّ.

وإن نالت ابنة بلدي درجة متوسّطة أو عالية من الثقافة والتربية فهي لم تنس عيلتها وبيتها أو تترفّع عن أداء واجباتها البيتيّة والاجتماعيّة. فقد حافظت على تراثها وتقاليدها الموروثة ومكانتها المرموقة بين بنات جنسها. فنالت بذلك الإكرام والتقدير والمحبّة والإجلال، لتبقى تلك العروس ربّة البيت الصالحة ومثالاً للتضحية والوفاء.

هذا ما كانت عليه وما آلت إليه المرأة في بلدتي، وكما شاركت الرجل قديماً في بناء مجد الأرض فقد تابعت معه حديثاً إتمام بناء الصرح المجيد على أسس متينة من المعرفة والثقافة والانفتاح.

مغامرات فاشلة

– وماذا عن مغامراتك القرويّة؟

– بلدتي موطن الطيور الصغيرة. أمّا الكبيرة منها فتحوّل دربها إلينا في أيّام الربيع والخريف، فتفد أسراباً تُغري الصيّادين وتُزيد من آمالهم وخيبتهم. فكم من صيّاد أجّل أعماله أو ألغاها لقاء رحلة صيد بين حقولنا وكرومنا! فأشبع جعبته بطرائد سمينة أو عاد بخفيّ حنين يجرّ أذيال الخيبة والندم!

وفي مواسم هجرة الطيور تلك، نستيقظ، نحن أبناء الضيعة، على طلقات نيران بندقيّات الصيد. فيخالها مَن لا عهد له بها مناورة بالذخيرة الحيّة لفيلق من الجنود الأغرار. فتنهض مرغماً تشارك في معركة لا تكافؤ فيها في القوى أو في المستوى. وأي تكافؤ بين إنسان مفكّر جبّار يصوّب رصاص الموت إلى مخلوق حرّ ضعيف لا حول له ولا قوّة، يملأ الأرض بهجة وجمالاً، والأثيرَ والأذنَ زقزقةً وطرباً؟ فتحمل عدّة الصيد غير مبال بالأصول الإنسانيّة أو الدساتير الأخلاقيّة على أمل صيدٍ وفير ومتعةٍ سعيدة، وشهادة تقدير منك إليك تثبت أنّك جدير باقتناص صقور الغاب من عليائها، بعد أن مُنعت على غيرك. وغالباً ما كان يغريني الموقف فأنجرف تلقائيّاً مع التيّار. وأراني هناك في الأدغال والحقول أترصّد الطيور المطمئنّة في أجوائها أو الآمنة في مخابئها بين أفنان الشجر.

وأذكر أنّي مذ كان لديّ لأوّل مرّة بندقيّة صيد مزدوجة الطلقات، حملتها ذات يوم فخوراً متباهياً. وكان ابن عمّ لي يدرّبني على إطلاق النار "عالطاير" فأصطاد الطيور في الجوّ لا على الشجر. وبعد أن أعطاني التعليمات اللازمة بشأن التسديد والتصويب والإطلاق إذا بيمامتين بريّتين تقبلان باتّجاهي متسارعَتين كمدمّرتين

حربيّتين تطارد إحداهما الأخرى، فما كان منّي إلاّ أن أقدّم الامتحان العسير دون تردّد أو وجل. ولم يكن لديّ الوقت الكافي لاتّباع إرشادات مدرّبي؛ فصوّبت بندقيّتي نحوهما وأطلقت جزافاً ما لديّ من طلقات جاهزة. ولشدّ ما كانت دهشتي حين شاهدت الطائرين المسكينين يهويان أرضاً جثّتين هامدتين انتُزعت منهما الحياة بلحظة حاسمة وبقدرة قادر. وبقدر ما كانت دهشتي، كانت فرحتي وسعادتي بطريدتين مسمّنتين علّقتهما إلى وسطي وسامَ استحقاقٍ وعلامةَ تقديرٍ في اجتياز الامتحان بتفوّق باهر.

وما هي إلاّ لحظات يسيرة حتى توالت أسراب الوروار والشقرُّق تحوم فوقنا. فأُجهز عليها لألقى في كلّ مرّة فشلاً ذريعاً وخيبة مريرة رغم التقيّد بتعليمات "مرشدي".

وإذ أعود بالذكرى إلى أيّام خلت، كان لي فيها أويقات هنيئة في ترصّد الطيور واصطيادها، لن أنسى تلهّفي للفوز بوروارة حذرة واجفة، أخذت من إحدى الأغصان اليابسة عرشاً لها تطلّ منه على "المملكة" المحيطة بها لتأمَن غدر بني الإنسان. وكنت أنا ذاك الإنسان الذي تعقّبها من صخرة إلى صخرة، ومن مخبأ إلى آخر، إلى أن قدّر الله لي أن أقترب منها بما يسمح لي باقتناصها بسهولة. صوّبت بندقيّتي نحوها بكلّ عناية وحذر، وأخذت من الوقت كفايتي لتلك المناسبة وأطلقت النار. وكأنّها أحسّت بدويّ أفاقها من غفلتها فطارت إلى شجرة أخرى تطلب فيها ملجأ آخر. ولكن ما تراه الطيور مخبأ لها لا يستتر عن أعين الصيّاد البصيرة. فطلبتها من جديد وكان لي أن أدنو منها حتى المجال المناسب. فسدّدت الهدف جيّداً كيلاً أخطئه ثانية. وكم كانت دهشتي كبيرة إذ طارت غنيمتي غير لاوية على أسفي وفشلي، ووقعت على شجرة أخرى لتزيدني إغراءً بملاحقتها واقتفاء أثرها. وفي كلّ مرّة كان الفشل نصيبي والخيبة مصدر قلقي وإزعاجي. حتى رأيتني أخيراً قد قطعت

مسافات بعيدة يصعب عليّ اجتيازها مجدّداً في طريق العودة، ورأيت ذاك الطائر الحصين يجتاز نهراً هناك يفتّش ربّما في المنحدر الآخر عن صيّاد "ماهر" يقلق راحته وينفيه مرغماً إلى حيث لا يريد.

ومن مغامراتي الخائبة أيضاً مع الطيور أذكر أنّي كنت يوماً أتنقّل بين الكروم من مدرج إلى آخر، أقفز الحيطان بحذر وأتسلّل بين الظلال والأشجار، إذا بحجل مسنّ يستنفر من أمامي بغتة ويهبّ مقلعاً من قاعدته ضارباً بجناحيه على جوانبه ليحدث جلبة اهتزّت لها عظامي رعباً وقطّعت أوصالي هلعاً. فلم أعد أعي ما أنا فيه وما عليه إلاّ وقد بات الحجل بعيداً لا يطاله رصاص بندقيّتي. ولمّا حطّ رحاله في مكان ليس بالبعيد، استعدت قواي المفقودة وقفوت أثره حذراً وجلاً. أتنسّم خطاه وأسترقّ هديله. وعبثاً حاولت أن أترصّد مكانه بين الصخور وفي التجاويف والنواتئ الأرضيّة وبين الأعشاب وخمائل الأشجار؛ وكاد اليأس يستولي عليّ؛ فاستلقيت إلى جذع شجرة كثرت حولها الفروع الثانويّة. ثم تناولت علبة السجائر من جيبي وأخذت واحدة منها وهممت بإشعالها بعود من الثقاب. فإذا بالأرض تنشقّ من قربي وينشب منها ذاك الحجل اللعين يصفّق بجناحيه ويصفر بمنقاره محدثاً هديراً يكاد يحاكي زعيق مدمّرة تنقضّ على أهدافها، فترتعد لها الفرائص وتخور أمامها العزائم. فما كان منّي بعد أن استجمعت قواي إلاّ أن التقطت علبة الكبريت من على الأرض، وصرفت النظر نهائيّاً عن تعقّب الحجال واقتفاء أثرها، حيث تجلب لضعفاء القلوب ريبة، وللصيّادين المتمرّنين فشلاً وخيبة.

ولن أنسى كذلك من "أيّامي" الفاشلة ما حدث لي ذات صباح وقد سبقت الفجر إلى الحقول، ولم تكن الأشياء قد تعرّت بعدُ من غطاء عتمة الليل، مزوّداً ببندقيّتي وعدّة الصيد الكاملة. والمعروف أنّ اليمام البرّي الذي يُطلق عليه العامّة اسم الترغّل يرحل باكراً عند الفجر حتى إذا اشتدّت وطأة الحرارة لجأ إلى الأشجار الظليلة متخفّياً بين أفنانها يطلب البرودة والراحة.

تابعت مسيري بين الحقول وعبر الدروب دون أن أشعر بأيّة حركة أو أحسّ بأنّ عالم الحيوان والطير بات يتململ للنهوض من سباته وكبوته. فاتّخذت إحدى الصخور العالية مكمناً أرقب من ورائه الأجواء الهادئة المشوبة بالعتمة الرماديّة الباهتة كرادار يترصّد تحركات العدو الجويّة. وبدا لي كلّ شيء طبيعيّاً ساكناً. وخلت نفسي وحيداً هناك، زُرعت بين تلك الحقول، وعند ذاك الفجر، لغاية في نفس يعقوب.

ولكن ما هي إلاّ أويقات معدودة حتى بدا النور ينشر أولى شعاعاته البنفسجيّة اللازورديّة على الأفق البعيد، فتستعيد الأشجار أشكالها وترمي التلال أكسية حدادها، وإذا في الأفق شارات تبشّر بقدوم بعض طيور الترغّل فوق "أجوائي الإقليميّة" فأستعدّ للمرحلة المقبلة بتصميم وانتباه، وما إن حانت لي ساعة الصفر لأطلق العيارات الناريّة من بندقيّتي على خمس ترغّلات اقتحمت أجواءنا عنوة، حتى سمعت طلقات آليّة تنطلق من أمامي القريب، وتسقط هذي الطيور السمينة والثمينة قبل وصولها إليّ، فتسدّ غريزة مَن سبقني ونافسني في اغتصاب غنائم الصيد النادرة.

عدت أدراجي حالاً بعد أن رأيت أنّ كلّ الأماكن هناك قد غزاها الصيّادون ليلاً وباتوا يشكّلون على بعضهم البعض خطراً كبيراً في حال احتدام نيران المعارك الجويّة العشوائيّة.

مهرجانات الطبيعة

- وماذا عن مهرجانات الطبيعة في بلدكم؟

- وإذا تنفّس نيسان ملء رئتيه نفث من فيه الدفء والنور. فتتململ الطبيعة تحت قدميه وتميد. وتقوم قيامة الموتى من البذور، ثائرة في باطن الأرض، معلنة بدء عهد جديد من الحياة. وعبثاً يحاول الصقيع تكراراً ردّ اعتباره؛ فيشنّ حملته المعاكسة لإخماد تلك الثورة المكبوتة. ولكن هيهات له أن يكبح جماحها، وقد تفاعلت الأسباب والمسبّبات طيلة فصل من الزمن، وخطّت الثورة شوطاً كبيراً إلى الأمام. فتطلّ الأعشاب بحلّة جديدة مخضوضرة تتمايل نشوى وترقص رقصة الفرح والنصر على أنغام النسيمات البليلة.

ها هي براعم الأغصان تحاول بخجل أن تطلّ برأسها الناعم لتستقبل مواكب نيسان. فترى عرس الطبيعة قائماً على قدم وساق. وسرعان ما تساهم بقسطها من الفرح ونشوة النصر فترمي عنها أذيال الخيبة والهوان وتنهض بعد ركود وتقوم بعد موات. فتبدو الأغصان سريعاً وقد ارتدَت أحسن حللها كشعانين العيد تشخص إليها الأنظار.

أمّا الطيور وقد لاقت من زمهرير الشتاء وصقيعه ما لاقت، خرجت بدورها من أوكارها ومخابئها، تحتفل بعيد الدفء، وترقص والفراشات رقصات النور، وكأنّها لم تصدّق نجاتها من معارك الطبيعة القاسية ومن ميادين عواملها المدمّرة.

أمّا إذا فتح تمّوز عينيه شعّت منهما الأنوار والحرارة. واتّسعت الآفاق. وسمت قبّة الكون وصفت. وباتت رقصة الأنوار سراباً تستحمّ بها البحار والجبال وتنزع عنها بقايا الفصول البائدة. وتتركّز الأنوار على أثمار الشجر وجني الحقول فتكتسب

١٥٤

النضوج والحلاوة لتغري العين واللسان. فيقبل الفلاّح على جمع غلاله قانعاً بنعمة ربّه شاكراً له رعاية الموسم وصيانة الخيرات.

وإذا أطلّ أيلول بهامته الضاحكة لا يلبث أن يقفو عابساً، منذراً بدنوّ أجل الاخضرار والعبث القريب بكساء الشجر ونثر أجزائها البالية في الأجواء لتحملها الرياح العاتية وتفرّقها أيدي سبأ.

ولكنّ مهرجانات الرياح هذه لا تدوم طويلاً حتى يبدأ فصل آخر تقوم بأداء أدواره عناصر السحب والزوابع، فتُغرِق الأراضي بما تحمل من ريّ واكتفاء، وتغدق على الفلاّح أملاً جديداً بموسم مبارك.

ولم تكن الزوابع يوماً، مهما عتت وحنقت، لتمحو معالم الحياة على اليابسة. ولم يكن البحر ليقضم الشاطئ ويهضمه مهما فغر فاه وثارت ثائرته. ولم يكن للبراكين إذا فارت أن تبتلع اليابسة أو تصهر بحرارتها جميع عناصرنا. فلا بدّ للزوابع والأعاصير من هدوة بعد ثورة، وللبحر من سكينة بعد فورة، وللبركان من خمدة بعد جمرة. فما بعد العاصفة إلاّ السكون وما بعد الحرب إلاّ السلام.

إنَّ السماءَ إذا لم تبكِ مُقلتُها ... لم تضحك الأرضُ عن شيءٍ منَ الزهَرِ

لذا تتابع الأيّام دورتها لتعود بسمة نيسان في أكمام البراعم وضحكة نوّار في زهور الحقول والبساتين.

القراءة

– وهل شُغفت بالقراءة منذ الصغر؟

– مذ وعيتُ القراءةَ رأيتني أقبل بنهم على مطالعة كلّ ما ملكت يداي من كتب ومنشورات. وكنت منذ صغري أخصّص دفتراً أدوّن فيه كلّ ما كان يروق لي من تعابير وحكم وآراء، أستعين بها أحياناً في إنشاءاتي المدرسيّة وتعاليمي الخاصّة لأظهر بين أترابي، كمطّلع واسع الآفاق.

ولا عجب في ما كنت فيه. فقد وجدت في الكتاب ما وجده الجاحظ من أنيس في ساعة الوحدة، ومن وعاء مُلئ علماً وظرفاً، وإناء مُلئ مزحاً وجدّاً. لقد وجدت فيه ثروتي الحقّة مختزنة بين صفحات بطونه. وبدونه يكاد العالم أن يكون جيفة كما قال أحد الأدباء. فنمَتْ فيّ تلك الروح حتى شبتُ عليها. فأحاول منذ مطلع شبابي أن أقتني مكتبة متواضعة تحوي ما تيسّر لي آنذاك من كتب أدبيّة وعلميّة قيّمة. وكذلك كان لي في المدرسة التي أديرها، مكتبة زاخرة بمجموعات أدبيّة وعلميّة وافرة نفتخر باقتنائها. لكنّ كارثة التهجير التي حلّت بمعظم قرانا قد قضت على آمالنا المعقودة. فتركنا كلّ شيء هناك لنلحق بموكب النازحين إلى أماكن أخرى طلباً للنجاة والراحة، غير عابئين بمصير أبنائنا على رفوف المكتبات ينتظرون مَن يدغدغ بأنامله الناعمة ما حوت أفئدتهم وأكبادهم من معرفة وموعظة.

وفي عاصمة العلم والنور، باتت لي الكتب أقرب وأيسر. فجمعت منها العدد الوفير والنوعيّة المرضيّة لتعتلي مكتبتي الجديدة. وكنت لا أترك معرضاً للكتاب إلاّ وأزوره أتزوّد منه بما يشبع نهمي ويروي غليلي. وإذا صدر لأحد الأدباء والفلاسفة مؤلّفاً عزيزاً كنت أوّل مَن تلقّفه وسدّ به جوعه عملاً بمبدأ المتنبّي "خير جليس في

الزمان كتابُ"، لكنّي كنت كما قال الإمام الشافعي:

كـلّـمـا أدّبـنـي الـدهـرُ أراني نـقـصَ عقلي
فـإذا مـا زدتُ علـمـاً زادني عـلـمـاً بـجـهـلـي

أمّا دورة أيّام السوء فلم توقف عجلتها طيلة خمس عشرة سنة. فقضت على كلّ أمل لنا بحياة هانئة راضية، فأقلقت مضاجعنا وهدمت بيوتنا. وكان لا بدّ لطلّاب الخير والسلام من النزوح مجدّداً. وهذه المرّة إلى خارج البلاد، ليأمنوا شرّ تلك الحروب اللعينة. فحملت من وطني ما تيسّر لي حمله في حقائبي وغادرت مع عائلتي إلى كندا. وكان لي في تلك الحقائب بعض الكتب التي عزّ عليّ التخلّي عنها بسهولة رغم محنتي وشدائدي. أمّا ما تبقّى لي هناك من أبناء مكتبتي فقد وزّعتها على أصدقائي المخلصين يتبنّونها. وهل هناك أثمن من كتاب، عربون صداقة ووفاء؟

وإذ تسنّى لي أن أعود ثانية إلى وطني ولمرّتين متتاليتين في غضون سنة واحدة، فقد اغتنمت تلك الفرص السانحة لأزوّد مكتبتي في دنيا الاغتراب بما تفتقر إليه. فاخترت مجلّدات متنوّعة في الآداب والتاريخ والفلسفة والدين لأشحنها بالطائرة على وجه السرعة، غير مبالٍ بالثمن أو بالتكاليف. وهل تُقدّر الكتب القيّمة بمال؟ فكم من أموال راحت هدراً! بينما الكتب تبقى غذاء الروح والفكر، وغذاؤها الخاصّ يحاكي غذاء ملكة النحل قيمةً وجودةً وندارة.

عهد الشباب

– وماذا كان لك من عبث الشباب ومغامراته؟ وأنت في القرية مربٍّ ومسؤول. هل كان لك في شبابك ما كنت تتوخّاه؟

– مَن صوّر الإنسان طفلاً يدبّ ثم يشبّ متسلّقاً سلّماً في أعلاه محطّة يبدو عندها في قمّة المجد والقوّة، ثمّ يبدأ بعدها بالانحدار من الجهة المقابلة ليصل إلى الأسفل وقد بات عجوزاً خارت قواه العقليّة والجسديّة، وينتظر مصيرة المحتوم، مَن صوّره هكذا كان مصيباً في تجسيد مراحل العمل العديدة، وحال المرء في كلّ منها. ولكن فاته أنّ الكثيرين من أبناء آدم قد لا تطول بهم مراحل حياتهم، فيعثرون في الدرجة الأولى أو في إحدى الدرجات التالية من السلّم، وتُختزل أعمارهم جزافاً. فيأوون رموسهم المظلمة باكراً، دون أن يتسنّى لهم التنعُّم بمراحل هامّة من حياتهم.

وإن أكتب هذا وأنا في نهاية العقد الخامس من عمري، فقد أخالني قد تسلّقت السلّم إلى القمّة وقطعت مرحلة الطفولة والمراهقة والشباب، لتطلّ عليّ الكهولة بوجهها الرماديّ تنذرني بأنّ الدرب بات في انحدار، والعثور أصبح أكثر إمكانيّة من ذي قبل. والربّ القدير، ربّ الماضي والحاضر والمستقبل، هو واهب الحياة، وهو الحافظ من كلّ مكروه وإليه يعود كلّ حيّ. فمراحل العمر المتبقّية لي على وجه هذه البسيطة هي في ذاكرة الله، وإليه وحده يعود التقدير ومنح النعم.

وطبيعيّ أن أكون قد مررت بمرحلة الشباب بعد أن أدركت المرحلة التي تلتها. وإن كان لي من كلمة في مراحل عمري السابقة، لا يسعني سوى التمنّي اليائس بالعودة القهقرى إلى ولد يافع يملأ الأرض لَعباً وصراخاً وشيطنات غير مسؤولة. ففي طفولتي وجدت حرّيتي المطلقة دون حسيب. وإذ كنت أروح طويلاً في استعمال

حرّيتي تلك كانوا يقولون: "دعوه! فما زال صغيراً لا يعي من أمور الحياة ودساتيرها شيئاً".

وتسألني عن الشباب! عن ثورة العنفوان وفورة الشهوات واكتمال نموّ البنية الجسديّة والحيوانيّة دون الفكريّة التي تبقى في نموّ مستمرّ مدى العمر.

فالشباب ربيع الحياة. وقد رأى فيه أبو العتاهية روائح الجنّة. هو للزهرة شذاها، وللزنبقة شهقتها وبراءتها، وللنسمة في أجوائها لطافتها وانطلاقتها، وللشمس شعاعها الدافئ، وللقمر في السحَر نوره ورومانسيّته. وأيّ بحر هو دون مواج! وأيّة فصول هي دون ضياء؟ وأيّة حياة هي دون شباب!

في الشباب رجولة ودفء الحياة. يشعر المرء خلاله وكأنّ في داخله بركاناً يغلي ولا منفذ له. بركان الشباب ثورة على كلّ شيء، ثورة على التقاليد الموروثة والممارسات السائدة، ثورة على الفكر والنُظم والدساتير، ثورة على الحريّة المكبوتة والانكماش الزائد، ثورة في التعاطي مع الجنس الآخر دون التزام بمواثيق أخلاقيّة واجتماعيّة معهودة. وإن لم يستطع المرء كبت جناح ثورته الداخليّة وإخماد فورة بركانه المكبوت انطلق يعيث بالأرض فساداً ويهدم ما زرعه الربّ فيه من بذور الخير والسلام والمحبّة، فتضحى غرائزه الحيوانيّة دليله ومبتغاه. ولكن كما للشهوات الحيوانيّة الكامنه فيه قوى هدّامة منكرة كذلك لها قوى بنّاءة طبيعيّة، بها تستمرّ الحياة وتتجدّد ويتكاثر بنو الإنسان ويملأون الأرض ضمن دساتير ضابطة ومواثيق أخلاقيّة واجتماعيّة معهودة تحفظ لابن آدم إنسانيّته وتصون أنفته وكرامته.

وإن كان للشباب نزوات وهفوات، فعبثه يجب ألاّ يحول دون العودة إلى صفاء الينبوع ونقاء الزهر وتجلّي بدر نيسان.

وإن كان لي كلمة أقولها في شبابي ذاك، أنّي لم أندم على أيّ عمل قمت به آنذاك. لقد بقيت في نظر أبناء بلدتي وتلامذتي وأصدقائي ذاك المربّي "الآدميّ" الشريف،

صاحب الرسالة التربويّة والأخلاقيّة السامية. إذ كيف لي أن أُنهي عن شيء وآتي بمثله أو أتجشّم الصلاة والقداسة وآتي في الخفاء بالهفوات والشذرات؟ لقد عشت شبابي سعيداً بمرحي، حرّاً بتصرّفاتي، واعياً مسؤوليّاتي. لم أجنح عن الدرب القويم وأتخلّى عن مبادئي وأخلاقي في سبيل نزوة عابرة أو سعادة مؤقّتة. كنت أتنقّل بين الزهر أتنشّق الشذا، وأسعد بالجمال دون أن أمتصّ الرحيق، فتتقارب الأرواح وتتّحد، وتسمو بنا لتندمج في عالم الحبّ الخالص والصفاء المتكامل. كنت ككلّ شابّ أفتّش عن نصفي الثاني الضائع. أفتّش عمّن يتمّم فيّ حبّي وحلمي وإخلاصي ونقاء سريرتي. فأرى في هذه بعضاً منّي وفي تلك صورتي السلبيّة، إلى أن قدّر الله لي أن أهتدي إلى مَن تشاركني حياتي وتبني معي بيتي المستقلّ وعائلتي العتيدة.

كنت أحسّ كلّما قابلتها كمَن يجد نفسه الضائعة فيرتاح وإن بعدتُ عنها شدّني التيّار إليها بتصميم وعناد. حاولت أن أمهل هذا "البعض الضائع" لعلّي أخطأت التقدير، ولعلّ شعوري من حكم الغرائز والنزوات البشريّة. لكن للهوى أحياناً مخالب الباز، فمَن ظفرت به أمسكته ولا تفلته إلاّ وقد "أتمّ واجباته الدينيّة" إن بالعشّ الزوجيّ السعيد أو بالقبر الموحش.

وأشكر ربّي أنّ حبّي قد أودى بي إلى نعيم ملأ حياتي وكياني. عنوانه الإخلاص الزوجيّ والثقة المتبادلة، والتضحية في سبيل بناء عائلة تقرّ بها عيوننا. بضعٌ وثلاثون سنة مرّت على زواجنا والحبّ والاحترام المتبادلان جعلا طريقنا الطويل حافلاً بما نصبو إليه من وفاق وعيش كريم. طبيعيّ أن نصادف عقبات مرّة في دربنا. وقد اجتزناها بتعاون صادق وجهد جهيد. فعوامل العيش وشدائد الأمراض وبوارحها وشظف الحياة القرويّة وقساوتها صقلت كلّها أفكارنا وشحذت أخلاقنا وجوارحنا، حتى بتنا نتقبّل الأحداث الأليمة التي مرّت على وطننا وكوارث التهجير من قرانا وكأنها قرابين ومحرقات قُدّمت على مذبح هفواتنا البشريّة ونزواتنا الأرضيّة.

وممّا نحمد الله عليها ما وهبنا من أبناء السلامة الذين تقرّ بهم عيوننا. عاشوا بتقوى الله. واكتسبوا، إضافة إلى علومهم الجامعيّة، التربية الصالحة وكرم الأخلاق وصفاء السريرة. ولن أفشي سرّاً إذا اعترفت بفضل زوجتي في تعهُّد العائلة وخدمتها والسهر على راحتها، رغم أنّي لم أكن يوماً بعيداً عنهم في هذا المجال وعن واجباتي البيتيّة والتربويّة تجاههم.

لقد اتّخذت زوجتي من بيتها ديراً تنسّكت فيه لخدمة عائلتها. وتكبّدت السهر والآلام، والقلق والشدائد، تضحية ووفاءً لي ولأولادها. إنّها ربّة بيت من الطراز الأوّل، تشتهي مأكولاتها اللبنانيّة، وتشكر ضيافتها العربيّة، وتثني على ذوقها الرفيع في تنسيق الأثاث والمحافظة على نظافة بيتها. لم يفُتها أيّ عمل اختصّت به النساء من أعمال الخياطة والتطريز وحياكة القمصان الصوفيّة وغيرها. برعت في تحضير المؤونة الشتويّة للمطبخ كالكشك والقاورمة والصعتر ورُبّ البندورة والعرق والنبيذ وجميع أنواع المربّيات من الثمر المعسول. فمطبخها كبيتها عامر دائماً بالزوّار والضيوف. إنّها سيّدة يقدّرها ويحترمها كلّ مَن عرفها، حريصة على سمعتها الطيّبة والقيم الأخلاقيّة المتوارثة، رقيقة الإحساس، جوّادة العاطفة. لقد رافقتني طيلة دربي ولّما تزل نعمل معاً في سبيل عيش كريم وعزّة غير منقوصة.

ألاعيب صبيانيَّة

– وهل جرى لك أو لأحد أفراد العائلة يوماً ما عكّر راحتك وأقلق بالك؟

– إستيقظت باكراً ذات صباح أحد لأذهب إلى صيدا لقضاء بعض الأمور، على أن أعود سريعاً لحضور القدّاس كعادتي في مثل كلّ أحد.

وكان ابني الأكبر بسّام، وله من العمر أربعة عشر ربيعاً، قد رفل بالثياب اللائقة وأخذ دربه في ذاك اليوم إلى الكنيسة أسوة بباقي الأهالي المؤمنين.

وإذ مرّ بأحد أصدقائه العائد لتوّه من الصيد، والواقف على شرفة منزله، بادره ذاك الصديق الودود ببندقيّته مازحاً: "إرفع يديك أو أطلقت النار". فتجاهل ابني أوّل الأمر ذاك التهديد وقال له: "ما لك ولهذه الألاعيب الصبيانيّة؟". لكنّ الرفيق الصيّاد، الواثق من بندقيّته الفارغة، أصرّ على عزمه وكرّر تهديده بإطلاق النار إن تغافل بسّام هذه المرّة عن رفع يديه عالياً. ولم يكن يدري أنّ ابن عمّ له قد حشا البندقيّة للحظات خلت ليطارد عبثاً عصفوراً قريباً، ويعيدها إلى حيث كانت دون أن ينزع منها حشوتها. ولما لم يرَ ذلك المتوعّد آذاناً صاغية أطلق النار. وكم كانت دهشته محيّرة إذ سمع دويّ قذيفته يمتزج بصراخ بسّام واستغاثته! فرمى البندقيّة أرضاً وفرّ إلى والديه طالباً منهما التدخّل فوراً لمساعدة رفيقه، ثم أقفل على نفسه الباب مؤثراً الانفراد والبكاء.

أمّا بسّام، فقد أصيب في رأسه وجبهته وعينيه. وسال الدم من كلّ مكان فيها. فوضع يديه على عينيه وقفل عائداً إلى البيت وهو يصرخ ألماً وهلعاً. ويستغيث بأمّه التي كانت ما تزال في البيت.

لقد حاول الكثيرون ممّن صادفهم في طريقه أن يحملوه وينقلوه إلى المستشفى فوراً قبل فوات الأوان. لكنّه أصرّ على الرجوع إلى البيت واصطحاب أمّه مهما كان وضع عينيه. فسمعت الأمّ المسكينة من بعيد صراخ ولدها وسط جلَبة مريبة من الأصوات المختلفة. فتركت كلّ شيء هناك وتبعت ابنها. فالباب مفتوح، وتحضير الطعام جارٍ على قدم وساق في المطبخ، ونار الفرن على أشدّها تعمل في المأكولات عملها. تركت كلّ ذلك وهرولت صارخة: "إبني! حبيبي! ماذا دهاك؟". وإذ أدركته وأمسكته، مسحت الدماء عن عينيه، وطيّبت خاطره وهدّأت روعه، وهي بذلك أولى. ثم أقلّته بسيّارة أحد الأقارب هناك إلى إحدى مستشفيات صيدا، وكان برفقتها والدها وأحد الجيران.

في المستشفى جاء الطبيب الجرّاح حالاً ليعاين الفتى المهزوم ألماً وورعاً وخوفاً. وإذ فتّح عينيه ولاحظهما قال للأم المنهارة التي تنتظر بفارغ الصبر حكم القضاء المنزل من شفاه ذاك الطبيب: "حمداً للربّ القدير، فقد نجت عيناه الإثنتان. ولكن سأجري له حالاً بعض الصور الإشعاعيّة اللازمة للتأكّد من الأمر". ثمّ أخذه إلى إحدى الغرف هناك لإجراء ما يلزم طالباً من إحدى ممرّضاته أن تهتمّ بالأمّ وتهدّئ من روعها.

لحظات يسيرة وعاد الطبيب بالصور التي تثبت تشخيصه السليم. فقد اصطفّت حبيبات الرصاص القتّالة حول حدقتَي العينين بشكل عجيب غريب، و لم تعصَ أيّة حبّة منها الأمر الإلهيّ، لتسلم في النهاية "العين المحروسة".

وعلى هامش هذا الحادث المروع الذي هزّ الضيعة لأهميّته، فقد كان حميّ، والد زوجتي، يومذاك يعالج بالكبريت كرم العنب الذي يخصّه، والكرم قريب من بيتنا، وإذ سمع الصراخ في الشارع الرئيسي في البلدة ترك عمله هناك وركض يتسقّط الخبر. فإذا بالمُصاب حفيده. فيرافقه إلى المستشفى وهو في ثياب العمل. وبعد أن

اطمأن الجميع إلى سلامة الفتى المصاب، إلتفتت زوجتي إلى والدها وهي عائدة إلى البيت، فقرأت على وجهه الاصفرار وشحوب اللون، وكأنّ الحياة قد سُرقت من ذاك الوجه البشوش، فبادرته قائلة: "وما بالك يا أبي ما زلت شاحب الوجه؟ هل قال لك الطبيب شيئاً إضافيّاً بشأن ابني وتخبّئه عليّ؟". فأجابها بدهشة المطَمئن: "لا يا ابنتي لم يقل لي الطبيب أيّ شيء ولكنّ ما ترينه يعود إلى حبيبات الكبريت العالقة على جسمي من جرّاء رشّ الكرم هذا الصباح".

أمّا ما حدث أيضاً في الكنيسة أثناء القدّاس الإلهيّ يومذاك، فقد يعطي ضوءاً واضحاً على مدى غيرة أبناء الضيعة الواحدة ومروءتهم وتفانيهم في سبيل بعضهم البعض. فأثناء القدّاس كان كلّ مَن عرف بالحدَث يغادر الكنيسة إلى بيتنا للاستفسار ومن ثمّ إلى صيدا للاطمئنان، حتى بات الأهالي كلّهم في صيدا. وحده الكاهن بقي هناك يتابع صلاة الذبيحة الإلهيّة متسائلاً: "تُرى ما حلّ بأبناء رعيّتي حتى أراهم يغادرون بوجوم وسكون!".

أمّا بالنسبة لي فقد عدت لأشهد سلامة الحدث. وأحمد الله القدير.

أعراس الضيعة

– بقي أن أعرف شيئاً عن الأعراس في بلدكم.

– لكلّ شعب عاداته وتقاليده في إقامة أعراس الفرح والاحتفالات السعيدة. وللقرية اللبنانيّة تقاليدها المعهودة في هذا المجال، وإن تباينت قليلاً بين منطقة وأخرى.

ففي بلدتي كانت تسود قديماً روح الأنانيّة والانكماش على الذات في أمور الزواج. فلا يزوّجون بناتهنّ من غرباء أو من خارج البلدة؛ بل يسعون إلى تزويجهنّ من شبّان الضيعة ومن أقرب المقرّبين أوّلاً. "فزوان بلادنا ولا القمح الصليبي". حتّى إذا فشلت المساعي الحميدة تطلّعوا إلى الأبعد. وكثيراً ما كان الزواج نتيجة حاجة أُسرتيّة أو عائليّة أو قبليّة ضيّقة، حتى إذا لم يتمّ لهم ذلك كانت لأسباب سياسيّة محض محليّة.

وإذا خطر لأحد "الغرباء" أن يقطف زهرة من ذاك "البستان المصون" اعتبر شبّان الضيعة ذاك تحدّياً فاضحاً لهم، وتعدّياً صريحاً على "ممتلكاتهم" وخرقاً صارخاً للقوانين القرويّة والإقليميّة. فينبري أحدهم ليخطف بين ليلة وضحاها صاحبة الحظّ السعيد والشرف الرفيع. ويردّ للبلدة اعتبارها وكرامتها التي كادت تُهدر على أيدي بعض الشبّان الأغرار. وهكذا لم تخرج عن الطاعة القرويّة قديماً إلاّ القليلات اللواتي عصَين العرف القائم وتشبّثنَ بآرائهنّ الخاصّة.

لكنّ الحال لم تدم طويلاً على هذا المنوال. فبعد أن تطوّرت الضيعة واتّسعت آفاق التربية والفكر فيها، ونمت العلاقات العامّة بينها وبين جاراتها، واتّخذ بعض أبنائها من المدينة مركزاً لوظائفهم أو لسكنهم، هُدم ذاك "الستار الحديديّ" وانفتحت الأبواب على مصاريعها، وأصبح لنا في كلّ بلدة فلّة، ولنا من كلّ منها وردة.

وإذا تمّت الخطبة وعُيّن موعد الزواج يذهب العروسان برفقة والديهما إلى المدينة حيث يشتريان ما يطيب لهما من حليٍّ وجواهر وفساتين وأثواب، تزيد من أناقة العروسين ومن بهجة عرسهما. كما يتزوّدان بأثاث غرفة النوم للبيت العتيد. وقبل موعد الزفاف بيومين تدعو العروس صديقاتها وأترابها فتعرض في بيتها جميع ما تملك من حليٍّ وثياب تتباهى بشرائها وتفتخر باقتنائها. ثمّ توضع أخيراً هذه الحوائج الضروريّة في حقائب كبيرة كحقائب السفر وتُنقل محمولةً على الأكتاف أو بالسيّارات إلى بيت العريس، وسط مهرجان كبير من الزغاريد والرقصات والغناء. وكلّما كانت الحقائب عديدة كلّما أملت عيون الحسّاد ورفعت من قدر العروس وأهلها.

وفي الليلة التي تسبق يوم الزفاف يجتمع المدعوّون في بيت العروس محتفين بليلة العروس الأخيرة في بيت أبويها، مودّعة بها ذاك البيت حيث نمت وترعرعت، وعاشت فترة من العمر لن تنساها مدى حياتها. فتجتمع الضيعة بأطفالها وشبّانها وشيبها في غرفة واحدة تغصّ بالمهنّئين حيث يتدافعون ويشرئبّون بأعناقهم ليحظوا بنظرة إلى العروس المتّكئة على أريكة أُعدّت لهذه المناسبة السعيدة. وحولها رفيقاتها العازبات يرفلنَ بالثياب الجديدة بينما أحد الفتيان يجلس إلى كرسيّ خشبيّ يحتضن طبلة يوقّع عليها أنغاماً روتينيّة وسط تصفيق الناس وزغرداتهم. فتفتتح أمّ العروس حفلة الرقص، وتتّسع الباحة قليلاً ليفسحوا المجال للراقصات والراقصين بالمزيد من التحرّك الحرّ و"إتمام الواجب". فكثيراً ما كانوا يعتبرون الرقص واجباً يؤدّيه المرء في عرس رفيقه عربون صداقة ومحبّة. وكان العريس يفاجئ بيت عروسه في نهاية تلك السهرة بزيارة خاطفة مع بعض الشبّان أصدقائه ليزيدوا من حماس المحتفلين ويعطوا للسهرة رونقاً رومنطيقيّاً فريداً. أمّا إذا دُعي العريس إلى الرقص فيتسارع الشبّان إلى التحلّق حوله هاتفين (حوروبة) شعبيّة يردّدونها بصوت عالٍ:

حـمـرا مـن الخـيـل عافاها الله يـا هـووو

وسـرجـهـا مـن حـريـر أحـمـر يـلالي

خيَّـالـهـا عـريـسـنـا "فلان" يـا هـووو

يـشـبـه أبـو زيـد الـهـلالـيّ

أو أخرى:

طـلِّـت نجـمـة الـصـبـح يـا هـووو

شـرقـت عـلـى كـلّ حـاضـر

إمَّـك خـلَّـفتـك بليلة قـدر يـا هـووو

حـتّـى المـسـيـح كـان حـاضـر

رافعين أيديهم اليمنى عند نهاية كلّ بيت منها قائلين: يا هوووو... حتى إذا انتهت الردّة أطلق أحدهم النار من مسدّس أو بندقيّة في الهواء خارج الدار. ويا ويل مَن يخونه المسدّس! فسوق النخاسة بانتظاره في اليوم التالي، وبأبخس الأثمان.

ويشتدّ التصفيق والتشجيع والإعجاب إذا ما تمايلت الخصور الناعمة، وتراقصت السواعد الجذّابة، وتلاعبت جدائل الشعر المنسابة على الجيد العاجيّ البرّاق. فتُخطف العيون وتُسحر القلوب وتتهافت المهج طرباً ونشوة. فتنبري إحداهنّ في مدح الراقصة بزغاريد تليق بالمقام والكلّ صامتون. وتأبى أخرى إلاّ أن تشترك في سوق عكاظ الزغاريد فتتحف الحاضرين بما عندها من مؤهّلات كريمة في هذا المجال. وترتفع حرارة المباراة بين المتباريات وتتعالى (الآويها واللولو... لَيه)، وقلّما تمرّ زغرودة دون أن يلعلع الرصاص في سماء البلدة تعبير فرحٍ وسعادة. وإن دُعيت العروس إلى الساحة قامت قيامة الجلبة والهيصة، فتفيق العيون، ويشتدّ إيقاع الطبلة،

ويحتدّ التصفيق، وتتطاول الأعناق، لتنعم بنظرة إلى رقصة العروس تختال بثوبها الفضفاض وطرحتها الشفّافة المتلألئة. وفي آخر السهرة يتداعى الشبّان والصبايا لرقصة الدبكة اللبنانيّة فيتماسكون بالأيدي كلّ إلى جانب الآخر، ويتحلّقون حول الساحة، يتنقّلون بخطوات موزونة مدروسة على أنغام الطبلة وأنين القصب أو آهات الناي، ثمّ يضربون الأرض تارة بأرجلهم ويقفزون تارة أخرى محافظين على تماسك الأيدي، فترتجّ أرجاء البيت. ويلوّح المهرّج، قائد الحلقة على أحد الأطراف، بالمنديل الأبيض وهو يهبط ويعلو، منشداً الأغاني الفولكلوريّة المناسبة، ويردّد الباقون اللازمة عند نهاية كلّ فقرة. فيعتمر الفرح القلوب ويغمر الطرب النفوس.

وفي اليوم التالي، حيث موعد الزواج وصلاة الإكليل، يأتي المهنّئون إلى منزل العروسَين يحتفلون بالعرس. حتى إذا حان وقت الإكليل غادر العريس مع بعض الرفاق إلى الكنيسة قبل عروسه ليستقبلها هناك، بعد أن يكون قد أرسل والديه على رأس وفد من جماعته إلى منزل عروسه في سيّارة فخمة خُصّصت لنقل العروس ومزيّنة بالأزاهير وأكاليل الفرح. ويستضيف ذوو العروس وفد العريس بالتأهيل، وعلى الرحب والسعة وواجب الضيافة الخاصّة، إلى أن ينبرى أحد أعضاء الوفد فيرتجل قصيدة زجليّة أو ردّة من الشعر العامّيّ المعروف بالقرّادي يطلب بها العروس من ذويها بلطف وأدب وامتداح. كأن يقول مثلاً:

يا بو فلان من شاني إلنا عندك أماني
بدنا قبل غروب الشمس تعطينا الشمس التاني

ويمسك والدا العروس يد ابنتهما الكريمة ويرافقانها خارج الدار إلى السيّارة المعدّة لنقلها. فيُقلّونها إلى باحة الكنيسة ويتبعهم المدعوّون والمهنّئون وسط جلبة الزمامير المتواصلة والمتقطّعة والمتناغمة. حتى إذا بلغوا فناء الكنيسة توقّف الموكب. وترجّل أهل العروس من السيّارة. ودعوا العروس فتترجّل بدورها مُمسكين بها، حاملة باقة

من الزهر بيضاء ناصعة، يحيط بها والداها ويسيران بها إلى مدخل الكنيسة حيث ينتظرها العريس وذووه فيتسلّمها شاكراً ويقبّلها، ثم يدخل الجميع الكنيسة ليأخذوا أماكنهم. حتى إذا تمّ ذلك دخل الإشبينان يتقدّمان العروسَين والكلّ وقوفٌ والأنظار شاخصة إليهم.

وبعد إتمام مراسم الزواج يخرجون جميعاً كما دخلوا. فيقف العروسان عند باب الكنيسة وتأخذ العروس حفنات من الملبّس الأبيض ترمي بها المحتفين. فيتهافت الصبية الصغار لالتقاط بعض الحبيبات السليمة منها، ويميل بعضهم برأسه عنها مخافة أن تصيبه إحداها فيتأذّى. ثمّ تأخذ قنينة من الروائح العطرة وترشّ بها على الجمهور وسط الصياح والضجيج، إلى أن يأخذ الموكب طريقه راجلاً في حال قُربِ المسافة يتقدّمه العروسان ممسكاً أحدهما الآخر، وأمامهما الراقصون والراقصات يلوّحون بالعصيّ والسيوف على أنغام الطبلة والطبل أحياناً. وعندما يمرّ الموكب قرب أحد البيوت تُرشّ عليه حفنات الأرزّ وتويجات الزهور مع الأدعية بالتوفيق والهناء.

وإذ يبلغ الموكب دار العريس، تتقدّم أمّ العريس من العروس بصحن تعبق منه رائحة البخّور والدخان. فتضع العروس فيه من مالها ما أُعدّ لهذه المناسبة عربون طهارة ونقاء. ثم تتقدّم العروس نحو المدخل الرئيسيّ للمنزل لتُلصق على عتبته خميرة البرَكة والخير. وتثبّتها ببعض الدريهمات الحجريّة تُغرز بالخميرة على شكل صليب يحفظ تلك العائلة العتيدة من الحسّاد والأشرار. وقبل أن تدخل العروس بيت عريسها يتدافع الشبّان مطالبين والد العريس "بخلعة باب الدار"، وهي كناية عن نقوط كريمة أو هبات نادرة كالليرات الذهبيّة العثمانيّة والرشيديّة والإنكليزيّة ذي الحصان المنقوش على إحدى صفحتيها. فتحظى العروس من حمويها ببعض الذهبيّات القديمة النادرة تُحفظ لديها عربون فخر واعتزاز. ثم تُقام بعد ذلك في بيت العريس الولائم والأفراح، وتنتهي الحفلة بتقديم التهاني والأدعية الطيّبة للعروسين وذويهما مرفقة بالنقوط الماديّة سنداً لتأسيس بيت جديد.

- ما أحسن مهرجانات الضيعة وأنقاها!

- إنّها مهرجانات بسيطة وجمالها في بساطتها. فاحتفالات أعراسنا لم تتّسم بالعظمة كزفاف بوران من الخليفة المأمون، لكنّها تحكي تقاليد الضيعة ومناقبيّة أبنائها البررة.

- هل ما تزال تلك التقاليد متّبعة في أعراسكم حتى اليوم؟

- بعد أن اختصرت المسافات بين القرى والمدن، وتطوّرت الحياة الاجتماعيّة في القرية اللبنانيّة، واتّسعت آفاق الثقافة والتربية لدى أبنائها، فقدت القرية الكثير من مهرجاناتها وفولكلورها وتقاليدها، وقضت المدنيّة على معظم وجوه الحياة الهانئة والاحتفالات البريئة فيها. فأتلفت بذلك صفحات حلوة من كتاب الضيعة العتيق. وغيّبت بعض معالم تاريخنا التي كنّا نعتزّ بها ونفتخر. فأخذنا من المدينة الفخامة دون البساطة، والمظاهر الخادعة دون الصادقة، والقشور دون الألباب، وأصبح أولادنا لا يعون ما كانت تحمل احتفالاتنا الشعبيّة من صدق التعبير، وفطرة السجيّة، ونقاوة الخميرة.

مع الفلسفة

– وهل من مزيد عن أيّام حلوة في بلدتك لا تزال في البال؟

– كيف لي أن أنسى أعزّ وأصدق أيّام شبابي. عشتها في ضيعة قدّستُ ترابها وعبدتُ نسيمها وتناولتُ خير ثمارها؟ ففي أعماقها جذوري، وعلى سطحها فروعي وأفناني. وسأذكر لك في ما يلي بعض ما كان لي من أيّامي الحلوة أيّام شبابي لعلّي أعيشها ثانية في تذكّري لها وأهنأ ببعض أويقاتها الطيّبة.

تأبّطت ذات يوم كتبي وأوراقي قاصداً إحدى الكروم، أنفرد بالطبيعة وأطلب فيها الوحدة والهدوء، وأستعدّ لامتحان الفلسفة الرسميّ، فاخترت إحدى السنديانات العتيقة أستظلّها هناك إلى جانب بستان من الزيتون والكرمة والتين. إفترشت الأرض وأسندت رأسي إلى جذع السنديانة ألقي عليها ثقلي وهمومي. ثم تناولت فلسفة الفارابي و"مدينته الفاضلة" التي تتعاون مدنها وأممها لتشكّل معمورة فاضلة تبلغ السعادة الحقيقيّة. وقد شبّه مدينته ببدنٍ تامٍّ صحيحٍ تتعاون أعضاؤه جميعاً بصورة سليمة لتتميم حياة الإنسان أو الحيوان وحفظها.

وإذ أنا في دنيا الفارابي وآرائه في مدينته الفاضلة تلك، وترتيب أعضائها وخصال رئيسها، كان لا بدّ لي من أن أعود بين الفينة والأخرى إلى الواقع الطبيعيّ حيث أنا وسط ذاك المكان من الطبيعة الهادئة الساكنة. فتقطع هدوءه من فترة إلى أخرى زقزقات عصفور وردَ مأدبة شجرة من البطم هناك، فتقدِّم له من "برزق" ثمارها ما يجعله مكتفياً بنعمتها وهباتها. فيدعو رفاقه في عالم الطير أن يسدّوا جوعهم من "حواضر" تلك "المأدبة" ريثما يأتي موسم التين المعسول والعنب اللذيذ الذي يرطّب الحلق. وكأنّ للعصافير لغتها الخاصة وإشاراتها الدليلة. فتردُ جماعات جماعات، تتسابق لكسب ما يقيتها. وتتعالى الصيحات والمطاردات فيما بينها، إلى أن تعود

سريعاً إلى حال الوفاق والسلام. وينشد بعضها من سمفونيّاته ما لم يستطع موزار تسجيله في روائعه الموسيقيّة. وإذ تغادر العصافير إلى وادٍ آخر ويعمّ الهدوء ذاك الموضع من جديد، ينبري شحرور على إحدى أغصان الزيتون يناجي حبيبته في المنحدر المقابل ويبثّها من لواعج الشوق ما يجعلها تردّد تراتيله الناعمة وتطير إليه عاجلاً ليقوما بقفزات بهلوانيّة في الأجواء، ومطاردات حبيّة بين أفنان الشجر. فأترك العصافير وشأنها وأعود إلى خلاصة المدينة الفاضلة، مدينة الأخيار الصالحين الذين يستمدّون مبادئ عملهم وحكمهم من العقل الفعّال. لكنّي لم أستطع المكوث طويلاً هذه المرّة أيضاً في مدينة الفارابي الخياليّة. فالضبّ أمامي على صخرة قربي قد غادر جحره واعتلى قمّة عالمه الصخريّ ذاك، هازّاً برأسه، ملتفتاً إليّ وكأنّه يستخفّ بلفسفات تبالغ في التجريد وتبعد عن عالم الحقيقة بعد السماء عن الأرض. وبعد أن أخذ الضبّ قسطاً من الحمّام الشمسيّ عاد يرتاح بهدوء في دهاليز منزله الداكن.

أمّا ما قضّ مضجعي أخيراً هناك لسعة نملة استطاعت أن تتسلّل إلى يدي وأنا في غفلة عنها وشارد مع ذاك الفيلسوف الشريف النسب، أو ربّما كنت مأخوذاً بمناجاة الشحارير واستراحة الضبّ. فلاقت منّي تلك الحشرة الضعيفة وبصورة لاإراديّة ما تستحقّ من عقاب. أليس هذا جزاء الاعتداء الصريح دون سابق إنذار؟

لكنّي وإن كنت لا أؤمن بشريعة الغاب وحكم القويّ للضعيف أراني قد استعملت كامل قوّتي وكلّ حواسّي وتفكيري غير الواعي، للقضاء على نملة غير عاقلة. فسلبتها حياتها في لحظة لم تكن تتوقّعها ولسبب لا تعيه.

فما أكثر تلك المعارك الخفيّة التي تحدث على سطح الأرض دون أن تراها، أو دون أن يكون لك رأي فيها! وتدّعي أنّك عالم بكلّ شيء، وترى كلّ شيء، فتفلسف الوجود من منظارك الخاصّ، وتنظّم "المدن الفاضلة" و"الجمهوريّات" كالفارابي وأفلاطون وأنت لمّا تبلغ من الحقيقة الكاملة إلاّ بعضاً منها!

معارك خفيّة

– وما هي برأيك تلك المعارك التي تحدّثت عنها، ولا ترانا نحسّها أو ندركها بآلات إحساسنا، وتتناولها مشاعرنا وهي خارج نطاقنا المحسوس؟

– تعال معي نرَ ما لم نكن نراه من ذي قبل. علّنا نرعوي عن غيّنا ونمجّد الخالق في مخلوقاته العجيبة:

لكلّ منّا عينان نرى بهما النور ونلحظ الأجسام ونميّز الألوان. بهما نهتدي إلى سبيلنا، ونقوم بأعمالنا، ونعمل جاهدين للحفاظ على نعمة ربّنا التي جعلت دنيانا مشرقة منوّرة. وإذا فقدناهما انطفأ نور سبيلنا. وخيّمت على دنيانا أجنحة الظلام الدامس. فبتنا جيفاً تتحرّك فوق الأرض قبل أن توارى القبر الأبديّ الموحش.

ولكن لبعضنا عينٌ خفيّة يرى بها ما لا يُرى، ويدٌ يُحسّ بها ما لا تدركه الحواسّ أو تتناوله المشاعر، وأذن يسمع من خلالها أصواتاً خارجة عن نطاق الواقع الملموس. فإن كان لك ذلك كنت بعيد النظر دقيق الإحساس مرهف السمع.

فها هنا شجرة وارفة الظلال والأغصان قد سمت فروعها في الجوّ. تعاند الرياح العاتية التي تحاول النيل منها والاقتصاص من جبروتها، علّها تقتلعها وترميها بعيداً، أو تكسّر أغصانها وجذوعها وتجعلها طعاماً للنار. فتتشبّث تلك المسكينة بأرضها متمسّكة بترابها، مستمدّة من موطنها هذا القوّةَ والعنفوان، صابرة على الضيم الزاحف إليها من كلّ صوب، مؤمنة بزوال العاصفة وانبلاج فجر جديد من الإشراق والسلام. وإذ لم تقوَ عليها العاصفة، ترتدّ عنها خائبة ذليلة، لتعود إلى اليوم التالي وتدغدغها بنسيمات بليلة هادئة. فتشرئبّ الشجرة إذ ذاك بأعناقها من جديد وتلملم قواها، لتعود كما كانت موطن الطير ومورد الجياع ومأوى المستظلّين.

ولكن للطبيعة دورتها وأحكامها. فإن نجت الشجرة من شيء فقد لا تنجو من

أشياء أخرى. فالصقيع آتٍ ليجمّد الدم في عروقها، والثلوج لتخنق ترابها وتميت جذورها وتكسّر أطرافها. فتضيق أنفاسُ تلك المسكينة ويكاد اليأس يمتلكها. وهي المؤمنة بقدرها. لكنّها تصير إلى المنتهى، حيث يذوب الثلج ويبين المرج أخضر ينضج بالحياة ويبشّر بالسلام والطمأنينة.

وإذ تنهض تلك الشجرة المستهدفة من كبوتها معافاة نشيطة، هازئة بقبضات الصقيع وأبسطة الثلوج البيضاء، وقد أمِنَت شرّ الصقيع، ودبّت في شرايينها دماء الحياة، لا تلبث أن تجد الطبيعة قد عبّأت ضدّها جيوش الزحّافات والحشرات والجراثيم لتستهدفها في بدنها وخلاياها. فتنخر جذعَها لتبني لها مسكناً، أو تتمسّك بالأغصان لتروي غلّتها، بينما يفتك البعض الآخر بالبراعم الفتيّة وبأولادها الرضّع فتمتصّ رحيقها وتأتي عليها دون رحمة أو شفقة.

كلّ هذا والشجرة صامدة في مقاومتها، عنيدة في قرارها، واثقة بمصيرها، إلى أن تزول العوامل الهدّامة، فيشرق وجهها بعد انقباض، وتخضّر بعد شحوب واصفرار، وتحبل بعد عقم وطول انتظار. وتعود كما كانت ملجأ الطير ومورد الجياع ومأوى المستظلّين.

وإن جلنا الطَرْفَ في تلك البقعة، لفتت أنظارنا هنا نبتات فتيّة قد اقتلعتها الريح، وأخرى هناك بترت أطرافها الثلوج؛ وثالثة هنالك قضت في مكانها دون حراك تحت تأثير الأمراض الفتّاكة. فأصبحت كلّها جثثاً هامدة مرميّة حيثما كان، لتحكي قصّة هزيمة في معركة تنازع البقاء، دون أن نعرف كنه هذه الهزيمة هنا أو سرّ ذاك الانتصار هناك. فقط نمجّد مَن هو قادر أن يقف بجانب هذه الشجرة فتنجو، ويتخلّى عن تلك فتضمحلّ.

أمّا هناك وفي الأفق الآخر جبال تعلو وتشهق. فتعرّي هامتها عواملُ السيول والانجراف لتبدو كالعجوز القرعاء، وقد سقط شعرها وقبح منظرها، لكنّها لمّا تزل تتحدّى الصواعق والزوابع في الغيوم والفلوات، هازئة بقوى الشرّ الخارجيّة التي لن

تستطيع أن تزحزحها قيد أنملة. ولكن حذارِ أيّتها المتعجرفة! فربّما تفجّر في داخلك أتونُ النار، فيصهر عناصرك ويرميكِ في لجّة البحار العميقة، لتمسي أثراً بعد عين وعبرة لَمن يعتبر.

وإن تركنا البرّ جانباً وحلّقنا قليلاً في الأجواء المنظورة، وجدنا الصراع أيضاً قائماً فوقنا على قدمٍ وساق. ونحن عنه غافلون.

فالرياح تطارد الضباب والغيوم أينما كانت. فتبدّدها وتشتّتها إلى أن تبكي دموعاً على هزيمتها وتفكّك وحدتها. وإن احتدمت المعارك أحياناً بينها انشقّ صدر السماء غيظاً وناراً، تحرق بألسنتها كلّ العناصر التي تصادفها، ويدوّي في ساحة المعركة هدير مرعب ترتعد له الفرائض وتهمد خوفاً واستكانة. وأحياناً تصبّ ألسنة النار هذه جامَ غضبها على لجّة المياه الزرقاء الهادرة، فتعبّ منها ما استطاعت وتنتصب أعمدة المياه في الأفق لتنذر بالسيول الجاحفة الجارفة.

وإن يمّمنا الشاطئ حيناً وجدنا الأمور هناك لا تختلف عمّا يجري إزاءه أو على صفحة البحار. فالمياه في معركة مستمرّة، والأمواج تتلاطم وتتزاحم إلى اليابسة للنيل منها. وعالم الأسماك في الداخل تسود فيه "شريعة الغاب" إن لم نقل شريعة البحار. فيقوى القويّ على الضعيف دون اعتبار للنواميس والنظم السائدة خارج عالمهم. وعلى صفحة المياه نزاع أو احتضار زوارق وسفن، غدرَ بها ذاك الخضمّ الجبّار ليبتلعها طعاماً سائغاً للحيتان.

أمّا الإنسان هذا المخلوق العجيب المميّز عن سائر الخلق، ففيه تكمن كلّ متناقضات الحياة بينما يستمرّ في عيشه بقدرة قادر ونسله يملأ الأرض.

مخلوق عجيب من لحم ودم. في خلاياه أسرار الخلاّق والخليقة. وكلّ خليّة فيه عالم قائم بذاته، حيث تتّحد العوالم هذه لتشكّل أعضاء وأجهزة تحفظ الحياة في الجسم. لكنّ العالم المحيط بهذا الجسم قد يهدّد حياته بشكل مستمرّ. فالجراثيم

تنتشر في الداخل والخارج لتقوّض مضجعه وتفتك بأعضائه. ولولا قدرة قادر لما نجا منها إنسان أو استمرّت حياة. وما معارك الجسم مع ذاته إلاّ ليبني بها ذاته، ومع الخارج إلاّ للوقاية والحماية.

لذا فأينما تمعّنّا في النظر بانت لنا معارك خفيّة بين عناصر الطبيعة تدور رحاها برّاً وبحراً وجوّاً. فمَن كان ملحداً رأى في تلك العناصر قوى هدّامة تمحو بعض الوجود وتقضي على الحياة. وإن استمرّت في الهدم دون البناء أتت على كلّ أثر للحياة على وجه البسيطة. ولكن قد فات صاحبنا أن لولا الهدم لما كان البناء مرتفعاً. ولولا الشرّ لما بان الخير ساطعاً. ولولا الحرب لما بدا السلام ملزماً. وقوى الطبيعة مهما جارت وحمقت، ومهما عتت واستبدّت، فإنّ جورها وحمقها وعتوّها واستبدادها للخير العامّ. فتستمرّ دورة الحياة فيها متبدّلة منتظمة دون خلل أو تقاعس. فما إشراق الوجوه إلاّ بعد عبوسها، وما سكون العاصفة إلاّ بعد هبوبها. وطوبى لمن آمن بتكامل العناصر وتكافئها. فيسبّح الخالق الجبّار الذي خلقه آية في الروعة والإبداع وصورة حيّة تنطق بالتناسق والكمال، وقوّة تكمن فيها قدرة الحفاظ على الذات بصورة عجيبة رهيبة.

حلاّق الضيعة وحلاّق المدينة

– لقد شغلتنا فلسفة الفارابي ومعارك الطبيعة الخفيّة عما كنّا فيه من ذكريات قرويّة حلوة. فهل لنا بالمزيد من قرويّاتك الطريفة؟

– لم يكن في ضيعتي وحتى الأمس القريب حلاّق محترف يهتمّ بتزيين وتصفيف شعور الرجال أو النساء. ومنذ أن وعيت نفسي كانت الأمّ تقوم مقام الحلاّق. فتقصّ شعر أبنائها الصغار كيفما اتّفق لها. فيحنق المقصّ هنا، ويرسم في رأس الولد بقعاً بيضاء يشوبها بعض السواد أو يقضم لقمة سائغة من جلدة رأسه هناك، فينفر الدم ويسيل بين الشعيرات الفتيّة لتلتقطها الأمّ وسط صراخ طفلها محاولة تهدئة روعه وألمه. ولا ينتهي العمل الفنيّ المضني هذا إلاّ والرأس بات كبقاعنا بتعدُّد الألوان وتنوّع البساتين.

وأذكر أنّ أحد المكارين من القرى المجاورة كان يؤمُّ بلدتنا في أواخر فصل الشتاء، ويطلب من الأولاد أن يجمعوا له شعر المعز من الأقبية والحظائر بعد عودة قطعان الماعز والغنم إلى الجبال عند بدء موسم الدفء في الربيع. فيصنع منها أنواعاً مختلفة من البسط تعطي الدفء لمفترشيها أيّام الشتاء والصقيع. وكان هذا المكاريّ يحمل معه مقصّاً ويدّعي الخبرة في قصّ الشعر. ولم يكن للأولاد وهذا المكاريّ أقلّ ممّا يكون لهم مع أمّهاتهم من سوء مصير رؤوسهم المحلوقة. وكانت أجرة "الرأس" بيضة بلديّة أو بعض الدبس والزيت.

ولم تستمرّ أحوال تلك الرؤوس على هذه الحال طويلاً. فقد صار الشبّان والشابّات فيما بعد يؤمّون القرى والبلدات المجاورة، وأحياناً العاصمة لينعموا بأروع القصّات وأجمل الأزياء دون أن يرتعدوا من عضّة مقصّ أو يرفّ لهم جفن من الكلفة الباهظة.

وذات يوم، وإذ كنت في بيروت أنتظر الأوتوبيس للعودة إلى الضيعة بعد شراء حاجاتنا اللازمة، بلغنا أنّ الأوتوبيس الذي ننتظر قد يتأخّر بعض الوقت. ولّما كان شعري قد طال واسترسل، خطر لي أن أغتنم هذه الفرصة وأقصد بعض صالونات التزيين، أهندم فيه شعري وأرتّب قصّته. فجلتُ في الشوارع أفتّش عن أحد المزيّنين هناك. وعبثاً حاولت. فالمحالَ كلّها مقفلة، وكأنّهم في أمر هام مع الدولة أو ربّما أعلنوا الإضراب لتحقيق بعض مطالبهم. وإذ أنا في حيرة من أمري، مررت بأحدهم يجلس على كرسيّ خشبيّ قديم إلى جانب رصيف هناك. وكان في متوسّط العمر، ويعلو هامته الشعر الرماديّ الهادئ. تقدّمت منه أسأله عن مزيّن في المحلّة. فقال إنّ المزيّنين اليوم في إجازة وهم كذلك كلّ يوم اثنين. فإن كنت تودّ قصّ شعرك فأنا حلّاق عتيق بالمصلحة، أقوم بعملي هذا في بيتي من باب التوفير والتقتير. فكنت له شاكراً. وتسلّقنا درج منزله هناك في بناية قديمة تشلّعت نوافذها وتساقطت عن جدرانها بعضُ فلذات منها. فأجلسني على كرسيّ مماثل لكرسيّه حيث كان يجلس. ولم يكن أمامي أيّة مرآة أراقب من خلالها ما قد يجري على رأسي وفَودي[6] من أمور هامّة. وجاء "المحترف العتيق" بالعدّة المناسبة لهذه العمليّة الطارئة. ووضعها على كرسيّ آخر قربه يتناول منها ما يحلو له عند الحاجة.

سلّمت إليه رأسي ولا حيلة لي إلاّ الهدوء والسكون، خوفاً من قضمات مقصّه الجائع. وما إن شرع صاحبنا في عمله يحرّك المقصّ قرب أذنيّ حتى افتتح حديث "شبّان آخر زمان" حيث يطيلون شعور رؤوسهم كالبنات، فتختلط علينا الذكور والإناث، خصوصاً إذا كانوا حليقي الشاربين. وهذه عادة من عاداتنا السيّئة المقتبسة من الغرب فضلاً عمّا اقتبسناه من مدنيّة زائفة أخذنا منها القشور دون اللباب. واسترسل صاحبنا في الحديث دون أن أنبس ببنت شفة، أو يترك لي مجالاً لإبداء الرأي

٦ الفَوْدُ: جانبُ الرَّأس ممّا يلي الأُذن.

أو الدفاع عن النفس في حال كنت المقصود في هذه المحاضرة الاجتماعيّة.

وانتهى العمل سريعاً دون أيّة معوقات تُذكر، ودون أيّة رشوش مطيّبة أو سوائل كحوليّة أو روائح عطريّة، تبدّل مناخ الأجواء. فنقدته الأجر شاكراً وعدت أدراجي حثيث الخطى إلى موقف الأوتوبيس حيث كانت زوجتي تنتظرني قلقة البال مضطربة الأعصاب على تأخّري. وإذ رآني أحدهم من بعيد آتياً على عجل، قال لزوجتي: "ها هو الأستاذ آتٍ". فلم تعرفني زوجتي إلاّ وقد دنوت منها. فثارت ثائرتها عليّ وقالت: "كيف سمحت لنفسك بأن تحلق شعرك إلى هذه الدرجة من القِصر وكأنّك "بانكيّ" أو أحد الخارجين عن تقاليد المجتمع".

ولّما عرفت قصّتي مع ذاك "الثائر على المدنيَّة الحديثة" استرسلتْ في ضحكاتها ولم تحزم أمرها إلاّ عندما أحسّت أنّي بتُّ مستاءً جداً من تهكُّمها كاستيائي من ذاك اللعين الذي جعلني "بانكيّاً" بعد أن كنتُ "خنفوساً".

القرد

إستيقظت ذات صباح على صياح جاراتنا. فهنضت إلى الشرفة مذعوراً أستطلع الخبر. فإذا بالنساء خائفات من حيوان غريب تسلّق شجرة تين فتيّة تعرّت من لباسها شتاءً غير آبهة بالبرد والصقيع. وبدا ذاك الحيوان جليّاً كمَن يفتّش عن غصن متين يتدلّى منه لاهياً أو ربّما ليشنق نفسه هرباً من يأسه، مقلّداً الإسخريوطي في هذا المضمار. تفرّستُ بذاك الحيوان صغير الجثّة فإذا بي أمام قرد من نوع النسناس، في رقبته طوق وحبلة. أسرعت إليه أستلطفه وأسترضيه علّه يأنس بي ويمكث في مكانه بعض الوقت كي ألتقط زمامه. وكان لي ما أردت. فقُدته إلى بيتي، وتألّب الناس عليّ معجبين "بشجاعتي" الزائدة. ثم جعلته في موقف سيّارتي، وأمّنت له كلّ ما يتطلّب من مأكل ومشرب. وأقفلت عليه باب المكان زيادة في الحرص عليه. وكنت بين الحين والآخر أتردّد إليه فأطعمه بيديّ ما قد حضّرت له من فستق وموز وخضار وفاكهة. حتى إذا اعتاد عليّ فككت له الوثاق وأخذنا نتنزّه في شوارع البلدة وأزقّتها، والأولاد والناس يتبعوننا، ودافعهم مشاهدة ذاك القرد العجيب يقلّد الجميع في حركاتهم وتصرّفاتهم، ويقهقه قهقهته المشهورة التي تحدّث عنها المتنبّي حين هجا محدِّثه قائلاً:

وَإذا أشَـارَ مُـحَـدِّثـاً فَـكَـأنَّـهُ   قِـرْدٌ يُقَهْقِهُ أوْ عَـجوزٌ تَلْطِمُ

لقد أخذ هذا القرد كلّ اهتمامي لفترة من الزمن. فتعلّقت به، وكنت في كلّ مرّة أعجب من تصرّفات هذا الحيوان الذي بنى عليه داروين نظريّاته التطوّريّة.

وقد صعد مرّة سطح منزلٍ مجاور لمنزلي. ونحن عنه غافلون. ولمّا افتقدناه وجدناه يفتّش عن مخرج ينزل به إلينا. ولم يكن للبيت درج إلى السطح. فحاولت أن أهدّئ

من روعه ريثما أضع له السلّم الخشبيّ فينزل. وما إن رآني أحمل السلّم حتى قفز إلى إحدى شجرات الزنزلخت قرب الدار، ونزل إليّ يقلّدني في مشيتي حاملاً السلّم إليه. وكانت الضحكات تتوالى وتتتابع عجباً وغبطةً.

بقي القرد يملأ فراغي لأشهر قليلة، إلى أن تبيّن لي فيما بعد أنّ بعثة من طلاّب إحد الجامعات في العاصمة كانت تقوم ببعض الأبحاث التاريخيّة في مغاور وكهوف منطقتنا، وكان ذاك القرد لأحد أفرادها. فغافل صاحبه وتاه في الحقول. وكان لي أن أمسكه وأعتني به تلك الفترة حتى اهتدى إليه صاحبه واستعاده شاكراً.

الأفاعي

الأفعوان حيوان تلقّى حكم ربّه بالزحف مدى الحياة لاقترافه ذنب إغراء الإنسان بالمعصية. ومذ ذاك الحين بدأ تاريخ الجفاء والعداء بينه وبين الإنسان. فيحاول النَيل منه بسمّه القتّال، ويردّ الإنسان أذيّته.بما يملك من قوّة وحيلة لا تقوى على مجابهتهما أيّة عوامل أخرى.

وفي القرية قصص عديدة ومختلفة عن تعاطي الإنسان مع الأفعى التي يصادف. فيبني أحياناً حولها روايات خارقة تبتعد عن الحقيقة ليظهر فيها دوره البطوليّ، ويستقطب إعجاب المستمعين أو القارئين.

لكنّي وإن تناولت هذا الموضوع في أحد فصول كتابي، ذاك لأنّي أودّ سرد ما حدث لي مع بعض هذه الحيوانات المرعبة بكلّ دقّة وأمانة.

ذات صباح، وإذ نهضت من سريري باكراً متوجّهاً إلى الحمّام القائم ضمن مطبخ البيت، فتحت باب المطبخ ودخلت. فإذا بي أرى على عتبة باب الحمّام المقفل أفعواناً أسود غليظاً. يلتفّ على بعضه البعض بشكل دائريّ، ويبرز رأسه وسط تلك الدائرة.

ذُهلت للأمر وتراجعت حالاً خطوة واحدة إلى داخل غرفتي لأتناول بندقيّة الصيد ذات الطلقتين، والمعلّقة إلى جانب الباب حيث أقف. وكان بالقرب من البندقيّة جعبة من القذائف المحشوّة. وبسرعة وخفّة متناهيتين حشوت البندقيّة وأعدت خطوتي داخل المطبخ. ولشدّة ما كانت دهشتي إذ لم أرَ ذاك الأفعوان. لقد اختفى أثره فجأةً في المطبخ. فربّما دخل الحمّام من تحت الباب! تقدّمت حذراً نحو الحمّام وفتحت الباب. لا شيء هناك أيضاً. فتحت الباب الخارجيّ الخلفيّ للمنزل علّني أراه لمّا يزل لائذاً بالفرار. ولكن عبثاً حاولت. فاعترى زوجتي وأولادي الخوف والرعدة.

وأخذوا يتصوّرونه منقضّاً عليهم من خزائن المطبخ أو من الغسّالة أو البرّاد. لكنّه اختفى إلى الأبد وبقيت صورته المرعبة عالقة في أذهانهم أكثر من سنتين إلى أن غيّرتُ فيما بعد هندسة البيت كلّياً وهدمت كلّ ما كان قائماً في المطبخ والحمّام فنزعوا من رؤوسهم فكرة الخوف من ذاك الحيوان الذي زرع الرعب والذعر في بيتنا فترة من الزمن وولّى خائفاً متخفّياً.

أمّا قصّتي الثانية مع إحدى الأفاعي فقد جرت لي في بستان من الكرمة والزيتون والصبّار.

ففي ذات يوم بينما كنت أقتلع الأعشاب من أجمة من الصبّار، كي لا تطغى على الجذوع وتمنع عنها النور والهواء فتصبح عقيمة، إذا بجاري يتقدّم منّي قائلاً: "لقد فاجأتني البارحة أفعى خرجت من إحدى الحيطان هنا. فتعقّبتها إلى أن توارت في أجمة الصبّار خاصّتك حيث تعمل الآن. فحذارِ منها! وإن لحظتها فإيّاك أن تعتدي عليها. فقد تغدر بك وتعضّك. وهي سوداء اللون، كبيرة السنّ على ما يظهر، طويلة الجثّة، "غليظة".

تركتُ إذ ذاك عملي في ذاك المكان تهرّباً من أذى تلك الأفعى، فقد لا أرحمها أو ترحمني إذا ما تواجهنا وتجابهنا.

وفي اليوم التالي قصدت ذاك البستان متسلّحاً ببندقيّة الصيد وبعض القذائف الرصاصيّة من النوع الفعّال. وكنت حذراً من أمر يأتي مع تلك الأفعى اللعينة. والبستان يقع إلى جانب الطريق العام في وادٍ بسيط. والمدخل إليه من قرب خرنوبة فتيّة نبتت إلى جانب الطريق. ترجّلت من سيّارتي آخذاً البندقيّة والمعول وخطوتُ بضع خطوات لأبلغ شجرة الخرنوب. وكنت ما أزال بعيداً عن أجمة الصبّار. فإذا بأفعى، تنطبق صفاتها على تلك التي تعقّبها جاري، تتسلّل فجأة وتتوارى تحت صخرة ناتئة إلى جانب الطريق. وفاتني أن أصوّب عليها بندقيّتي قبل أن تتوارى.

أسندت ظهري إلى جذع الخرنوبة وصرت أرقب المكان الذي توارت فيه. وهو لا يبعد عنّي أكثر من مترين. فلم ألحظ أيّ تحرّك تحت الصخرة المذكورة. وبعد طول ترصّد وانتظار خطر لي ذاك الدعاء الذي يردّده العامّة غالباً "يا ربّ تيجي بعينه"، فأردت أن أطلق النار على التجاويف الصغيرة تحت الصخرة حيث دخلت رغم أنّي لا أرى شيئاً. فصوّبت جيّداً إلى الهدف المرسوم وأطلقت طلقتين ناريّتين ضجَّ بهما ذلك الوادي. وإذا بي بعد ترقّبِ عملي الصبياني أحسّ بأنّ شيئاً ما قد تحرّك متلألئاً بين الحصى تحت الصخرة. أخذت المعول آنذاك أدفع به بعض الحصى من تحت الصخرة. وإذا بالأفعى تظهر جليّاً. و لم يكن لي بدّ من أن أمسك بذنبها كيلا تتوارى ثانية. فبندقيّتي غير محشوّة ومعولي غير فعّال بين الحصى والصخور. وكم ذُهلت عندما رأيتني أمسك بجزء قد اقتُطع من الأفعى ويكاد يبلغ طول ذراعي. فرميت به أرضاً وحشوت البندقيّة وحاولت قلب الصخرة بالمعول بكل حذر وانتباه. ولكن لم أعثر على جزئها الآخر المهمّ. فتركتها وشأنها وعدت إلى البيت أروي ما جرى لي مع تلك الأفعى العتيقة. وكم كانت دهشة جاري عظيمة إذ علم بما كان لي معها في ذاك النهار. فزرع في قلبي الرعب والرعدة، وتوقّع أن تغدر بي عاجلاً أو آجلاً بعد أن أذيتها. فالأفعى لا تنسى مؤذيها.

إستطرتُ فزعاً وخوفاً، واستعذت بالله من شرّ يأتي. فقد لا أستطيع ترك عملي في البستان لفترة طويلة. لذا قرّرت أن أحسم أمري مع هذه الأفعى فأتّقي خطرها بالقضاء عليها بما أملك من سلاح وحيلة. فأخذت البندقيّة في ظهر اليوم التالي وقصدت البستان راجلاً. دقّقت النظر في الخرنوبة وتحتها فلم ألحظ شيئاً. خطوت خطوات حذرة بين شجرات الزيتون جافلاً ورِعاً. وكان كلّ شيء هادئاً ويوحي بالاطمئنان. إلى أن وصلت إلى خيمة حديديّة ارتقت عليها عرائش الكرمة، وعناقيدها تكاد تبلغ النضج في غضون أيّام قليلة. فألقيت نظرة عامّة على الخيمة لعلّها هناك بين الأسلاك أو بين العناقيد. ولكنّها لم تكن تنتظرني حيث توقّعت بل كانت هناك عند أقدام آخر

عريشة في الخيمة، وقد التفّت بشكل كعكة حول جذع العريشة وقسطل الخيمة الحديديّ. أمعنت فيها النظر لعلّي أرى رأسها فأستهدفه، أو أرى ذنبها فينجلي الأمر عليّ. وإذ طال انتظاري وهي دون حراك، صوّبت فوهة البندقيّة نحوها وأطلقت طلقة واحدة زيادة في الاحتراز. فتحرّكتْ سريعاً ومدّتْ رأسها ليظهر جليّاً قرب الجذع والقسطل. وكان ذاك هدفي الثاني. فقُطع رأسها وقُطع معه جذع العريشة المثمرة. تقدّمت منها فرأيت أنّها هي هي التي خسرت ذنبها في اليوم السابق وتنتظر الغدر ثأراً وانتقاماً.

حملتها إلى الضيعة وكانت طولي وطول ذراعي عدا ما كان قد اقتُطع منها. فاطمأنّ بالي وبال جاري أخيراً من أمر تلك الأفعى الغدّارة.

من ذكرياتي

— هل من مزيد من ذكرياتك القرويّة لما فيها من طرفة وحنين؟

— لي جعبة لا تفرغ. فالقرية عالم سعيد، وكلّ ما فيها يبعث الحياة المتجدّدة في كلّ ربوعها. ولك في كلّ منها ذكرى وعبرة.

كان لي قطعة من الأرض صغيرة المساحة. وقد زُرعت قديماً بأشجار الصبّار لوعورة أرضها وصعوبة مسالكها الصخريّة. فأحببت ذات يوم أن أستصلحها وأجدّد فيها زراعة هذه الأشجار بعد أن شاخت وهرمت وأضحت عاقراً. فأتيت ببعض العمّال وبدأوا أعمالهم هناك بالنقب وقلع الصخور ورصف الحجارة على الحيطان. وأنا أدير العمل بما أراه مناسباً. ولا يُخفى ما كان لعملهم من مشقّة وصعوبة. فأشواك الصبّار دائماً بالمرصاد. تغرز في الأيدي، وفي الأرجل. تعلق على الثياب. تدخل جلدك من حيث لا تدري. فتتأوّه ألماً للحظة وجيزة حتى إذا نسيت وجعك وغفلت عن حذرك جاءتك أخرى لتوقظك من سَهوِكَ وشُرودِك. فتلعن الصبّار وشوكه ووبره وحتى آكليه.

لكنّ آلام الوخز هذه قد تتحمّلها أحياناً إن صدرت عن شوكة دقيقة ترصّدتك فانقضّت عليك، تشفي غليلها ممّن غزا واحاتها واقتحم عرينها. ولكن لن تستغفر البتّة عقرباً لجأت إلى ثقب أمين هادئ في صخرة فلسعت إصبعك على حين غرّة. فتنتفض صارخاً وترقص "مذبوحاً من الألم" فتحاول أن تنقضّ عليها رغم فارق القوّة بينكما، وتشبعها هرساً ومعساً.

وممّا حدث لعمّالي هؤلاء في أجمّة الصبّار المفعاة[٧] تلك أن قتلوا في اليوم الأول لعملهم سبع عقارب وأفعى صغيرة وأمّ أربع وأربعين. وقد نجوا جميعاً من لدغاتهم ولسعاتهم إلاّ واحداً حيث تكمّشت بإحدى أصابعه عقرب سوداء هرمة، وأفرغت فيها سمومها "المعتّقة". لكنّ صاحبنا، وببرودة ظاهرة ودون أن ينبس ببنت شفة، قفز إلى إحدى شجيرات التين هناك ينزع عن أحد الغصون بعض وريقاتها ويلطّخ جرحه بعصارة التين البيضاء، فيزول ألمه حالاً كما ادّعى ويعود إلى عمله كالمعتاد.

– فهل قيح التين حقّاً مهدّئ للألم ومضادّ للتسمّم؟

– لن أعطي رأيي ما دمت لم أختبر ذلك بنفسي. ولكن أذكر أن عقرباً قد لسعني يوماً بإحدى أصابعي بينما كنت ألتقط بعض الحجارة الصغيرة في كرمي. وكان في فمي سيجارة مشعلة. فأدنيتها من المكان الملسوع. وكنت كلّما فعلت زاد وجعي بمقدار ما أدنيها، فتُشَلّ يدي وأحسّ بالسموم تمشي بتؤدة في شرايينها "كتمشّي النار في الفحم". إلى أن أفقت أخيراً لأبحث عن العقرب المتعدّية، وكانت لمّا تزل بين الحصى. فلاقت منّي جزاء عملها حتى وإن كانت في حال الدفاع عن النفس. فصرامة الحكم عليها طبيعيّ لردّ أذاها عن بني البشر. ثم جعلت قليلاً من دمها على المكان الملسوع. فزال الألم حالاً وبفترة لم أكن أتوقّعها. ممّا جعلني أتساءل: أهي النار قد رفعت الآلام عنّي أم دمّ العقرب نفسها كي يصحّ قول الشاعر:

كلُّ شيءٍ ضِدُّهُ من جنسِهِ حتى الحديد سطا عَليهِ المبردُ

---

٧ المفعاة: أرْضٌ مَفْعَاة؛ كثيرةُ الأفَاعي.

حكايتي مع هرٍّ

لم أكن مرّة لأقسو على حيوان مهما كان ضعيفاً، فكيف به أليفاً يحرس البيت من اللصوص والمعتدين، أو يُبعد عن بني الإنسان أذى الحشرات السامّة. ولكن للإنسان أحياناً فورة وثورة. فورة غضب من تصرّفات مؤذية، وثورة على الواقع لتسوية الوضع وإعادة الأمور إلى نصابها الصحيح. وكان لي ذات يوم من الفورة الغضبيّة ما جعل ثورتي تفوق القدر المتوقّع لها.

ففي كلّ ليلة كان هرّ غريب يدخل غرفة النوم الإضافيّة في منزلنا والمخصّصة للضيوف، لينام على أحد الأسرّة هانئاً سعيداً، بينما يفترش غيره من بني جنسه الأرض ويلتحف السماء وسط زمهرير الليل وصقيعه المعهود.

وكان كلّما أحسّ بنا صباحاً ينصرف من النافذة بتمهّل وتؤدّة، كأنّه مرتاح إلى الضيافة الزائدة التي يلقاها لدينا كلّ ليلة.

وعبثاً حاولت أن أثنيه عن تصرّفه غير اللائق، فأغلق النافذة أحياناً وأنساها أحياناً أخرى لينزل في ضيافتنا عزيزاً مكرّماً أكثر الأوقات.

وذات ليلة، وكنت قد ابتعتُ قميصاً وبنطالاً جديدَين أرتديهما في أحد الاحتفالات المرتقبة. أَلبَستُ القميصَ إحدى الكراسي في غرفة النوم تلك، ومددت البنطال على السرير، حفاظاً على خطوط كيِّه، وأقفلت النافذة زيادة في الاحتراز. وفي الصباح فتحت باب الغرفة لأرى الهرّ قد افترش بنطالي وكساه وبراً من جلده. فدفعت الباب برجلي فأقفل بعجلة. ورأيتني قد تركت للضيف الثقيل فتحة الباب الصغيرة ليتسلّل منها. فغلقتها دون أن أجعل للهرّ مجالاً للفرار. وأخذت البنطال فرأيته قد ابتلّ من بول الهرّ وتمزّق حالاً حين أمسكته. فثارت ثائرتي حينئذ. كيف لا

وعدوّي أمامي يموء طالباً النجاة لنفسه ممّا هو فيه.

ناولتني زوجتي وبعد إلحاح عصاً كنّا نحتفظ بها للساعات الحرجة. وهجمت على الهرّ أُكيل له من عصاي ما يستحقّ من عقاب. فيكرّ ويفرّ وأنا ثابت في موقفي وتصميمي. وهو يقفز إلى النوافذ والأبواب المغلقة. فأصيبه أحياناً وأخطئه أغلب الأحيان إلى أن سقط أخيراً دون حراك، بعد معركة حامية الوطيس نجوت فيها من مخالبه وأنيابه. فأمسكته إذ ذاك على ذيله وخرجت به إلى الشرفة لأرميه بعيداً لاعناً جنس الهررة المؤذية.

وصدف أن مرّ في تلك اللحظة بالذات أحد أعمامي قرب البيت ورآني أرمي بالهرّ جثّة هامدة. فقال لي: "ما هذا، وما فعلت به؟". فأخبرته قصّتي معه. فتقدّم منه. ثم أردف قائلاً: "إنّه هرّي. لقد مات! فيا للخسارة!".

فوجئت إذ أصبحت قاتل هررة، والهرّ لعمّي. فأسرعت إلى الداخل وحملت إبريق الماء علّني أحيي ما تبقّى في ذاك الحيوان من رمق الحياة. وإذ رششت على رأسه بعض الماء البارد انتفض فجأة واستعاد حياته، وحمل بعضه وولّى من بيننا، وكأنّ شيئاً لم يكن.

فهل للهررة حقّاً سبع أرواح؟

رحلة في البال

تقام في بلدي سنويّاً مهرجانات فولكلوريّة مميّزة. فتحتفل كلّ بلدة بعيد شفيعها. ويؤمّ كنيستها المصلّون والمحتفلون من كلّ الجوار يتبرّكون بالزيارة وسماع القدّاس الإلهيّ، وينعمون بما أعدّه أهل البلدة للضيوف من مفاجآت سارّة في مثل تلك المناسبة السعيدة.

وكما درجت بلدتي على الاحتفال سنويّاً بعيد شفيعها إيليّا النبيّ وإقامة الحفلات الغنائيّة الراقصة، كذلك في عيد مار عبدا تتّجه الأنظار لزيارة قرية "الفخَيتة" وكنيستها والاشتراك بالاحتفالات الشعبيّة التقليديّة فيها.

و"الفخَيتة" دسكرة أُقيمت فيها بعض البيوت المتواضعة على منبسط محدود المعالم، في أسفل وادٍ يمرّ فيه نهر غزير يسقي سهل الدامور. تحيط بها بساتين الخوخ والتفّاح، والمشمش والدرّاقن. وتعيش منعزلة عن العالم، وحيدة في تلك البقعة. لا تستطيع الوصول إليها إلاّ من خلال درب بين المنحدرات والأودية المتتالية. وقد تصعب هذه الدرب على الدوابّ في بعض الأماكن، خلال أيّام الصيف فكيف بها في الشتاء؟ ومَن يسلك الدرب إليها من نحو "الدبيّة"، عليه أن ينحدر بدربه من القمّة إلى الأسفل مارّاً بتعرّجات تودي به إلى أجمات موحشة من الشجر، حتى إذا عبرها تنفرج أسارير النور قليلاً ليصل إلى دروب متفرّعة بين الأدغال، تبعث على الخوف من حشرات الغاب ووحوشها حتى أثناء النهار.

وبقدر ما في دربها من وحشة وتعب، بقدر ما في نفوس سكانها من طيبةٍ فطريّةٍ ما بعدها طيبة، وكرمٍ أين منه كرم الطائيّ. فتنسى بينهم ما كنت فيه من الهمّ. وتعيش معهم يومك على الرحب والسعة. وكأنّك مع أجداد لك في القرن الماضي يحتفلون بزيارتك ويشكرونك على اهتمامك بهم.

كنت هناك، في إحدى تلك المناسبات، برفقة أحد أبنائي الصغار الذي أبى إلاّ أن يرافقني في تلك الرحلة الشاقّة. وكانت الكنيسة خلافاً للعادة عامرة بالزوّار والبلدة بالضيوف. والباعة المتجوّلون قد ملأوا كلّ زاوية تؤدّي بك إلى الكنيسة. كلّ ينادي على بضاعته الطيّبة اللذيذة. فها هو المعلّل أصابع ورديّة اللون تسيل اللعاب، وذاك غزل البنات شعيرات عُجنت بالسكاكر لتذوب ناعمة تحت اللسان. وإذا نظرت إلى البعيد القريب ترى بعض المحتفلين يستظلّون الأشجار الوارفة ويرقصون الدبكة على أنغام شعبيّة راقصة. وبعضهم في جلبة من أمرهم يهيّئون مشاوي اللحم على موقد من الحطب اليابس. فينتشر الدخان وينثر في الأجواء روائح اللحوم المشويّة لتزيد في نفسك الرغبة في دعوة نفسك لتستضيف هؤلاء وترتشف معهم كؤوس العرق البلديّ المثلّج من على مائدتهم الكريمة تحت الشجر.

تركت المحتفلين وشأنهم وذهبت مع ابني أقوم بزيارة والد صهري في بيتهما هناك. وكم كانت فرحتهما كبيرة بلقائي الموعود! فأعدّا لنا وليمة قرويّة بحتة من حواضر البيت، كدت أشبع من روائحها الشهيّة. فها هنا البيض المقليّ بالقاورما، وهناك الكشك الطازج المغطّس بالزيت، والكشك المطبوخ مع "حراحيص الدهن" من المسمّنات الفخّاريّة المحفوظة والمعلّقة في سقف البيت. وها هو اللبن الطريّ واللبن المجفّف كتلاً مغموسة بالزيت. والزيتون الأسود أو الأخضر يتلألأ في صحن الفخّار مفتخراً بلقب "شيخ المائدة". والصعتر الأخضر والنعناع والفجل والفليفلة كلّها تومئ إلينا وتدعونا لإشباع نهمنا بعد إشباع العين... وفي وسط الطاولة يرتاح وعاء الفاكهة المشكّل من تفّاح وعنب وخوخ وتين، وكلّها من خيرات الضيعة وكرم بساتينها الغنّاء. فتكاد لا تملك نفسك، فتنقضّ عليها تُشبعها عضّاً وبلعاً.

أكلنا مريئاً حتى التخمة. شاكرين ربّ البيت على ضيافته وحسن لقائه، وربّة البيت على لقمتها الطيّبة الشهيّة. وإذ هممت بالرحيل استحلفاني ألاّ أفعل قبل تناول

القهوة من على نار الحطب. وكانت ربّة البيت قد أعدّت للقهوة بعض العيدان الدقيقة في موقد من طين وقشّ. وقرب الموقد ملاعق خشبيّة مختلفة تستعملها في أعمال الطبخ وإعداد الطعام. وإذ غفلتْ عن موقد النار بعض الوقت تنبّهتْ فجأة وسارعتْ إلى الركوة لتحرّك القهوة بإحدى تلك الملاعق فلم تجد الملعقة المناسبة. وعبثاً حاولتْ البحث عنها قرب الموقد، إلى أن فارت الركوة بما فيها، ورأت فيما بعد أنّ الملاعق الخشبيّة جميعها قد وضعها ابني في النار، ولم ينجُ منها إلاّ القليل من أطرافها، ظانّاً أنّها عيدان تصلح طعاماً للنار وتعطيها زخماً جديداً. فوعدتها بأن أشتري لها عاجلاً من المدينة ما تحتاجه منها، لكنّ وعدي بات كوعد عرقوب، والرحلة إلى هناك لم تتكرّر.

وفيما نحن عائدون بعد الظهر نرتقي المنحدرات ونتلوّى ونتعرّج مع الدروب الشائكة، والعرق يتصبّب من جباهنا، رافقنا ابن عمّ لي طويل القامة هزيلها، ضعيف البنية نحيلها. وبعد مسير ساعة أو أكثر وصلنا إلى "الدبيّة" حيث مررنا أمام منزل أحد الأقارب هناك. وقد حباه الله طولاً فارعاً، وجسماً متعافياً، ولوناً قانياً، حتى لترى الدم يكاد ينفر من أوردته المنتفخة. وكان يجلس إلى الشرفة، يحتسي كأساً من العرق، وأمامه "المازة" المتنوّعة ينقد منها ما يحلو له بين الحين والآخر. ألحّ علينا لنأخذ قيلولة نرتاح فيها من عناء السير وحرارة طقس أيلول. فحوّلنا دربنا إليه. وجلسنا ننعم بالنسيمات الرطيبة تدغدغ أبداننا بين الفينة والأخرى. ولم يرضَ إلاّ أن نشاركه كأساً من العرق يشفي الغليل ويريح الأعصاب على حدّ قوله. وكان له ما أراد. فالمازة شهيّة والعرق "سحبان" كما يدّعي. وإذ نحن في الحديث عن هموم الطريق وحرارة الطقس، انبرى رفيقي يروي على مسامعنا ما كان له من حوادث بارزة لعب فيها دور البطل الصنديد، مشيراً إلى ما كان يكيل لمعترضي سبيله من اللطمات واللكمات القاسية والمؤذية. فأحسست آنذاك أنّ مضيفنا بات يضيق ذرعاً بضيفه "وتفشيطاته" الأسطوريّة. وسرعان ما فقد توازنه واستشاط غيظاً من

العصفور المستنسر المتمادي في الغطرسة والعنهجيّة. فوقف أخيراً مكانه وقال له بصوت جهوريّ كمَن مسّه بعض الجنون: "هلاّ سكتَ يا فلان أو أقم بما يمليه عليّ واجب الادّعاء الخادع؟".

أحسست آنذاك أنّ تأثير العرق قد طغى على التفكير السليم لدى قريبَيّ والمعركة لا بدّ واقعة.

ولكن، وبلحظة حاسمة، استدرك ابن عمّي الموقف الحرج وبادر مضيفه قائلاً: "إياك أن تقترب منّي. فأنا كشاشة اللوكس قوّتي في حنكي وعطبي سريع". فضحك مضيفنا لطرفة رفيقي وانفرجت أساريره. وحُسمت المعركة بتلك الطرفة العابرة. وظلّ قريبنا يذكّرني كلّما رآني فيما بعد بـِ "شاشة اللوكس" وطرائفه الطيّبة.

فكم من بسمةٍ حَسمت معركة! وكلمة طيّبة اختصرت أزمة! وأخرى نابية سلبت نعمة!

الطابونة

الطابونة والصاج كانا فرن القرويّين الأقدمين ومورد الجياع والضيوف.

وكان لنا في البلدة قديماً طابونة عامّة أقيمت في وسط البلدة قرب الكنيسة. يستعملها جميع السكّان لخبز عجينهم على نيران الحطب اليابس والحصول على أرغفة مستديرة مقمّرة، قد لوّحت إحدى صفحتيها النار فانتفخت واسمرّت على احمرار وباتت مأكلاً شهيّاً للعين قبل اللسان.

ولا يخفى ما كانت تشهد الطابونة من أحاديث قرويّة بين النساء الخابزات يتناولن بها آخر أخبار الضيعة والعشّاق والأعراس المرتقبة، ويتعاتبنَ حول كلام قيل أو أشيع. وقد تحترق الأرغفة في غفلة منهنّ، إذا تمادَين في الحديث عن السياسة أو إذا ارتفعت حرارة العتاب، فاللوم على قدر المحبّة.

ولكن طابونتنا وأخبارها لم تعمّر طويلاً. فقد قضت عليها الحاجة الملحّة لتوسيع فناء الكنيسة القديمة. و لم يبقَ منها الآن سوى ذكريات في البال تحمل بعض الأخبار الطريفة النادرة.

ومن تلك الأخبار التي سيقت إليّ قديماً، أنّ أحد الشبّان كان يخاف كثيراً حتى من ظلّه. وقد كان يصحّ فيه قول القائل: "إن أحسّ بعصفور طار فؤاده وإن طنّت بعوضة طال سهاده، يفزع من صرير الباب ويقلق من طنين الذباب". وفي إحدى ليالي الشتاء المدلهمّة والغزيرة الأمطار، كان صاحبنا، وهو من "الحارة التحتا"، يسهر في "الحارة الفوقا"، من الضيعة. وينتظر انفراج الطقس قليلاً ليتسنّى له الإياب باكراً إلى البيت قبل اشتداد الظلام. وقد حبسه المطر إلى ساعة متأخّرة من الليل. ولمّا انفرجت أسارير الجوّ قليلاً اغتنم الفرصة وأسرع يحثّ الخطى خائفاً وجِلاً. وما إن

وصل قرب الطابونة حتى فاجأه المطر غزيراً. فكان لا بدّ له من أن يلجأ إلى الطابونة بعض الوقت يقي فيها جسمه من البلل والزمهرير. وكان الليل موحشاً جداً، وصفير الرياح العاتية يزيد في الجوّ رهبة وفي قلبه رعدة قتّالة. فالجبان مقتول بالخوف قبل أن يُقتل بالسيف على حدّ قول الخوارزميّ.

وصدف أن كان هناك داخل الطابونة رجل آخر قد بغتته الأمطار أيضاً وهو عائد إلى بيته في الحارة الفوقا. فالتجأ أيضاً إلى الطابونة بانتظار الفرج. ولمّا أحسّ بوقع أقدام تقترب من الطابونة توغّل في الداخل يخفي نفسه بين عيدان الحطب المكوّمة هناك.

وإذ طال الانتظار دون أن يشعر أحدهما بالآخر، تمتم ذاك الذي على الباب وقال ما يشبه الدعاء للانفراج: "يا ربّ تصحى! يا ربّ تصحى!"، فابتدره الآخر من الداخل بصوت عميق وهو يهزّ عيدان الحطب: "ما راح تصحى، ما راح تصحى!".

فارتعد ذاك المسكين ووثب من مكانه وانطلق ماضياً كالشهاب، يعدو ولا عَدوَ الشنفري. لا يلوي على شيء، رغم غزارة الأمطار ووعورة الدروب. ينهب الطريق إلى بيته نهباً، كمهزوم لاحقته الأعداء، إلى أن بلغ بيته وتقوقع في سريره شاحب اللون بليل الثياب مرتعد الفرائص.

نشوة الخمرة

لقد صدق المتنبّي القائل: "لكلّ امرئٍ من دهره ما تعوّدا...".

فمَن شبّ على تعاطي الكحول شابَ وهو يرشف من كؤوس الطلّ ما يحلو له. فبعضهم يفعل ذلك لإشباع رغبة في النفس ولا يقوى على مقاومة رغبته. فإذا بالإدمان عادة باتت جزءاً منه. وهل هناك مَن يستطيع أن يترك جزءه؟ وبعضهم الآخر يرتشف منها بعض الكؤوس في حفلات الأعراس أو في مناسبات أخرى، دون أن يدمن على تعاطيها. وإن سمح لنفسه أحياناً بالمزيد لعبت حالاً برأسه وأخذت بفكره وعقله لفترة من الزمن. فيهذو ويطرف الحاضرين بأخبار مرحة، أو يقوم ساعتئذ بأعمال غريبة لا تمتّ بصلةٍ إلى طبيعته الهادئة. فيلعن الخمرة بعد أن يستعيد وعيه، ويأخذ على نفسه ألاّ يعود إليها ثانية ولكن "كلام الليل يمحوه النهار".

وكان لدينا في البلدة أحد هؤلاء الذين يتعاطون الكحول بمناسبة أو غير مناسبة. فتلعب الخمرة برأسه لتعطيه مزيداً من خفّة الروح والطرافة التي يمتاز بهما غالباً. وإذ تراه بعد الزجاجات الثلاث: "ربّ الخورنق والسدير"[8] إذا به بعد لحظات "راعي الشويهة والبعير". فكلّما عاد من عمله مساءً، يجلس إلى شرفة منزله أو يقبع في إحدى زوايا البيت، وأمامه كأس وقنّينة وبعض الخضار المحليّة، تخفّف عن معدته وكبده حرارة دوائه اليوميّ المعهود.

وفيما هو ذات يوم على الشرفة يرشف مريئاً ما يحلو له من جرعات مثلَّجة من عرقه البلديّ الحادّ، إذا بزوجته تناديه فيتغافل. فتعيد الكرّة بعد حين ويتجاهل، إلى أن ضاق بها ذرعاً، فترك ما هو به، وكان قد أخذ من الكؤوس ما يكفيه لأن "يحسب الديك حماراً"، فقال لزوجته: "ما بكِ؟" قالت: "هلاّ زجرت هؤلاء الأولاد. فقد أقلقوا راحتي بعجيجهم وضجيجهم. فدع حدّاً لهم. ألستَ أباهم؟". فحاول

8 الخورنق والسدير: قصران لملك العراق النعمان الأكبر.

"المخمور" الوقوف كطفل في مشيته الأولى. وراح يلحق بهم بخطى متردّدة كي يكيل لهم ما يستحقّون من عقاب. فلقد قطعوا عليه تأمّلاته. وأزعجوه بأصواتهم، فكفاهم لهواً. وإذ هو يتعقّبهم أخذوا يخرجون من باب ليدخلوا آخر وهو جارٍ في إثرهم دون أن يستطيع إمساك أيّ منهم. ولمّا عيل صبره ووهنت قواه، وأثقلت الخمرة رأسه إثر تلك المطاردة العنيفة، رأى إحدى بناته الصغيرات متمدّدة على الأرض ومغطّاة بإحدى الخرق وتغطّ في نوم عميق، فنزع عنه الغطاء وأخذ يكيل لها ما تيسّر له من صفعات ولكمات. فقامت قيامة البنت المسكينة بالصراخ، وأمّها باللوم والتأنيب قائلة لزوجها: "وماذا تفعل؟ وما ذنب تلك المسكينة النائمة حتى تلقى منك ما لاقت؟". فقال لها: "وأنا ماذا تريدينني أن أفعل؟ أأعود إلى الشرب دون أن أعمل شيئاً؟".

ومن تصرّفاته الطريفة أيضاً، أن دخل عليه يوماً خوري الضيعة في زيارة له. وكنتُ صدفة هناك. وكان أبو الياس كعادته يحتلّ إحدى الزوايا الهادئة في البيت. ويتمدّد على بساط من شعر الماعز، مسنداً ظهره إلى مسند من القشّ المنتفخ. وأمامه الكأس البيضاء والقنّينة وبعض المازة المحليّة. وإذ رحّب كثيراً بضيفه سأله هذا، بعد أن رأى جداديل البصل اليابس معلّقة في سقف البيت وقد أفرخت براعمها من جرّاء حرارة الطقس قرب موسم الربيع، قائلاً: "ولِمَ قد "زنبط" البصل لديكم يا أبا الياس؟".

أخذ أبو الياس جرعة من العرق ورمى الجداديل المعلّقة بنظرة سريعة، وبادر الكاهن بقوله: "عندما شعرت جداديل البصل بقدومكم واحتكّت بها أنوار قداستكم، "زنبط" البصل دون تراب ولا ماء".

وكانت فترة طويلة من الضحك لطرفة الجواب وسرعة خاطر أبي الياس.

ولمّا يزل أهل البلدة يتفكّهون ويتندّرون بهذه الطرفة الفكهة.

المنجِّمون

كان لزوجتي حليٌّ وأساور ذهبيّة ثمينة تحتفظ بها منذ الزواج. وكانت لا تلبسها في معصميها إلاّ في المناسبات الخاصّة لأنّها لا ترغب في المباهاة باقتنائها.

ذات يوم وبعد أن ولدتْ الابن الثاني وضعتْ الأساور مع عقد لها في أحد أدراج خزانة المطبخ، على أن تخبئها فيما بعد ضمن خزانة مقفلة في البيت. ولمّا كان الاهتمام بالمولود الجديد قد أخذ كلّ وقتها غفلت عن أمر تلك الحليّ. وبعد أسبوع واحد، فتحت الدرج و لم تجد شيئاً من مصاغها. فذُهلت للوهلة الأولى وأحسّت وكأن عينيها قد أصابهما الغشيان. فبحثتْ ثانية وأمعنتْ النظر وكان لها ما كان في المرّة الأولى. فظنّت حينئذ أنّي قد خبّأتها زيادة في الاحتراز. فأرسلت إلى المدرسة من يستطلعني الخبر. ولكن ما الحيلة؟ فقد تمّ كلّ شيء، وانتُشلت الأساور والعقد في ساعة لم نكن نخالها، وضمن فترة أسبوع حافل بزيارات المهنّئين بالمولود الذكر الجديد.

تأسّفنا طبعاً للخسارة الماديّة التي مُنينا بها. وشكرنا الله إذ رزقنا ولداً سالماً لا تُقدّر قيمته بمال أو بمادّة.

لكنّ المقرّبين منّا لم يرضوا بأن تصيبنا هذه العمليّة اللصوصيّة دون أن يكون لنا موقف منها. فقد أبَوا إلاّ أن أتقدّم بدعوى جزائيّة ضدّ مجهول لأحتفظ بحقّي المسلوب. وكان لهم ما أرادوا. وأخذت الدعوة مجراها الطبيعيّ. ولمّا سُئلت عمّن قد يقدم على هذه السرقة انتابتني قشعريرة لم أحسّ بها من قبل. إذ كيف لي أن أشكّ بهذا أو بذاك وعيني لم ترَ شيئاً؟ وكيف لي أن أسوِّد سمعة أيّ شخص وأتّهمه مجرّد اتّهام باطل. دون أيّ مستند ثبوتيّ يدينه؟ أبالظنون والشكوك تُكتشف الجريمة؟

ومَن أنا حتى أدين فلاناً لمجرّد أنّي ظننته مجرماً وهو ربّما من التهمة براء؟ وكيف لي أن أواجه ربّي في اليوم الموعود وأواجه روح ذاك الشخص المتّهم البريء الذي مرّغت تهمتي أنفه بالتراب. أمّا براءته فلن تمحو آثار الهوان والذلّ اللّذين لحقا به من جرّاء ظنّي وشكوكي.

تركت الدعوة معلّقة وقلت لسائلي المسؤول: "إن كشفتم أنتم أمره فذاك خير، وإلاّ فظنوني هي لي وليست لكم".

لذا فالسارق لمّا يزل ذاك المجهول الذي اغتصب مالي لينعم به بعض الوقت ولكن أنّى له راحة البال وصفاء الضمير؟

أمّا ما اقترح عليّ المقرّبون منّي أيضاً فيما بعد، أن ألتجئ إلى المنجّمين والسحرة علّهم يرشدونني إلى "فاعل الخير" ذاك. وكان أن لعبوا بتفكيري، رغم أنّي لا أؤمن بأعمالهم البتّة. فعلم الغيب هو للربّ العليّ. وكذب المنجّمون ولو صدقوا.

ولكن قد طرقت أبواب هؤلاء ليس من باب معرفة السارق بل للتعرّف إلى هذه الطبقة التي تدّعي علم الغيب. وتكسب الرزق من ادّعاءاتها الباطلة.

وقد تأكّدت من ألاعيبهم ونفاقهم بعد أن جلت في عدّة قرى ومدن من بلادي. وكنت في كلّ مرّة أزداد اقتناعاً بمبادئي وإيماني الراسخ. وممّا يلفت النظر أنّ مواصفات السارق عند هذا كانت تختلف عنها عند ذاك حتى في جنسه، الذي اختلط عليهم، كما اختلط على الرومان قديماً جنس الملائكة. تُرى هل اتّفق هؤلاء المنجّمون الآن على جنس السارق وبعد مرور نيّف وثلاثين سنة على حادثة السلب تلك؟

الغجر

الغجر قوم رحّل يخيّمون هنا وهناك دون أن يكون لهم مقرّ ثابت أو مورد رافد. لذا يقال فيهم: "بيوتهم على ظهورهم". فينزلون حيث يطيب لهم المقام ويرحلون ساعة يشاؤون. أمّا مواردهم فغالبيّتها ممّا يقتنون من مواشٍ وممّا تجود به أيدي المحسنين إلى نسائهم وبناتهم المتجوّلات بين أرجاء المدن والقرى حيث يقطنون. فقد لا يسأل الرجل زوجته أين كنتِ ولكن ماذا جلبتِ. لذا كانت المناطق التي يخيّم فيها الغجر أحياناً تعاني من ازدياد نسبة المتسوّلات وبالتالي من ازدياد أعمال السرقة فيها.

وأذكر مرّة أنّ أحد أعمام والدي، وكان شيخاً جليلاً قد شارف على التسعين، قد جلس ذات يوم إلى مقعد حجريّ قرب البيت يقضي أوقاته في مراقبة المارّة أو الأولاد الصغار يلعبون في صحن الدار والحياة تضحك لهم، فأخذته ملكة النعاس للحظة كعادة كلّ المسنّين العجائز. وإذ أفاق من غفلته لاحظ أنّ إحدى الدجاجات التي كانت ترعى في فناء البيت قد سُحبت بخيط دقيق إلى ما وراء حائط المنزل، وقد بدت جثّة هامدة، فاتحة منقارها دون أيّ حراك أو قوقأة. فظنّ أن عينيه قد خدعتاه، لكنّها الحقيقة. فها هي الدجاجة تمرّ من أمامه مجرورة على الأرض لتتبعها أخرى إلى ما وراء الحائط. فانتفض واقفاً ليطلّ بعصاه على تلك "النوريّة" المختبئة هناك، ويفاجئها بما استطاع من ضربات موجعة تأخذها أمثولة لها ولبنات جنسها من السارقات المحتالات. كيف لا وقد أغرت الدجاجات بأكل بعض حبّات الحمّص المبلولة حيث زرعت فيها شصّاً معدنيّاً يرتبط بخيط متين. حتى إذا أكلت الدجاجة الحبّة علقت ببلعومها واختنقت دون قوقأة أو صياح. فتجرّها إلى حيث تضعها في حرجها المدعوّ بـ "الشقبان".

وكثيراً ما كانت الغجريّات يقرأن "البخت" أو "الكفّ" لأحدهم، ويدّعينَ معرفة المستقبل، فيصدّق المسكين التلاوة التي يكرّرنها لكلّ مَن طلب منهنّ ذلك. ويكرمهنّ بما تجود به الأيدي السمحاء. وغالباً ما كنّ يقرأن بعض التعويذات الساحرة فيسيطرن على النفوس والعقول، ويسلبن كلّ ما يجدن من نفائس وكنوز مخبّأة. وهذا ما حدث فعلاً ذات يوم لعمّي، شقيق والدي، وكان قد خبّأ في أحد أدراج خزانته ثمن بقرة حلوب كان قد باعها ليومه. فأتت غجريّتان كهلتان إلى امرأة عمّي، فانقادت إلى أوامرهما دون أن تدري. ولم تشعر باختلاس "المبلغ المرقوم" من درج الخزانة إلاّ وكانت الغجريّتان قد راحتا بعيداً في طريقهما. لكنّ عمّي لحق بهما أخيراً وأعادهما وهما يحاولان أن ينفيا عنهما التهمة، ويدّعيان أنّ المبلغ ما زال في الدرج. ولقد وُجد حقّاً ساعتئذ هناك! تُرى أين هي الحقيقة؟

من الطرائف التي شهدتها

– وهل لي بعض الطرائف التي شهدتها؟

– كنت ذات يوم برفقة أحد أنسبائي في زيارة لأحد الأصدقاء العاملين في إحدى مستشفيات الأمراض العقليّة في ضواحي العاصمة. وإذ كنّا أمام المدخل الرئيسيّ، أخذ نسيبي علبة السجائر من جيبه وحاول إشعال سيجارة منها. فإذا بأحدهم في إحدى الطبقات العليا يمدّ رأسه من إحدى نوافذ المبنى ويومئ إلينا متمتماً بما لم نسمعه أو نفهمه. فاعتقد رفيقي أنّه يريد سيجارة. وقد يطلب المدمن سيجارة حتّى ممّن لا يعرفه. فأشار إليه بالسيجارة ضاحكاً كمَن يحاول أن يرميها إليه عالياً. فأجابه ذلك من فوق: "مَن رآك تفعل حسبكَ أنت المجنون". فضحكنا جميعاً وقلنا: "ربَّ مجنون أعقل من حكيم، وما لذّة العيش إلاّ للمجانين".

أمّا ما حدث لنا، نحن التلامذة، ذات يوم، في أحد شوارع العاصمة فقد يبعث على الضحك كما على خيبة أمل المواطن في بعض مسؤوليه.

فقد كنّا في المدرسة نتلقّن دروس الأخلاق والمثاليّات والتربية الوطنيّة الرفيعة. فنُكبر في رجالاتنا مواطنيّتهم الحقّة وتفانيهم في سبيل الخدمات العامّة ومصالح المواطنين. ولكنّ الصورة الحقيقيّة التي كنّا نراها خارج جدران المدرسة كانت تختلف عمّا في الداخل. فنحاول أن نكون القدوة الصالحة في سلوكنا وأخلاقنا، علّنا نغيّر الصورة، ويقتدي بنا كلّ مواطن. فلا نخالف إشارات السير مثلاً ولا نمشي إلاّ على الرصيف. وإذا عبرنا الطريق فمن ممرّ المشاة، وإذا تكلّمنا مع أحدهم فبكلّ لطف واحترام، وما إلى ذلك. إلى أن كان ذات يوم وقد أكلنا وبعض الرفاق سندويشات من الفلافل والشاورما، فأخذنا نتمشّى في أحد الشوارع الرئيسيّة،

والبسمة ملء شفاهنا والمرح بادٍ على محيّانا. وما همّنا؟ فلا مسؤوليّات تُشغلنا، ولا أمراض تقضّ مضاجعنا. فقط كان همّي آنذاك تلك الورقة التي بقيت في يدي من بقايا السندويش، فلم أرمِها في الشارع لتأنس برفيقاتها هناك وتتاطير معها راقصة "الروك أندرول" أو لاعبة "الجمباز"، بل لففتها وحملتها بعيداً علّني أجد إحدى سلال المهملات التي كانت تعلّق على بعض أعمدة الإنارة إلى جانب الرصيف، وذلك حفاظاً على النظافة العامّة ومماشاة مع أساليب التطوّر ومواكبة الدول الراقية. ولم أنتظر طويلاً لأجد ضالّتي. فها هي إلى أحد الأعمدة تنتظر ذا الذوق الرفيع الذي يطعمها من بقايا مأكولاته حتى ولو ورقاً. وكانت تحمل العبارة التالية: "بلديّة بيروت الممتازة".

رميت فيها الورقة على عجلة من أمري، لأتابع سيري وحديثي. فإذا بالضحكات والقهقهات تنفجر ورائي هازئة بي. وما زال استفهامي وتعجّبي إلاّ بعد أن رأيت ورقتي قد دخلت السلّة من فوق لتخرج منها من تحت.

ولن أنسى ما حدث يوماً بعد أن حضّرتْ أمّي طعام الغداء، وصفّفتْ الصحون على طبق مستدير من القشّ وضعته على المصطبة أمام الدار. وكان الطعام من "المجدّرة" والسلطة وبعض البقول المحليّة.

والمجدّرة من المأكولات اللبنانية العريقة كالتبّولة والكبّة. وتُعدّ من طعام الفلاّحين لأنّها حسب قولهم: "تشدّد الأعصاب وتقوّي العزائم". ويروون عنها الروايات الشيّقة. ومنها أنّ أحد الفلاّحين، وكان قد اعتاد على أكل المجدّرة والمأكولات الخشنة الأخرى، ترك بلده إلى دنيا الاغتراب. فتبدّلت أنواع المأكولات على معدته واعتلّ وكانت علّته شديدة. فتحلّق حوله الأطبّاء حائزين من أمرهم. فقال لهم[9]:

---

9 إقتُطِعت هذه الأبيات من قصيدة "المجدّرة"، في كتاب "أحلى النوادر والطرائف"، إعداد راجي الأسمر، ص ١٥٢.

فالقردُ يمحقُكم ويمحَقُ طِبّكم ... فالطبُّ في ذا العصرِ أمسى مَسخرَه
قوموا اذهبوا عنّي فلستُ بحاجةٍ ... للطبِّ كلاَّ لا أشا أن أنظُرَه
قلتُ الذي يشفي مخاطر علّتي ... شيءٌ وحيدٌ فهو صحنُ مجدَّره
تُوني بها وحياتِكم فتَعُودُني ... روحي وأُصبِحُ بالحقيقةِ عنتره
تُوني بها صحناً كبيراً عامراً ... والأمرُ أفضلُ إنْ أتَتْ بالطَّنجرَه

وإذ تحلّقت العائلة حول الطبق لتناول الغداء، إذا بزوجتي تطلق صراخاً أليماً في الداخل. فيهبّ الجميع لتسقّط الخبر ونجدتها. فيرون أنّ عقرباً قد لسعتها في إصبعها بينما كانت تأخذ بعض قطع الثياب لطفلها الصغير من على أحد رفوف الخزانة. فهدّأنا روعها وأخذ كلّ منّا يصف لها الوصفات المختلفة لتخفيف ألمها. ثم عدنا أخيراً إلى المصطبة لتناول الغداء. فإذا بالدجاجات قد غزت طبق المجدّرة وعملت فيه عملها، فبعثرت بمناقيدها وقوائمها حبيبات العدس وأوراق البقول والخضار المقضومة لتنشرها في كلّ أرجاء المصطبة. وبذلك شهدنا غزوة بربريّة على حقول المجدّرة السائبة وكفر الدجاج بالنعمة إذا ما تكاثرت عليها، وحرمان عائلة من التمتّع بنكهة تلك الطبخة الفريدة، وخيبة أمّ بضياع أتعابها وخسارة رجائها.

بلدتي قبل الحرب

- وماذا تقول في بلدتك قبل أن تصيبها الكارثة؟

- وماذا يقول الابن في أمّه؟ والعصفور في عشّه؟ والفلاّح في كهفه؟ والنحل في زهره؟ والمعلّم في كتابه؟

بلدتي! أنتِ لي أمٌّ حنون وعشٌّ في سكون. أنتِ زهرٌ عطِر وحقلٌ نضِر. أنتِ كهفٌ حصين ومدرٍّسٌ رزين.

فيكِ كحّل النور عينيّ. وزار النسيم البتول لأوّل مرّة رئتيَّ. رضعت حبّكِ مع النور والنسيم. دببت على دروبكِ أحبو، فيعلق على جسمي بعض من ترابكِ ذخيرة مقدّسة تقدّس حياتي، وتشدّني دائماً إلى كرَم التراب ومجد التراب وأزليّة التراب، حيث به كان الإنسان وإليه يعود.

فيكِ نهاري وليلي، نوري وظلامي، نعيمي وشقائي، حبّي وأنانيّتي، أزليّتي وفنائي.

قضيت فيكِ أوّل أيّام حياتي وأكثرها مرحاً وفرحاً. لعبت في أزقّتكِ طفلاً يلحق بالفراشات، ويهفو لالتقاط العصافير وصيصان الدجاج، وفتىً يلهو بألعاب الغمّيضة وطائرات الورق، ويحلم بقيادة طائرة تحلّق في الأجواء، يكتشف من خلالها ما وراء عالمه المحدود.

فيك كان لي أجمل أيّام شبابي. عدت إليك بعد غياب قسريّ دام عشر سنوات لأغرف من معينكِ الخيّر نقاوة الضمير، وصفاء السريرة، وعزّة النفس، وكرم الطبيعة، وحبّ الحياة.

عدت إلى بيتي بين ربوعِك أرمّمه، وأُؤَسِّس فيه عائلة تقرّ بها عيناي. فكان بيتي الجديد هذا صورة حيّة لِما راود مخيّلتي طويلاً. وكانت لي به مسيرة شاقّة في دروب البناء وما رافقها من هموم وشجون.

من بناتكِ اللواتي ربينَ على حبّك وتعمّدن بعرق الجبين الذي روى تربتكِ إخلاصاً ووفاءً اتّخذت لي زوجةً. فكانت رفيقة دربي الطويل وشريكةً مخلصة في تأسيس عائلة طيّبة أثلجت صدورنا وأشرحت قلوبنا.

لقد كنتِ ضيعة منسيّة بين أشجار السنديان والملّول والخرنوب. تستيقظين على أجراس الماعز وصياح الديكة وتراتيل الطيور. وتبتسمين لآهات الفلاّح ولهاث فدّانه، وحشرجات التراب تحت محراثه. وتغفين على أنغام النايات والقصب من حناجر الفلاّحين والرعيان، لتفيقي بعد فترة من الجهاد المضني وقد نزعتِ عنكِ قناع الجهل والانعزاليَّة، فبانت صفحتكِ جليّة ناصعة. نقرأ بين سطورها قصّة المسيرة التطوّرية التي سلكتها طوال عقدين من الزمن، وجعلتكِ في مصاف البلدات المرموقة من حيث هندسة بيوتكِ الفخمة، وتنسيق شوارعكِ المرتّبة، واستصلاح أراضيكِ الجوّادة، وتطوّر التربية والتعليم فيكِ، وتقدّم الحركة الثقافيّة والاجتماعيّة بين بنيكِ. فبتِّ عند أبواب العقد الأخير من القرن العشرين فريدة في تاج، أو جوهرة في صولجان. يرنو إليها كلّ مَن مرّ بها فتحلو له وتمتَنع. إلى أن كان للتيّار الجاحف أن يستأثر بكِ، فيجرفكِ مع بلدات أخرى إلى مهاوي الذلّ والهوان. وتقع الكارثة الوطنيّة التي اجتاحت البلاد ولمَّا تزل نتيجة لعبة الأمم وحسد الحسّاد ولؤم المتآمرين.

الحروب

– وهل قضت الحرب الأخيرة على كلّ شيء لديكم؟ وماذا تقول في الحرب؟

– وكانت الحرب مذ كان الإنسان. وأولاها حرب حوّاء والأفعى واستسلام حوّاء، ثم حرب الإغراء بين حوّاء وآدم وهزيمة الاثنين أمام تجربة الشجرة المحرّمة.

وحارب قايين أخاه وصرعه. وامتصّت ذرّات التراب لأوّل مرّة دم الجريمة النكراء. وحارب الإنسان الصخور والشوك كما وحوش الغاب والحشرات في سبيل الاستمراريّة والعيش. وهناك حرب الاستئثار بالمجد، والحرب ضدّ الجوع والفقر. وكلّها حروب قديمة العهد قدم وجود الإنسان، ولن تنتهي إلاّ وقد أخذ الجهد من المرء مأخذه وأضنته السنون وأوهنته. فيضطرّ إذ ذاك إلى إعلان حربه على الجراثيم التي تغزو جسمه وتتآكله. فإن تغلّب عليها إلى حين فقد لا يستطيع مقاومتها طويلاً، فيستسلم أخيراً للقدر المحتوم حيث النهاية واستراحة المقاتل.

ومظاهر الحرب كثيرة ومتنوّعة. فها هو البحر في حرب دائمة مع الشاطئ الهادئ. ولمّا تزل هجماته متتالية على الرمال والصخور. وقد يعلنها أحياناً على الداخل فيبتلع كلّ ما فيه وما عليه، دون أن يرفّ له جفن من حنان، أو ينبض له قلب من رقّة ورحمة. وها هي الرياح العاتية تعلن حربها على الغيوم فتهزمها أو تشتّتها. وعلى الأشجار فتحطّمها أو تقتلعها. وها هي السيول والثلوج تجرف التربة وتعرّي الجبال. وإبر الشوك والعوسج تلاحق الفلاّح والحيوانات إلى مآويهم. والفلاّح يفتّت الصخور ويمهّد المنحدرات ويشقّ بطون التراب غير آبه بآهات هذه وتأوّهات تلك.

فالحروب الظاهرة المعلنة لا تُحصى أو تُعدّ. وقد تأخذ أشكالاً شتّى ولكنّها تبقى

حرباً بين الموادّ والعناصر في سبيل الهدم أو البناء. ومهما يكن من أمر تلك الحروب فهي غالباً داء الملوك والسلاطين والأمراء كما وصفها أحد الفلاسفة أو أعمال بربريّة منظمة على حدّ قول نابوليون.

أمّا الحروب الخفيّة التي يقاوم بها الإنسان شهواته ورغباته، وإغراءات الحياة التي تشدّه إلى الدنيويّات دون العلويّات، فهي لم تستكن لحظة ما دام في الإنسان قلب ينبض، وفكر يختلج، وهمّة لم تمت. هذه الحروب هي الأصعب والأقوى. ومَن تغلّب فيها كُتبت له الحياة الثانية بعد الفانية.

أمّا حرب الإنسان ضدّ أخيه الإنسان فهي من أخطر الحروب التي تشكّل خطراً على الحياة. وقد تشتعل بكلمة أو لأسباب متعدّدة أخرى.

فإنَّ الحربَ بالعودَين تُذكى   وإنَّ الحربَ أوَّلها كلامُ

لكنّ الحرب تبقى حرباً والشرّ شراً مهما سمت الأهداف وشرفت الغاية. فلكلّ حرب أسبابها المعلنة وأهدافها التي يدّعيها معلنوها. ولكن لم يتجرّأ أحد على إعلان أسبابها الخفيّة الحقيقيّة من طمع وحبّ للمال، واستئثار بالسلطة والنفوذ، وتحكُّم برقاب العباد، خدمة للمصالح الشخصيّة البحتة.

وأيّة حرب قامت مذ وُجد الإنسان ولم تكن الأنانيّة وحبّ الذات من أسبابها الرئيسة؟ فالتحكُّم بالمصائر البشريّة وبأموالها من أولى غاياتها. فقط حرب السيّد المسيح وأنبياء الله على قوى الشرّ والشهوات العالميّة، هي الحروب السلميّة الفريدة والثورة البيضاء الشريفة التي رفعت إلى فوق وُدعاء القلوب والمساكين بالروح. وكلّ ما شهدناه من ثورات وحروب، زهقت بها أرواح، وقضت على حضارات قديمة، وهدمت مدنيّات أصيلة، لم تبدّل في الإنسان طمعه وحيوانيّته، وحقده وأنانيّته، واستماتته في سبيل السلطة أو المال.

أمّا الحرب اللبنانيّة التي اجتاحت لبنان منذ عام ١٩٧٥ وكادت أن تستمرّ عقدين من الزمن كانت كالقضاء المنزل، ومن نوع الحروب التي هدمت كلّ شيء ولم تجنِ أيّ شيء.

وماذا تجني حرب تأجّج سعيرها وعلا لهبها بين أبناء الوطن الواحد سوى القضاء على هذا الشعب وخسارة كلّ ما بنى له من مجد وحضارة؟

الحرب اللبنانيَّة

الحرب اللبنانيّة! قيل إنّها اندلعت عام ١٩٥٨. وقيل عام ١٩٧٣. وقال آخرون عام ١٩٧٥. وبعضهم يعزوها إلى أوّل عهد الاستقلال. وأيّاً كان ذاك التاريخ اللعين، فكلّ يحمل إلى الشعب المسكين أنباء شرّ اندلع، وشؤم بان، وأرواح زُهقت، ونفوس همدت، وأفكار تشوّشت، وبيوت هُدمت، وعيال تشتّتت.

ولكن ذات يوم من تلك التواريخ الأخيرة، افتُتح من جديد كتاب الوطن الذي ارتضاه اللبنانيّون قبل ثلاثين سنة تقريباً، فمزّق البعض بعضاً من صفحاته، وتمسّك البعض الآخر بما بقي منه. وكانت الكارثة، فحلّت على ذاك الكتاب الذي خطّه دم الآباء والأجداد ليكون أنموذجاً للتعايش المشترك والتفاعل بين الحضارات والمعتقدات والثقافات. دخل الأعداء مدّعين ترميم ما قد تبقّى من صفحات مهترئة، وفي قرارة أنفسهم مصلحتهم قبل كلّ شيء، ودخل الأشقّاء أيضاً لإصلاح ذات البين. وجاء الغرباء والأصدقاء ولمّا نزل في دوّامة العنف والفوضى. كلّ "يحاول ملكاً" أو يجادل لإحياء كلمات باتت ممحيّة، أو يسعى إلى تعديل بعض ما قد كُرّس سابقاً في ميثاق. وطالت مسيرة الجدال والتعديل وتطوّرت إلى منطق الهدم والتدمير. فالله إذا أراد بقوم سوءاً أعطاهم الجدل ومنعهم العمل على حدّ قول عمر. وهل كانت الحرب يوماً أداة للسلام إلاّ في أذهان مشعليها؟ ثمّ اتّخذت حربهم أو بالأحرى حروبهم وجولاتهم أشكالاً شتّى. وكلّ فئة منهم باتت تلوذ إلى الخارج لإزكاء نار الفتن. فحمي الوطيس، و"لاقى السيف السيف وذهب الخيار"، وباتت الأرض كلّها محروقة، والشعب مقضيّاً عليه منهوكاً، ينتقل من مكان إلى آخر يطلب الأمان والسلام. وأنّى له ذلك و لم تبقَ دسكرة إلاّ وعلا فيها الدخان ليقضي على كلّ أمل في الخلاص والحياة.

أحزاب وفئات ومجموعات وطوائف ومذاهب ضُربت ببعضها البعض لتشكّل رقماً هائلاً في حسابات الحاصل. ثم ما لبث كلّ حزب أو طائفة أو مذهب إلاّ وانقسم على ذاته. ولعلع الرصاص بين أبناء الصفّ الواحد. فتشتّت الرفاق بعد ائتلاف، وتصارعوا بعد اتّحاد. وأصبحت كلّ "مملكة" تنقسم على ذاتها لتخرب، وكلّ بيت ينقسم على بيت ليسقط. ولمّا لم ينل أيّ منهم هدفه المرسوم، عمدوا إلى زرع الألغام والقنابل المتفجّرة في دروب السكّان الأبرياء، حيث يزدحمون ويتسارعون لالتقاط أنفاسهم وتأمين لقمة الخبز لعيالهم. فكانت أرواح هؤلاء المساكين قرابين على مذابح شهوات أولئك السلطويين والحاقدين. فتُحرق الأجساد بالنار وتُكوى، وعيون القتلة إلى شاشة التلفزة شاخصة كلّ مساء ليشاهدوا ما تصنع أيديهم وما تقترف أفكارهم من مآثم وإجرام بحقّ الإنسانيّة دون أن يرفّ لهم جفن أو يختلج لهم قلب. فلقد "مات الله في قلوبهم" فتحجّرت، ودموع مآقيهم "تَمسحَت".

ستّ عشرة سنة عاشها أبناء ذاك الوطن بغربة الخوف في وطنهم. لقد تهدّم كلّ ما بنوه. بيوتهم المعلّقة بين الأرض والسماء باتت خراباً تنعب فيها الغربان وتنعق على أعتابها البوم. شوارعهم العامرة بالحركة والخير خيّم عليها سكون الموت. معابدهم التي كانت تضجّ بالمؤمنين والمصلّين لم تنجُ من حقد غاراتهم ولؤم نيرانهم. فراح روّادها يفتّشون عن إلههم في مكان آخر هادئ مستكين. حتى مخازنهم التموينيّة وأفران مآكلهم قد أحرقوها بكتل مدافعهم المميتة لتزيد من جوعٍ وذلٍّ وقهرِ هذا الشعب.

فكم من أعناقٍ لويت، وأيدٍ بُترت، وبيوت نسفت وهوت. وكم من طفل تشلّعت أعضاؤه وهو في سريره يكاغي ويبتسم للحياة! وكم من شيخ لم يقوَ أن يقاوم شبح الجوع فصرعه! وكم من أمٍ ثكلت أولادها جميعاً بغارة عمياء وباتت في إحدى مستشفيات الأمراض العصبيّة تحكي ظلم الإنسان للإنسان. وكم من أب أسكتت

قلبه رصاصة قنّاص وهو يتسلّل بين جدران البنايات المهدومة ليحظى برغيف يسدّ به جوع أبنائه الصغار! كم وكم من الأناس الأبرياء سقطوا تحت وابل الرصاص أو أُحرقوا بشظايا نيران المدافع، أو باتوا طعاماً سائغاً لنيران حاصرتهم!

مسكين ابن بلدي! هذا الذي كان يدّعي الحضارة والمعرفة، والثقافة والتربية، والفلسفة والعلوم. فلم يفقه ما هو فيه إلاّ وقد وقع في فخّ المؤامرة التي حيكت له. وأخذ يتخبّط في تيّارات الآلام والمصائب دون أن يقوى على الخلاص والنجاة منها، أو ما يقوده إلى الشاطئ الأمين.

هذه هي حروبنا في وطننا وحروب الآخرين لدينا. فقد عركتنا بالأوحال وداستنا كالحصيد الهشيم، فتمزّقت وحدة شعبنا من جرّائها. وبات كبد الوطن فلذات تنزف دماً قانياً على أبنائنا المتقاتلين. وجسده أرضاً محروقة اسودّت صفحتها البيضاء اللمّاعة، وهيهات أن تعود إلى ما كانت عليه.

فيا وطني! يا مَن كنت مسرحاً لمهرجانات الطبيعة والإنسان! ويا مَن كنت مهداً لأنبياء الله، وديراً لقدّيسيه وللدعوات السماويّة! ومئذنة تدعو إلى الصلاح والفلاح، ومنارة لدروب الفقه واللاهوت! ومحفلاً لتفاعل الديانات في سبيل الخير والسلام، وانموذجاً حيّاً لتعايش الطوائف والمذاهب المختلفة! ومجمعاً لصهر الحضارات والثقافات المتعدّدة، وملجأً أميناً للمضطهدين! وبيرقاً مرتفعاً للحريّة الشخصيّة والاطمئنان، ومنبعاً غزيراً للرجال والأدباء والفلاسفة! ومكتبة غنيّة للشرق وأهل الشرق، وسوقاً ماليّة للتجارة الحرّة والاقتصاد، أنت يا وطني هذا، لن أبكيك ولن أرثيك! ولو رأيتك تحتضر وتكاد تلفظ أنفاسك الأخيرة. فقد تقوم قيامتك وتُبعث حيّاً من تحت الرماد أقوى وأكبر. وأبناؤك البررة الذين ما زالوا يؤمنون بك وطنَ الإنسان والحريّات، سينفضون عنك غبار الرحى ويبنون من جديد بسواعدهم ما هدّمته وأحرقته ودمّرته آلات نيرانهم. ولن يطول الوقت لتعود كما طير الفينيق.

فالقبلات في النتيجة هي التي ستخرس القنابل إلى الأبد كما قال عوّاد. والموت لَمَن خطّط للشرّ ونفّذ لغاية في نفس يعقوب. وستُكتَب الحياة للأوطان الأزليّة وشعوبها المؤمنة بها. وها قد بدأنا نتلمّس بشائر السلام والقيامة المجيدة ولو من فانوس. وقد يُكتب لنا الرجاء الصالح من جديد بعد أن فقدناه طويلاً، وتعود "أيّام السندس والديباج والفالوذ والسكباج"[١١]، ويعود شعب بلادي متّحداً ككتلة من نار ونور، تحرق المعتدين وتنير لطالبي السلام كلّ سبيل.

١١ السندس والديباج: ثياب ثمينة. والفالوذ: نوع من الحلوى. والسكباج: مرق يُعمل من اللحم والخلّ.

تجربة مريرة

– وأين أنت من تلك الحرب المدمّرة؟

– لم يكن لنا عهد بالحروب والفتن من قبل، سوى ما قد سمعناه وقرأناه في تواريخ الأمم من روايات البطولات وملاحمها. كنّا نعجب من الشعوب التي تتطاحن وتبيد بعضها البعض، لشهوة ملِكٍ في مُلك، أو للتحكُّم والسيطرة بغية الاستئثار بالممتلكات والغنائم.

وقد نشأنا في وطننا على حبّ الآخرين واحترام آرائهم وتقديس نسمة الحياة في كلّ كائن حيّ. فكيف بها في إنسان عاقل أديب أو عالم مفكّر، يعمل على رفع شأن الإنسانيّة وتطوّرها الماديّ والأدبيّ.

كنّا نتسائل بأيِّ قانون يحقّ للمرء أن يقضي على حياة الآخرين ويسلبهم أعزّ ما وهبهم الخالق. فيحيلهم بين لحظة وأخرى من مخلوق ينبض صحّة ونشاطاً ويختزن في سرائر أفكاره كنزاً من الثقافة والعلوم إلى جثّة هامدة باردة تتآكلها وحوش الغاب وكواسر السماء، وتنهشها الديدان والحشرات.

وكيف لإنسان عاقل يعي مسؤوليّاته وحقوقه وواجباته أن يُقدِم على اقتناص الحياة من أخ له في الإنسانيّة، لا ناقة له أو جمل في ألاعيب السياسة الخرقاء؟

حقّاً إنّ مهووسي السلطة والسياسة والمال قد تُغشى عيونهم وتُعمى بصائرهم عن رؤية الحقيقة الأزليّة التي تنادي بالمحبّة والتضحية والتسامح، وتنهي عن المنكر والقتل، مهما تعدّدت الأسباب والظروف.

ولقد اقتحمت بلادنا في الآونة الأخيرة موجة العنف العاتية. فجرفت في تيّارها

الكثير من القيم الأخلاقيّة والإنسانيّة. وبات الإنسان في بلدي عرضة لأهواء هذا أو مزاج ذاك. فتزعزعت أركان العيش. وتقوّضت دعائم الاستقرار النفسيّ. وبات كلّ مهدّداً بالإبادة أو التهجير. وهذا ما حدث فعلاً في بلدتنا الصغيرة الآمنة رغم علاقاتنا الأخويّة المتينة مع جميع جاراتنا وجيراننا.

في بدء الأحداث عشنا فترة خوف وترقّب. ورجاؤنا واثق بصداقاتنا وتعاطينا مع الواقع في محيطنا. كلّ يعمل على تلافي الاصطدام أو الوقوع في شرك الفتن والحروب. ولكن الحال كانت "كلما حيصت من جانب تهتّكت من آخر". فقد شُحنت النفوس وأُثيرت العصبيّات، وزُرع الزؤان بين الحبوب الصالحة. فبات يهدّد بموسم فاسد من الضغينة والأحقاد.

ولقد قيل: "إذا ابتيلت فاصطبر وإذا رأيت عبرة فاعتبر". وسط هذا الجوّ الذي تلوّث بعد صفاء، وبات موبوءاً بعد عافية، كنّا نصبر على الضيم ونعيش في بيوتنا كمَن حلّ فيها ضيفاً يرحل غداً لأمور جسيمة لا حول لنا في ردِّها أو ردعها. فنتنادى كلّ ليلة ونأوي مجموعات هنا أو هناك في أماكن نحسبها منيعة ضد الغزوات والاقتحامات. فصحّ فينا قول بشّار:

وَكُنتُ إذا ضاقَت عَلَيَّ مَحَلَّةٌ   تَيَمَّمتُ أُخرى ما عَلَيَّ تَضيقُ

وفي ليل لائل من ليالي كانون الثاني من عام ١٩٧٦ والظلمات المخيفة تضفي على المعالم مزيداً من الرهبة والهلع والحذر في النفوس، إذا بأبواب السماء قد انشقّت لتصبّ على البلدة وابلاً من الأمطار والسيول، وسط معمعة مخيفة من هدير الرعد المتواصل. في تلك "الليلة الليلاء"، كنّا هناك أربع عائلات في غرفة خلفيّة في الطابق الأسفل من بيت الجيران، وقد اتّخذناها ملجأً لنا حيث تنعزل عن الطريق العامّ ويمكن أن تردّ عنّا بعض الأذى في حال وقوع الكارثة المرتقبة. عشرون شخصاً، بكبارنا وصغارنا ونسائنا وأطفالنا حُشرنا عنوة في ما يُشبه الغرفة. فتقوقعنا كلّ في

مكانه. نلتفّ بالحرامات والبطّانيات، وأسناننا تصطكّ مقرورة، وقلوبنا تتسارع نبضاتها هلعاً. وإن ارتفع صراخ طفل أسكتناه لياقة. وإن اضطرّ أحدنا للعطس أفطس عطسته عنوةً مخافة أن يحسّ بنا أحد هناك وتحلّ المصيبة. فنتكلّم بالإشارات والتمتمة، ونتلمّس أثر كلّ حركة ورجع كلّ نسمة في الخارج. ونور القنديل الشحيح يخفي عن ملامحنا شحوب الوجوه واصفرارها.

عند منتصف تلك الليلة، وما إن هدأت عاصفة السماء، إذا بطلقات ناريّة تدوي في سماء البلدة، ثم تتوالى وتزداد، وتتسارع وتطّرد، ويتعالى الصراخ والعويل وسط هتافات المسلّحين وأزيز الرصاص ولعلعة القذائف الصاروخيّة. فخيّم علينا الوجوم والسكون للحظات طويلة، كأنّنا لم نصدّق ما نسمع وما يجري في بلدتنا لأبنائنا الآمنين المسالمين. ولمّا لم يقو أحدنا على مزيد من الصبر والتزام الهدوء صرخ بنا قائلاً:

"وهل تنتظرون الموت هنا جميعاً بطيبة خاطر؟ لماذا لا تختبئون خارج البيوت، في الحقول أو عند أقدام أحد الجدران أو في عبّ شجرة؟ فأنتم هنا مستهدفون ولا بدّ أنّكم مائتون".

لحظات رهيبة حاسمة مرّت بنا دون أن يقوى أحدنا على اتّخاذ أيّ قرار. أَنبقى في أماكننا ونظلّ بغفلة عن المسلّحين المهاجمين؟ أم نلوذ بالفرار ليلاً بين الأحراج والأودية بانتظار الفجر وما يُسفر عنه؟ وإذ نحن في حالة يائسة من البؤس والحيرة والضياع، إذا بالباب يُطرق. فيقف الدم في عروقنا، وتبلغ القلوب الحناجر، وتنقطع الأنفاس، وتخمد الزفرات، وتجمد العبرات في مجاريها، وتشخص عيوننا إلى الباب. تُرى مَن ذا الذي أرشدهم إلى مقرّنا؟ ولِمَ استهدفَنا نحن بالذات؟ ومَن ذا الذي استطاع أن يجول ليلاً في الشوارع وسط تلك المعمعة المميتة ليرشد المسلّحين إلينا؟ ولمَّا لم يلقَ الطارق جواباً سريعاً لدعوته همس قائلاً: "افتحوا. هذا أنا". ولمّا اختلط

عليّ الصوت كدت أقول له ما قال الجاحظ لأحدهم حين طرق بابه: "أنت والدقّ سواء". لكن سرعان ما شقّ أحدنا الباب للحظة يسيرة ليدخل ذاك الطارق الهارب ويرتمي بيننا، يخبّئ رأسه بين الوسادات، وأسنانه تصطكّ فزعاً وبرداً. ولّما راح يحاول أن يغفو هرباً ممّا سمع وشاهد، وأنّى للخائف أو المقرور أن ينام؟ حاولنا أن نستنطقه ونستطلع الأخبار ونستشفّ الأحداث الأخيرة التي تجري على ساحة بلدتنا. ولكنّ المسكين، وقد أخذ منه الخوف كلّ مأخذ، كان لا ينطق إلاّ مرغماً فيتلعثم بنطقه وتخرج الكلمات من فيه كهذيان محتضر. إلى أن علمنا منه أخيراً بعد جهد جهيد أنّ جماعة من المسلّحين قد اقتحموا البلدة من ساحتها فدخلوا البيوت وأخذوا يطلقون النار جذافاً على البشر والحجر. فتعالى الصراخ والعويل، وارتفعت أصوات النجدة والاستغاثة. فلاذ هو بالفرار على أمل النجاة من نيرانهم العاتية. وما زالوا يواصلون الزحف والتقدّم في شوارع البلدة. وقد يدركوننا في غضون لحظات. قال ذلك وراح يغطّ في نوم عميق كأنّ شيئاً لم يكن.

لم يكن لنا خيار آنذاك سوى التضرّع إلى ربّ العلاء أن يوقف تلك المجزرة ويرأف بالودعاء والمساكين الذين لا هدف لهم سوى العيش بسلام واطمئنان مع جميع أبناء الأسرة اللبنانية الواحدة، فيرعوي هؤلاء المهاجمون عن غيّهم، وتنمو فيهم البذور الصالحة التي زُرعت في قرارة نفوسهم مذ كانوا صغاراً يافعين. فتتغلّب المحبّة على البغضاء، والحلم على الأحقاد، والسلام على الأنانيّات. ونعود كما كنّا أخوة بالربّ الواحد وبالإنسانيّة الشاملة.

لا تستطيع الكلمات مهما كانت بليغة فصيحة، ومهما حوت من معانٍ سامية، أن تعبّر عن مشاعرنا القلقة في تلك الليلة الظلماء الباردة المخيفة. لكنّ الله رؤوف بعباده. فلا يطيل غالباً أيّام التجربة لئلاّ يسقط الجميع من فتحات الغربال. فقد توقّف أزيز الرصاص بعد فترة وجيزة وساد الهدوء وعلا محيّانا الوجوم وحبّ الاستفسار.

ولكن أنّى لنا أن نعلم شيئاً قبل أن يتوارى الظلام وينقشع الضباب وتنجلي الأمور.

وكان الصباح. وإذا بحصيلة الهجوم السافر مقتل شاب في بيته، وهو قرب زوجته التي وضعت طفلتها لساعات قليلة من تلك الليلة بالذات. كما أصيب شقيقان آخران بجراح ثخينة. وأفاقت الضيعة على مصابها مذهولة بالحدث الغريب. فدبّ الذعر في النفوس وخصوصاً بين النساء والأطفال. وتوقّع الكبار مزيداً من الفتن والدمار. فقمت مع بعض الشبّان بواجب التعزية بالفقيد المسكين بعد دفنه دون أيّة مراسم دينيّة. ذاك أنّ الجوّ بات مشحوناً بالويل وينذر بتفاقم الأمور. ولا سبيل للوصول إلى كاهن الرعيّة لإتمام شعائر الدفن اللازمة في مثل تلك الأوقات الصعبة. وقد تمّت عمليّة الدفن بسرعة متناهية وحذر شديد، لينصرف كلّ منّا إلى تدبير شؤونه بما يراه مناسباً.

عدت إلى البيت لأجمع منه ما يسدّ جوعنا لبعض أيّام. وجمعت أوراقي الخاصّة وسندات الملكيّة، وألقيت على سطح سيارتي بعض الفرش النقّالة لعلّنا نحتاجها في نزوحنا وتنقّلاتنا. حتى باتت السيارة بيتاً متحرّكاً يفي بكلّ متطلّباتنا الضروريّة.

وبينما نحن كذلك إذا بأزيز الرصاص والقذائف الصاروخيّة تلعلع من جديد في سماء البلدة، محدثة الرعب والخوف في النفوس. لقد بدأ الهجوم الثاني علينا من المكان الذي تسلّلوا منه ليلاً. وبدأ رصاص القنص في الشوارع ينذر بعظائم الأمور. فما كان منّي إلاّ أن استقلّيت "شاحنتي" مع جميع أفراد عائلتي واتّجهت وإخوتي وبعض الأقارب نحو الطريق الساحليّ هرباً من معمعة الرصاص وهول الكارثة.

وهناك، على الطريق الساحليّة، توقّف موكب النازحين لالتقاط الأنفاس والتشاور في الخطوات المقبلة. فالدامور تشتعل على مرأى منّا، والقذائف المدفعيّة تنهمر عليها من جميع الجهات، والطريق إلى الجنوب غير آمنة. فلا بدّ لنا من أن نلجأ مؤقّتاً إلى أحد القصور في تلك المحلّة حيث توافد جمع كبير من النازحين أمثالنا.

وحيث لكلّ منهم قصّة تشابه قصّتنا ومصيبة تحاكي مصابنا. فقد تساوى الجميع في المصاب. وعلت الوجوه ملامح التعب والكآبة والحسرة. ولسان حالهم يقول: "لِمَ كلّ ذلك؟ وإلى أين نحن سائرون؟".

بتّ هناك مع عائلتي ليلتين اثنتَين لم تغمض فيهما عيناي لحظة، ولم تكفّ أفكاري عن البحث عن مخرج لِما نحن فيه من سجن وتهديد. حتى انبلج اليوم الثالث عن قذائف بعيدة المدى تستهدف أماكن وجودنا. فانفجرت إحداها قرب سيّارتي، فتورّم ظهرها وبعض جنباتها. لكنّها بقيت وفيّة مخلصة، صالحة للفرار بنا إلى دنيا الله الواسعة.

لم يبقَ لنا أخيراً أيّ خيار سوى الرحيل. ولكن إلى أين. فالطريق إلى بيروت مقفلة. وسلوكها مجازفة كبيرة وسط القذائف المدفعيّة والصاروخيّة. أمّا إلى الجنوب فهي خطرة أيضاً بسبب رصاص القنص المتواصل عليها. فكيف لنا أن نرفع عنّا الضيم أو الضيق؟

مشاريع قرارات كثيرة مرّت في مخيّلتي آنذاك. وكان كلّ منها يسقط تلو الآخر. قرار واحد كان لا بدّ منه وهو الأنسب بينها للنجاة بأنفسنا من ذاك الحصار المضروب حولنا. ألا وهو الاتّجاه نحو الجبل. فحملت أمتعتي وركبت السيّارة مع عائلتي. ولحق بي شقيقي الأصغر وعائلته، وعدت إلى "ضهر المغارة". فإذا بالهدوء التامّ فيها يبعث على الخوف والحذر. فالبيوت مقفلة والشوارع مقفرة. لا حركة هنا ولا صراخ هناك. فقط كنت أسمع أصوات النيران تنطلق بعيداً.

فتحت باب بيتي وحملت كيساً من الطحين وبعض المعلّبات والمواد الغذائيّة الأخرى ممّا فاتني أخذه سابقاً. وكذا فعل أخي. ثم عدنا إلى سيارتينا لننطلق شرقاً باتّجاه بلدات الإقليم. فلي فيها صداقات كثيرة متينة، أعتزّ بها. والصديق وقت الضيق. وهل هناك من ضيق أعظم من أن يتعرّض الإنسان وأهله إلى الموت أو

التهجير؟ كنت أُلام على سلوك طريق لم يسلكها أحد غيري من أبناء منطقتي في مثل تلك الظروف القاسية. وأكون عرضة لمزاجات وأهواء بعض الأفراد المسلّحين. لكنّي، وأنا الواثق بجبلة أصدقائي الطيّبين وخميرتهم الصالحة، كنت أؤمن بالحكمة القائلة بأنّ مودّة الآباء لا بدّ من أن تنمي قرابة بين الأبناء، فأردّ التهم، وبي إيمان بالله ومحبّة للإنسان أيِّ إنسان، ورجاء أكيد في غلبة قوى الخير والحقّ والسلام.

توقّفت قليلاً في الدبيَّة، حيث تجمّع بعض أهالي بلدتي الذين نزحوا إليها إثر الهجوم الأخير. فعلمت أنّ المسلّحين قد اختطفوا من بلدتي شخصين وأنّ ثلاثة من أبناء أحد هؤلاء المخطوفين قد أصيبوا بجراح ثخينة وبقوا هناك ينزفون لفترة طويلة قبل إجلائهم إلى إحدى المستشفيات أو المستوصفات.

غادرت مرغماً بعد أن اطمأنَّيت إلى مصيرهم، ونحن لا حول لنا على القيام بأيِّ عمل في مثل تلك الظروف القاهرة. واتّجهت نحو الإقليم حيث طلبت هناك أحد الزملاء الأصدقاء. فلم أجده. فما كان من أمّه وشقيقته إلاّ أن كلّفا صهرهما باصطحابنا لاجتياز المعابر والحواجز المنتشرة في كلِّ مكان، معرّضاً نفسه للخطر وربّما للإهانة في سبيل إنقاذنا. وبعد عبور ما كان يسمّى بخطوط التماس بين القرى عاد رفيقنا من حيث أتى شاكرين له مروءته وتضحيته في سبيل الحفاظ على سموّ الصداقات وروحانيّاتها الخالصة.

غادرنا أخيراً بلدة الزعروريَّة العزيزة عليّ، فلي فيها صديق لا كالأصدقاء، ورفيق وزميل مخلص غيور. لم أودّ أن أحمّله عبء حمايتي وأثقالي، فيُتّهم بما ليس فيه، وتُحرج مواقفنا وأخوّتنا التي اتّسمت دائماً بالطيبة والبراءة.

تابعنا سيرنا إلى دير المخلّص. حيث أخذنا قسطاً من الراحة واستعدنا بعض ما فقدناه من الرجاء والإيمان. ثم استأنفنا المسيرة الشاقّة باتّجاه عاصمة الجبل في الجنوب. فأدركناها والشمس قد شارفت على المغيب.

كان كلّ شيء في "جزّين" طبيعيّاً. شوارعها تعجّ بالنشاط والحركة. وأديرتها ومؤسّساتها الإنسانيّة تستقبل اللاجئين إليها بكلّ طيبة قلب ورحابة صدر. وفي أحد الأديرة أطلّ علينا أحد الكهنة يخفّف عنّا المصاب، ويتحفنا بعبارات التشجيع والثقة بالله. وأرشدنا إلى حيث نضع حوائجنا ونقضي بعض الأيّام بانتظار الفرج الموعود.

وإذ عدت إلى نفسي بعض الوقت مرّ ببالي أحد الأصدقاء القلائل الذين لهم صفحات مشرقة في حياتي. فقد تعرّفت إليه في إحدى الدورات التدريبيّة التربويّة في الجنوب. وقد تقرّب إليّ وكانت بشاشة وجهه صورة صادقة عن صفاء قلبه ونقاء سريرته. وغالباً ما كان يدعوني لزيارته ويلحّ، فأعده وأتركها للظروف أحياناً. وها إنّ الظروف الصعبة قد وضعت أثقالها عليّ، فلِمَ لا ألجأ إليه بحملي هذا، لعلّه يريحني من همومي ويخفّف عنّي أثقالي تلك، وهو لا يبعد عنّا أكثر من رشقة حجر.

وكان القرار الثاني أن أغادر جزّين إلى قرية هناك في المحيط حيث كان لي فيها فترة من الراحة لن أنساها مدى العمر.

في إحدى قرى الجنوب

– وماذا عن تلك القرية وجغرافيّتها وأرضها وإنسانها؟ وهل طالت إقامتك هناك؟

– إنّها صيدون. بلدة من بلدات الجنوب الأصيلة. تصل إليها من الغرب عبر معبر وادي الليمون، ومن الشرق عبر جزّين. وقد تأتي إليها عن طريق أخرى لتختصر المسافات. وأينما اتّجهت إليها تراها رابضة على هضبة قليلة الانحدار تحيط بها سهول فسيحة جرداء تخضرّ أحياناً في مواسم التبغ والبصل والبطاطس. وقد استعارت اسمها من إحدى مدن الساحل الفينيقيّ التي حرقت نفسها ذات يوم من التاريخ لتحفظ كرامتها وعنفوانها بعد أن رأت أنّ المستعمر المستبدّ سيدخلها عنوة ويذلّ شرفها ويدنّس أرضها. أهلوها يعيشون ممّا تجود به أراضيهم من مواسم خجولة. أو بما تدرّ به وظائفهم. وهم بطيبة الجبل، ونقاء ثلجه، وصفاء نسيمه، وجود تربته.

وصلنا إليها فاستقبلتنا زوجة صديقي بالترحاب والتأهيل كعادة أهل الضيافة إلى أن وصل زميلي الصديق فؤاد خ. وكان العناق والبكاء. فدموع الفرح باللقاء قد خالطتها عبرات الأسف والحسرة على تهجيرنا عنوة من بيوتنا وأرضنا. و لم يصدّق ما حدث لنا من مجازر واختطاف وذلّ وهوان.

فتح لنا بيته في الطابق العلويّ وجهّزه بكلّ ما نحتاج، إضافة إلى وسائل التدفئة. وأخذ كلّ من زوجته وأولاده يخفّفون عنّا المصاب قائلين: "أنتم اليوم وربّما نحن غداً. فالتجربة كبيرة والمصاب جلل. ومن يصبر إلى المنتهى يخلص".

فكلُّ شديدةٍ نزلت بحيٍّ ... سيأتي بعد شدَّتِها رخاءُ

إثنا عشر يوماً بقينا في ضيافة صديقنا. وكنّا كلّ يوم نكتشف فيه مزايا حميدة

ومناقبيّة مميّزة. ممّا أدهشنا ودعانا إلى العجب: جودٌ ولا حاتم، حلمٌ ولا الأحنف، براءةٌ ولا الأطفال، إيمانٌ بالله ولا بطرس. ليّن الجانب، رقيق الطبع، بشوش الوجه. يجول بنا يوميّاً في أرجاء الضيعة يعرّفنا على معالمها وتاريخها وجغرافيّتها. نشاركه زياراته إلى أنسبائه وأبناء بلدته. وعند الغروب يجمعنا جرس الكنيسة إلى القدّاس الإلهيّ. حيث يخطب فينا كاهن الرعيّة، الأب جرجس خ. وهو صهر صديقي، فيقرع أسماعنا بجواهر وعظه، ويسقي في النفوس بذور الإيمان المزروعة، ويشجّعنا على تحمُّل النكبات وويلات الحروب بكلّ فرح وسرور، كما تحمّلها آباؤنا وأجدادنا الأوّلون. رأيت في تلك القرية صورة طبق الأصل عن قريتي. مجموعة صغيرة من السكّان الآمنين تجمعهم رابطة القربى والمحبّة، يعيشون في بلدة فتّتوا صخورها ومهّدوا شعابها بسواعدهم المفتولة، وبنوا بيوتها بعرق الجبين، فكانت لهم فيها حياة ملؤها الهناء والصفاء، والحبّ والوئام.

كنت أشكو لكاهن الرعيّة تذمّري من الوضع الشاذّ الذي وصلنا إليه، نحن اللبنانيّين، بعد أن كنّا أمثولة صالحة للعيش المشترك بين أبناء الوطن الواحد. فأراد العدوّ المشترك أن يضرب تلك الصيغة الحضاريّة التي امتاز بها شعبنا في الصميم. ويدخل بين العصا ولحائها. وقد ينجح إذا ما استمرّت أساليب العنف هذه في اقتلاع السكان الآمنين من قراهم ومواطن أجدادهم. فتتشوّه الصورة وتنقلب المقاييس. وكان الكاهن يشاركني الرأي حول موجات العنف التي لا تخدم في النهاية إلاّ المؤامرة المرسومة لتفتيت الوطن وضرب الصيغة الفريدة التي تميّز بها.

وإذ كنّا في اليوم التالي على مأدبة غداء لدى الكاهن نتبادل الآراء حول الوضع العام، فاجأنا أحد أصدقائي، فيصل ع. من بلدة الزعروريّة، وهو يدخل إلينا في ساعة لم نتخيّلها. فقد علم بمصير بلدتنا، وقلق على مصيرنا. ولم يستطع الاتّصال بنا ليدعونا إليه. ولمّا قيل له إنّ أحدهم قد رآني أعبر بسيارتي ساحة بلدته، استقلّ سيّارته

وراح في إثري يتسقّط أخباري عند الأصدقاء وفي القرى المجاورة. إلى أن علم من الدير في جزّين بمقرّي حيث نزلت. لقد عانى المشقّات وتحمّل منها الكثير يبحث عنّي ويتلمّس خطواتي ليعرف ما آلت إليه حالي بعد استهداف بلدتي. وبقدر ما فرحت بلقاء الزميل الصديق، الكريم المحتدّ، وقدّرت له تفانيه في سبيل العثور عليّ، بقدر ما كانت دهشة الكاهن إذ رأى دموع الفرح والأسى تمتزج معاً على خدودنا. فقال: "حقّاً لم يزل لبناننا بألف خير ما دام فيه صداقات صادقة وأخوّة حقّة. فالدين لم يكن يوماً سبيلاً للتفرقة إلاّ في نفوس الملحدين وضعفاء الإيمان".

وبعد اثني عشر يوماً من النزوح القسريّ عن بلدتنا، عادت قوى الخير تفرض نفسها على الساحة اللبنانيّة. فأسدينا الشكر الجزيل لمضيفنا، وعدنا إلى أحضان ضيعتنا بعد وعود وضمانات بعدم التعرّض إلينا ثانية. عدنا وكانت الدامور، تلك البلدة اللبنانيّة العريقة، قد أُحرقت واستُشهد العديد من أهلها وهُجّر الباقون منهم بحراً إلى أماكن أكثر استقراراً.

كنز الصغار

– وماذا كان لكم بعد تلك العودة؟

– أمور كثيرة حدثت. وأوّلها زيارتي إلى "مدينة الحبّ" ونيران "المحبّة" لمّا تهمد وأنينها لمّا ينقطع.

أسبوعان تقريباً مرّا عليّ بعد عودتي. وأنا قلق البال على شقيقتي المتزوّجة إلى الدامور. فقد هُجّرت المدينة و لم أعرف عن مصيرها ومصير عائلتها شيئاً. فعزمت أخيراً أن أقصد الأماكن التي التجأ إليها المهجّرون، وأتسقّط أخبارهم هناك. وبعد بحث مضنٍ في ملفّات المهجّرين هناك والتي أُعدّت مبدئيّاً بطريقة عشوائيّة، تمكّنت من العثور عليهم سالمين في أحد المراكز السياحيّة في الجبل. وكم كان اللقاء مثيراً ومحزناً! فقد قصّوا عليّ مغامرة فرارهم مع الأبناء الصغار، وما لاقوا بحراً من متاعب وأهوال حتى وصولهم إلى حيث هم الآن. فالقصّة طويلة وشاقّة كما درب الجلجلة. وقد أخبرني صهري أنّه ترك لأولاده في البيت بعض المال. جعله مجموعات متفرّقة خبّأها بين ثنايا أسرّة الأولاد في غرفتهم. فربّما فرّقت الأحداث بينهم وعاد بعضهم إلى البيت فيلقون بها معيناً يسدّ حاجاتهم الضروريّة لأيّام قليلة. وقد طلب منّي أن أزور بيته إن استطعت إلى ذلك، لعلّي أحظى بذاك المبلغ وأستعيده بعد نفاد الغاية التي وُضع لأجلها. فوعدته خيراً، وعدت إلى الضيعة أبحث عن طريقة تمكّنني من بلوغ بيت شقيقتي المنكوبة. فالطريق محفوفة بالأخطار والمسلّحون منتشرون أينما كان.

وفي اليوم التالي استقلّيت وابن عمّ لي سيّارتي واتّجهنا نحو المدينة، دون أن نُبلّغ أحداً بالأمر لئلاّ يُثنينا عن قرارنا. وقرب الجسر الذي يؤدّي إلى المدينة رأينا أحد

الأصدقاء من بلدة برجا المجاورة، وكانت تربطنا به صداقة عريقة القدم توارثناها عن الآباء والأجداد، فعرضنا عليه أن يرافقنا إلى المدينة المنكوبة لمعاينة بيت شقيقتي وتفقّده بعد أن حدث ما حدث. أبدى الصديق استعداده لخدمتنا بكل اندفاع وطيبة خاطر، وراح يرافقنا في تلك الزيارة التاريخيّة الفريدة.

بلغنا أوّل المدينة وأخذنا الطريق إلى الكنيسة لنصل إلى حيّ المزرعة حيث أقصد. فالروائح النتنة المنبعثة مع الدخان المتصاعد من البيوت يكاد يميتنا خنقاً واشمئزازاً. وبقايا المفروشات والأثاث المنتشرة على الطرقات تمنع سلوك السيّارات. فنترجّل لنرمي جانباً لوحاً من الخشب أصابته النيران في إحدى زواياه، أو قاعدة سرير حديديّ نتأت لوالبه، أو مقعداً مخلّعاً مرميّاً هناك. وإلى جانبي الدروب بقايا بيوت دُمّرت أو أُحرقت وما زالت بعض ألسنة النار تحتضر في إحدى زواياها المتهالكة.

مدينة بكاملها خُنقت نفثاتها بين لحظة وأخرى. وتوقّف نشاطها، وهدأت نبضاتها، وتبعثرت أشلاؤها، واسودّت سحنتها، وتشوّهت صورتها. فباتت هيروشيما أخرى بنكبتها ومصابها. فأخذ منها التيّار كلّ ما لها من تاريخ وحضارة وعمران. وقضى فيها على البشر والحجر، والشجر والثمر. فماتت منسيّة يائسة، دون أن يؤبّنها أحد، أو يقال فيها أيّة كلمة في ميت.

لم أصدّق ما رأته عيناي آنذاك. ولولا أنّي عرفت تلك المدينة جيداً وعشت فيها فترة غالية من عمري لاختلط الأمر عليّ وقلت لقد انتقلت بحلمي بعيداً في التاريخ وزرت هيروشيما إثر نكبتها أو صادوم بعد معاقبتها. ولكن كم مشيت على هذي الدروب أو تلك! وظواهر العمران والنشاط والحياة تحفّ بها من كلّ جانب. وكم لي من ذكريات طيّبة في هذا البيت أو ذاك حيث صداقاتي وزياراتي وبعض شؤوني وشجوني. لله أيّام انقضت وانقضت معها كلّ معالم الحياة التي كانت تعجّ في جسم تلك المدينة. تابعنا السير على الأقدام. فاجتياز الشوارع المسدودة بالركام وبقايا

العناصر أمر في غاية الصعوبة. وقد اختلطت روائح العناصر المحروقة بنفحات الجثث المنتنة التي صادفناها في بعض الأزقّة والمنعطفات، لتذكّرنا بأنّ الموت مرّ من هنا، واختطف كلّ نسمة من حياة.

وصلنا بعد تصميم وعناد إلى حيث نقصد. وهل كنّا ننتظر أن تتبدّل اللوحة أمامنا أو تتغيّر؟ إنّها هي هي. أينما جلت في مدينة الموت تلك. فالنار قد أكلت كلّ شيء. تُرى هل أتخمت قبل أن تُدرك منزل شقيقتي؟ ولكن ليس للنار معدة فتشبع، أو قلب فيرعوي إذ لم يبق من أسرّة أولاد أختي سوى الهياكل الحديديّة وقد غطّتها طبقة سميكة من بقايا الموادّ المحروقة. مددت يدي إلى حيث "كنز الصغار" فكانت أوراق العملة المحروقة تتفتّت بين أناملي رماداً فاحماً يتساقط هدراً على البلاط الذي خبّأ وجهه خجلاً.

قفلنا راجعين من حيث أتينا. شاكرين لصديقنا الذي رافقنا مروءته وتضحيته. وعدنا طالبين من الله أن يعبر عنّا تلك الكأس، ولا يبتلي ضيعتنا بما ابتُليت به جارتنا المسكينة.

تجربة أخرى

– وماذا كان لكم بعد هجرتكم؟

– عدنا إلى ضهر المغارة "والعود أحمد". عدنا كما كنّا، ننبذ العنف والفوضى. وننادي بسلام النفوس قبل الأجساد. وكان كلّ شيء طبيعيّاً. حتى كادت جراحنا أن تُدمل، وآلامنا المبرّحة تصير في عالم النسيان، إلى أن قرّرت إحدى التنظيمات العسكريّة غير الرسميّة في منطقتنا أن تجمع السلام من أيدينا. مدّعية حفظ الظهر من غدرنا. وكيف لنا أن نغدر بأبناء وطننا، ولم نطلق رصاصة واحدة على مَن اقتحم بلدتنا ليلاً وقتل وجرح العديد منّا؟ ومن أين لنا أن نُطلق الرصاص ونحن لا نملك سوى بعض بنادق للصيد لا تصلح لإرهاب عصفور؟

حاولنا أن نتجنّب دابر الفتنة. وأن نقطع لهم عهداً بعدم التعرّض لهم والتزام السلام وحسن الجوار. فأبوا إلاّ تفتيش البيوت بيتاً بيتاً بعد ضرب الحصار الشامل حولنا. ولمّا لم يعثروا إلاّ على بضع بنادق للصيد جنّ جنونهم وأخذوا يمسكون الرجال والشبّان ويقلّونهم بسيّاراتهم إلى مركز تجمّعهم حيث يسومونهم أنواع العذاب. ويكيلون لهم عبارات الإهانة والهوان. ويطلقون عليهم النيران إرهاباً زيادة في إذلالهم وتحقيرهم. قليلون هم الذين نجوا من رشقات حقدهم. وكثيرون هم مَن تورَّمت أجسادهم لأشهر طويلة، أو شُوّهت مدى الحياة، نتيجة عبثهم وتماديهم في غيّهم وضلالهم.

وإنّي إذ أذكر ذلك الآن فليس من باب فتح الجراح بل كي تكون تلك الأحداث عبرة لكلّ مواطن شريف، فيتفادى لاحقاً كلّ ما من شأنه ضرب الوحدة الوطنيّة في الصميم.

في ذاك الوقت العصيب التزمت بيتي وعائلتي. فكنت أنتظر أن يُطرق الباب في كلّ لحظة لأشارك في تلك المأدبة المعدّة لي ولأبناء بلدتي تكريماً لمبادئنا ومناداتنا بالحريّة والعيش المشترك بين جميع أبناء الوطن الواحد.

لقد طلبت منّي زوجتي أن أفرّ بين الكروم والسواقي. علّني أنجو بنفسي ممّا أعدّ لنا. لكنّني، وأنا المؤمن بألاّ يصيبنا إلاّ ما كتب الله لنا، لزمت بيتي وكلّي ثقة بأنّنا سنجتاز هذه التجربة بعناد وحزم، ولو تحمّلنا التضحيات الجسام في سبيل إفشال المؤامرة. وأحمد ربّي أنّ الباب لم يُطرق. ولم أُدعَ إلى تلك الوليمة الأليمة.

إمتحان عسير

– وماذا حدث لكم بعد كلّ ذلك؟ هل عادت الأمور إلى مجراها أم حدث ما لم يكن في الحسبان؟

– مرّ "القطوع" الثاني علينا وترك في نفوسنا أثراً كبيراً من الإهانة التي لحقت بنا دون داع أو مبرّر. ولكنّا، نحن المؤمنين بالتعاليم الروحيّة وبما جاء في الكتب المقدّسة من مبادئ المحبّة والخير والتسامح، عدنا إلى التعاطي مع تلك القوى بروح المواطنيّة والأخوّة وحسن الجوار. فالتواريخ تشهد للبنانيّين بالتماسك والاتّحاد ضدّ عناصر الشرّ الخارجيّة التي تهدّد وحدة الوطن. عدنا يداً واحدة نبني معاً لبناناً جديداً قائماً على العلاقات الطيّبة وروح "التفهُّم والتفاهم" إلى أن قدّر الله أمراً كان مفعولاً.

ففي منتصف العام ١٩٨٢ دخلت إسرائيل مباشرة على خطّ الأحداث اللبنانيّة، لتقلب مقاييس اللعبة وتؤجّج نيران الفتن والحروب من جديد على الساحة. وتفرض نفسها فريقاً فاعلاً فيها. فجهّزت قواها العسكريّة اللازمة ودخلت الأراضي اللبنانيّة تعيث فيها فساداً وتدميراً إلى أن بلغت مشارف العاصمة وراحت تدكّها تمهيداً لدخولها.

ولست هنا في معرض تأريخ تلك الغزوات المريرة وما ألحقت باللبنانيّين من خسائر في الأرواح والممتلكات، بل يهمّني أن أبيّن ما حدث لي ولأبناء بلدتي أثناء تلك الاقتحامات والغارات. أفقنا صباح أحد الأيّام على أصوات المدافع ونيران الدبّابات والمقاتلات تنصبّ على المراكز المسلّحة المنتشرة حولنا. فذُهلنا للأمر ودبّ الذعر في نفوسنا. وبتنا وسط معركة حامية الوطيس، النيران حولنا برّاً وبحراً وجوّاً. ولن نقوى على الفرار إلاّ بالاتجاه شرقاً نحو دير القمر، تلك المدينة الجبليّة الكبيرة. فسلكت طريق الإقليم إليها حيث وصلتها بعد الظهر. وكم كانت دهشتي كبيرة إذ شاهدنا في طريقنا سيول النازحين تتدفّق على الطرقات والمسالك طلباً للنجاة والأمان.

لكنّ القوى الغازية لم تترك للمسلّحين سبيلاً للنجاة، فأخذت تطوّق المراكز العسكريّة في كلّ مكان. وها هي فجأة تأخذ لها مركزاً في بيت الدين، عاصمة القضاء. فيتضعضع الأهلون ويتوجّسون شرّاً. فتركت "الدير" سريعاً إلى العاصمة عن طريق جسر شهير هناك يعرف باسم جسر الباشا طلباً للسلامة المرجوّة.

نزح جميع سكّان بلدتي أثناء الهجوم الإسرائيليّ الصاعق. فحلّوا ضيوفاً عند أقربائهم أو أصدقائهم في العاصمة وأماكن أخرى. وما إن هدأت الأعمال الحربيّة حتى عادوا بعد أسبوع أو أكثر يتفقّدون منازلهم وممتلكاتهم ليروا أنّ أكثريّة بيوتهم قد فُتحت عنوةً، ونُهب منها ما غلا ثمنه وخفّ وزنه. عدت مع العائدين من جديد إلى أحضان ضيعتي ملتزماً بيتي وعملي، مبتعداً كلّ البعد عن أمور السياسة أو التعاطي مع المحتلّ الغاشم.

لكنّ العدو المحتلّ هذا لم يدعنا وشأننا، بل أخذ يمارس أساليب القهر والإذلال التي عُرف بها. فقد طلب منّا تسليمه أسلحتنا بكلّ أنواعها أو يلجأ لتفتيش المنازل واتّباع طرق العنف والقوّة. فسلّم الأهالي مرغمين أسلحة الصيد والسكاكين والخناجر المتبقّية في حوزتهم. وما العمل؟ وهل تلاطم العين المخرز؟ فكأنّ بلدتي هي تلك الثكنة العسكريّة المهيبة، أو أنّها ذاك المخزن الخطير حيث الأسلحة الفتّاكة تهدّد الأمن الدوليّ. حتى بات كلٌّ يودُّ تجريدها من السلاح فأضحت خشبة تتآكلها وتقضمها أسنان المنشار في الذهاب والإياب.

مسكينة أنتِ يا بلدتي! فقد تحمّلت الكثير وربّما المزيد في الغد. فلا تحيدي عن مبادئك. وكوني دائماً المثل الصالح في المواطنيّة الحقّة والانتساب الشريف.

الإمتحان الأخير والكارثة

تجارب عديدة مرّت بنا وامتحانات عسيرة خضنا غمارها. وكنّا في كلّ مرّة نجتازها بإباء وأنفة. فليس لأحد علينا أيّ مأخذ في الخيانة أو افتعال الفتن والتحريض عليها. هدفنا واضح وضوح الضوء، صاف صفاء الندى، نقيّ نقاء عين النسر. وهو العيش بسلام واطمئنان مع الجميع، والابتعاد عن سياسة التفرقة والتمييز العنصريّ والمذهبيّ. فالدين لله والوطن للجميع.

لكن يبدو أن المؤامرة التي أحاكوها لنا لم يكن ليهدأ سعير نارها إلاّ وقد تمّت شروطها واكتملت عناصرها المرسومة. لذا فالسنوات التالية التي شهدناها تمّ فيها تنفيذ الخطوط العريضة لتلك المؤامرة حيث خطّت خطواتها الأخيرة وقضت على كلّ أمل ورجاء في نفوس اللبنانيّين.

فقد حلّ العام ١٩٨٥ ليشهد المشهد الأخير من كارثة التهجير التي بدأت عام ١٩٨٣. وقد جاء لي في كتاب "شبل المغارة" تحت عنوان "الكارثة" وصفاً لِما آلت إليه بلدتي في ذاك الحين نقتطف منه ما يلي:

"... وما إن جاء عام ١٩٨٥ حتى كانت بعض قرى الإقليم "المستهدفة" قد تهجّرت أسوة بغيرها اللواتي سبقتها في هذا المضمار الميمون.

وكانت "ضهر المغارة" ضمن الخطّة المرسومة. فأصابها ما أصاب جاراتها من قبل. وكان التهجير! وكانت الكارثة!

أفاق الأهالي ذاك اليوم مذعورين من هول ما يُنتظر. لقد صدرت الأوامر وأمرهم لله!

فهبّ كلّ منهم يجمع بنيه، كما الدجاجة تجمع فراخها. ويحمل ما خفّ وزنه وعزّت قيمته. ويرحل. لا يعرف إلى أين!

إلى دنيا أخرى غريبة. لا يلوي على شيء...

يطلب السلام والأمان! همّه النجاة!

أمّا الأرزاق فلا تساوي دمعه واحدة في مقلة طفل.

وغادرنا "ضهر المغارة" مرغمين.

وهل يغادر أحد بيته إلاّ كذلك؟

تركنا كلّ شيء هناك وتبعنا النداء، "فإنّا متعبون وحملنا ثقيل".

تركنا الضيعة والصباح لم يتنفّس بعد. وظلال الناس على الطرقات تخيفنا. وصراخ الأطفال يفتّت أكبادنا. وولولة النساء الهاربات حافيات الأقدام تنبئ بخطورة الموقف. فنستشفّ من وراء ذاك الهلع والضياع أموراً جسيمة لم تكن في الحسبان، أو تخطر في بال. فالموت يتربّص بنا في كلّ درب. في كلّ زاوية. وكمائن الحقد تنتشر على كلّ مفرق. وأزيز الرصاص يوغل في قتل النفوس قبل الأجساد. وسط هذه المعمعة وفوضاها كنّا نتحيّن الفرص السانحة لاجتياز معابر الذلّ والهوان. فنرقب الحركات والسكنات، ونحصي الأنفاس، إلى أن تمّ لنا ذلك، وقد دفعنا الكثير الكثير من دماء أبنائنا وكرامتنا.

وهكذا في ليلة لم نشهد صباح أنوارها في تلك البلدة تركنا كلّ شيء هناك. تركنا البيوت التي بنيناها بعرق الجبين. وتركنا الكروم التي سال دمنا على ترابها وأصبحت فلذة منّا. هجرنا و لم نهجر جذورنا! حملناها معنا أينما حللنا. فلا أحد يستطيع أن ينتزعها منّا. فهي والروح سواء. لقد تركنا الضيعة التي جمعتنا، ثم تفرّقنا في جميع أنحاء البلاد. وما لبثنا أن ضاق بنا العيش حيث حللنا. فتطلّعنا إلى الخارج، حتى كبر

معنا الحلم ليصبح فكرة تروق لنا. فعبرنا المحيطات الكبرى إلى كندا وأوستراليا لنبني هناك لبنانات جديدة.

وبعدت المسافات بيننا. أمّا القلوب فلمّا تزل تحنّ إلى صورة أيّام العزّ هناك تحت سنديانة الضيعة، والأذنُ إلى رنين أجراس العيد، والعين ترنو إلى فرحة الأطفال بالثياب الجديدة والهدايا المعلّبة...".

بعد الكارثة

ثلاث مرّات خلال سبع سنوات تركنا فيها قريتنا. نزحنا أو هُجّرنا لا فرق. كنّا نغادرها مرغمين في الحالتين. ولكنّ الامتحان الثالث والأخير كان الأصعب والأقسى. "فالثالثة ثابتة" وعمليّة التهجير باتت حقيقة واضحة رغم مرارتها. وقد كُتب لنا أثناءها النجاة من بؤرة التطاحن والفتن. فاتّجهت إلى الجنوب، إلى إحدى القرى المحيطة بالعاصمة هناك، حيث التجأت إلى أحد أديرة الراهبات آوي فيه عائلتي موؤقّتاً ريثما أتدبّر الأمر. وقد اكتظّ ذاك الدير بالمهجّرين، وبات لا يقوى على استيعاب المزيد أو القيام بما يحتاجون من مساعدات طارئة ملحّة. ففاجأني إذ ذاك أحد معارفي ويدعى أبو عليّ ح. وهو من الطائفة الشيعيّة، بزيارة خاصّة. وكنت أشتري من أحد محالّه في المدينة بعض الملبوسات لأفراد عائلتي. جاء يتفقّدني ويتسقّط أخباري هناك. ولمّا شكرته على مبادرته الطيّبة تلك، قدّم إليّ شيكاً موقعاً بقيمة مئة ألف ليرة لبنانية أي ما كان يعادل آنذاك خمسة وثلاثين ألف دولار أميركيّ. وقال إنّ هذا المبلغ هو لك. فاعتبره ديناً لي عليك، لا هبة أو منحة، لأنّك الآن في ظروف قاهرة، وربّما بحاجة إلى بعض المال. شكرت له ثانية هذا التصرّف الأخويّ في مثل تلك الظروف الصعبة. وأقسمت له أنّي لست بحاجة إلى أيّة مساعدة ماديّة. فأبى ورفضت. فأخذ من جيبه مفتاحاً قدّمه إليّ قائلاً: "هذا مفتاح شقّة لأخي في بلدة قريبة من هنا. فهي غير مشغولة. وأخي خارج الأراضي اللبنانيّة. ويمكنك أن تشغلها فوراً مع عائلتك إلى أن ترتّب أمورك كما تراه مناسباً".

لقد أذهلني ذاك الذي كنت أحسبه تاجراً يتودّد إليّ ككلّ ذي مصلحة. وأسكتني ذاك الذي اكتشفت فيه إنساناً طيّباً خلوقاً، ونفساً أبيّة كريمة. يحاول أن يمدّ يد العون

إلى مَن خانته الأحداث ونكبته بأثقالها دون أن يمسّ كرامته أو يظهر بمظهر المحسن المتباهي.

ولمّا لم أستطع رفض عروضه بعد إلحاح، وعدته بأن آتيه لا محالة إن عزمت على البقاء هناك في تلك المنطقة. ولم تقوَ كلمات الشكر والثناء أن تحمل إلى صديقي ما كنت أودّ قوله. فالكلمات أحياناً تعجز عن الإفصاح بأمانة عمّا في الصدور، و"الحروف تموت حين تقالُ" حسب قول نزار قبّاني.

ولكن لم يطل بنا الأمر هناك، فانتقلنا أخيراً إلى بيروت لنعيش فيها فترة حرجة من الضياع وعدم الاستقرار.

في العاصمة

بيروت! وماذا أقول في مدينة النور والجمال، والراحة والاستجمام، والعلوم والآداب، والمعاهد والجامعات، والتجارة والاقتصاد، والحقوق والقضاء. ودور النشر والمجلاّت، والمطابع والمنشورات، والندوات والصالات، والسياسة والزعامات؟

وماذا أقول في "أمّ الشرائع وكرسيّ النعم" لدى أباطرة الرومان؟

ماذا أقول في أسواقها الخضراء، وصراخ باعتها وعروضهم المغرية؟ أو في عجقة السير الخانقة في شوارعها الضيّقة، ودقّات "الترامواي" الروتينيّة والركّاب يتعمشقون على أبوابه متسارعين إلى أعمالهم؟

أينما جلت بانت نبضات نشاطاتها المتعدّدة تحكي عافيتها، وتروي قصّة حضارتها العميقة الجذور، وتكتب تاريخها الطويل في درب الثقافة والمدنيّة. فلقد تغنّى بها شعراء كثر. وكتب فيها أدباء ومفكّرون كبار. ومهما قيل في درّة التاج الفريدة لم تبلغ الكلمات مرادنا مهما سمت معانيها. فبيروت "درّة الشرقَين". وهيهات لنا أن نفيها حقّها في التكريم والإجلال.

بيروت تلك التي عهدتها في صباي قد ماتت فجأة. واقتسم الورثة كلّ ما خبّأت من كنوز، تنافر أبناؤها واختلفوا على قسمة الجبنة فتراشقوا فيما بينهم، واقتطع كلّ منهم حصّته فيها. ورسموا على الأرض خطوطاً حمراء حُرّم اجتيازها. فحلّت الكارثة على تلك المدينة الصاخبة. وأقفرت شوارعها. ونزح سكانها إلاّ القليل. وهمد نشاطها. وأقفلت مصانعها ومعاهدها. وتقوقعت على نفسها كعجوز

دردبيس[١٢] بعد شباب حافل بالفتوّة والنضارة والحياة.

في تلك الأويقات الصعبة في تاريخ بيروت عدت إليها لاجئاً مهجّراً. لا بيت لي فيها ولا حول. لقد تغيّرت كثيراً وتبدّل الخير إلى ويل. وبات الكلّ في ضيق وسوء حال، إلاّ الذين يتمثّلون بأثرياء الحرب يجمعون كنوزاً إلى كنوزهم ويغادرون إلى الخارج ينعمون بها.

وقُدّر لي أن أشغل بيتاً بالإيجار في أحد أحياء بيروت "الشرقيّة" بعد أن دفعت للمالك والمستأجر السابق مبلغاً كان يكفي ربّما ثمن شقّة في مكان آخر من العاصمة. ثم تعاقدت مع إحدى المدارس الخاصّة في المنطقة أعطي فيها بعض الحصص الدراسيّة في العربيّة والرياضيّات والعلوم للمرحلة المتوسّطة. وكان عملي الجديد بمثابة ملء أوقات الفراغ أكثر ممّا كان يهدف كسبَ المال.

سنوات قليلة مرّت على هذه الحال. وشرارات الفتن تندلع هنا وهناك، تتبعها جولات جديدة من العنف والفوضى، تجعلنا نستشفّ منها مزيداً من المآسي التي تنتظر اللبنانيّ في دروب جلجلته وطريق آلامه.

أمام هذا الواقع المرير واليأس المستطير استطاع ابني الأكبر أن يغادر إلى كندا هرباً من الحروب وويلاتها، وتأميناً لمستقبل أفضل هناك. وبقدر ما انتابني آنذاك من شعور الحزن والكآبة على سفره وحيداً إلى دنيا الاغتراب القاهرة، بقدر ما كنت شاكراً ربّي على نجاته من بؤرة الفساد التي يتخبط فيها أبناء بلدي دون أن يقووا على إخماد الحريق أو إطفائه.

---

١٢ دردبيس: الشيخُ والعجوزُ الفانيان.

الإنفجار الكارثة

إنّها الحرب! وهل كانت يوماً للبناء؟

أفقنا ذات يوم على دويّ المدافع الهدّامة لتأتي على البقيّة الباقية من دعائم الاقتصاد الوطنيّ، ومن أمَل المواطنين بحلولٍ مرتقبة لأزمتنا المستعصية ولو في الأفق البعيد.

أصابت إحدى القذائف خزّاناً للغاز الطبيعيّ في محلّة الدورة من العاصمة. فاندلعت فيه النيران من أعلاه وأخذ هذا المستوعب الضخم تزداد حرارته يوماً بعد يوم حتى بات، كما توقّع الخبراء الأخصّائيّون، يهدّد بانفجار هائل لا تقدّر عواقبه.

وقبل حلول الكارثة المرتقبة بساعات قليلة تجنّد المسؤولون وبعض المتطوّعين لإجلاء السكّان عن الأحياء المجاورة في الدورة وسدّ البوشريّة وجديدة المتن وغيرها.

وفي ساعة متأخّرة من إحدى الليالي سمع سكّان تلك الأحياء مناداة متكرّرة بمكبّرات الصوت تنطلق من كلّ شارع، من كلّ زاوية، من كلّ مفرق، وكلّها تدعو المواطنين المستغرقين في النوم للنهوض حالاً من أسرّتهم ومغادرة منازلهم إلى أمكنة أخرى بعيدة لأنّ الخطر لا بدّ حالّ في غضون ساعات وربّما في دقائق معدودة.

وقامت قيامة الموتى! وهبّوا من رقادهم على غير عادتهم. وهم في حيرة من أمرهم، والذعر والهلع يسيطران على تفكيرهم. فلا وقت لديهم لمناقشة ما قد يجري، أو لقضاء أيّ أمر يسبق الرحيل عن البيت والمحلّة والمنطقة. فإذا بالشوارع بين لحظة وأخرى قد عجّت بالناس والسيّارات. والتقاطعات قد اكتظّت بالمارّة والعربات. وعلا الصراخ من كلّ مكان ليختلط بزعيق أبواق السيّارات والنداءات المتتالية. فكأنّ يوم الحشر قد حلّ. ولا بدّ لأيّ حيّ من أن يهبّ في اليوم الموعود ليلقى الحساب والعقاب.

وعند الساعة الثالثة ليلاً دُقّ بابي. فإذا بشقيقة زوجتي وعائلتها ينزحون مع النازحين عن تلك المحلّة حيث النكبة المرتقبة.

وحوالي الساعة التاسعة صباحاً ركبت سيّارتي إلى إحدى المحالّ التجاريّة في الجديدة لأستعمل الهاتف المتوفّر هناك لبعض الضرورات الملحّة. وإذ أدركت الشارع المؤدّي إلى ذاك المحلّ التجاريّ، وبلغت إحدى الباحات الفسيحة المنحسرة والمنسيّة بين البنايات الشاهقة، والمذياع لمّا يزل يُطلق نداءاته المتكرّرة بأخذ الحيطة والحذر من جرّاء القصف المتواصل، إذا بي أحسّ بالسيّارة قد فقدت توازنها لفترة وجيزة، فماجت واهتزّت ذات اليمين وذات الشمال، وبعاصفة شديدة الوطأة تهبّ في تلك الباحة الضيّقة فتتطاير على إثرها الأوراق والمستوعبات الفارغة وأكياس النفايات المرميّة هناك. وتندفع كلّها سريعاً باتّجاه واحد بشكل يلفت النظر، ويثير التساؤلات.

فتحت النافذة الزجاجيّة ونظرت إلى الأجواء بين البنايات متسقّطاً الأحوال الجويّة علّها تُنبئني عن الحدث. ويا لهول ما رأيت!

سحابة من نار تنطلق من الدورة، من خزّانات الغاز عند شاطئ البحر، فتعلو فوق البنايات بقليل وتمتدّ إلى الجديدة والسدّ لتنتشر بعرض كيلومتر أو أكثر، تخالطها قطع مختلفة الأحجام من بقايا الخزّان المعدنيّة أو الصناعيّة. فتلمع بين ألسنة النيران المتأجّجة في الأجواء كبركان تفجّر في الأعالي على غير عادة البراكين، وتجري حممه فوق البنايات دون أن يعلو كثيراً عن رؤوسنا. وقد تندلق تلك الألسنة اللاهبة علينا بين لحظة وأخرى فلا تُبقي على بشر أو شجر أو حجر.

أحسست ساعتئذ أنّ الساعة قد حانت. وقد كُتب لي أن أموت حرقاً بسعير نيران النفط المحلّقة فوق الرؤوس.

لا أعرف كيف أدرت اتّجاه سيّارتي رغم عرقلة السير وعجقة المارّة. وعدت توّاً إلى بيتي لا ألوي على شيء. فقد أَستَطيبُ الموتَ بين أفراد العائلة ولا أستَسيغُهُ غريباً مشرّداً.

عدت أراقب من بيتي المشرف على المحلّة المنكوبة ماذا جرى ويجري هناك. فالنهر الناريّ المتدفّق بغزارة في الأجواء أخذ ينشر دخانه ويمتدّ بشكل سحابة سوداء غطّت العاصمة بكاملها، ثم ما لبث أن تجزّأت قطعاً حملتها الرياح إلى هنا وهناك، تحكي قصّة حرب ما زالت تُمعن في قهر بلد عاجز مسكين.

خطر لي عند عصر ذاك اليوم أن أزور "ناكازاكي" الجديدة بعد نكبتها. وقد أراك تتّهمني بالمبالغة في وصف الكارثة. فلقد قدّر الخبراء قوّة الانفجار بما يعادل نصف القنبلة الذريّة التي ألقيت على هيروشيما أو على جزيرة ناكازاكي أثناء الحرب العالميّة الثانية. فتخيّل أنّ منطقة قطرها عشرة كيلومترات قد هزّها الانفجار هزّاً عنيفاً وكسّر جميع النوافذ الزجاجيّة المقفلة فيها. فماذا كان أثره يا تُرى في مركز تلك الدائرة؟

دخلت المنطقة بسيّارتي فإذا بالضباب الأسود الكريه الرائحة ينتشر بين البنايات حاملاً بين ذرّاته سموم الاختناق. وجميع المحالّ التجاريّة قد تورّمت أبوابها الحديديّة الجرّارة وانتفخت إلى أن فُتحت عنوة من جرّاء الضغط الهوائي الذي أحدثه الانفجار. فباتت جميع الموادّ داخل المحالّ والبيوت سوداء فاحمة وقد علاها الغبار القاتم. وكلّ ما كان على الشرفات باتت بقاياه على الأرصفة. وأشلاء النوافذ والأبواب المخلّعة مبعثرة في الشوارع تعيق المرور. حاولت الاقتراب قليلاً من "نقطة الدائرة" المنكوبة فلم أقوَ. فالدخان الكثيف المخيّم على أجواء الطرقات يبثّ الروائح الخانقة التي تضيق الأنفاس وتستحكم بالرقاب، فتبدو تجاهها جاحظ العينين، فاغر الفم، خامل النشاط، ممّا يجعلك تنثني عن عزمك بالتقدّم، فتبتعد عن هذه الأجواء المسمومة لتصبّ لعناتك على صانعي المؤامرات ومهندسي الحروب والفتن بين بني البشر.

وعلى هامش هذا الانفجار الكارثة ومدى ما ترك في نفوس الأطفال من رعب وأثر بغيضين أنّ أحد الأبناء الذين نزحوا ليلاً عن "الدورة"، وبعد ما شهد ما شهد من أمور حدثت هناك، تلعثم لسانه وباتت الكلمات تخرج من فمه بصعوبة وتقطّع.

وظلّ على هذه الحال إلى أن غادر فيما بعد إلى كندا وأتقن الإنكليزيّة فتكلّمها بسهولة بارزة. ولّما سئل كيف تُتأتِئ بالعربيّة فقط دون الإنكليزيّة؟ قال بعفويّة الطفولة البريئة: "لقد حدث انفجار الدورة بالعربيّة".

دوافع السفر

– لقد طالت الأحداث الأليمة في بلدك. فهل كانت هي الدوافع القاهرة التي اقتلعتك إلى ديار الغربة؟

– كان السفر قديماً يتمّ بدافع المال لضيق الحال. فإبّان الحرب العالميّة الأولى، بعد أن سُدّت نوافذ البحار وأبوابها، كان اللبنانيّون كما أجدادهم يطلبون لقمة العيش حتى وراء البحار. فزرعوا الأرض لبنانات جديدة نفتخر اليوم بطيب ثمارها وعلوّ شأنها.

ولم يكن السفر بالنسبة إليّ هرباً من ضيق ذات اليد، أو بغية الإثراء السريع. يكفيني أن أعيش قانعاً بدخل وظيفتي وبما تدرّه أملاكي. فالقناعة كنزي دائماً وأبداً. وقد كنت أتردّد دائماً في اتّخاذ مثل هذا القرار الصعب، رغم أنّي كنت أرى الأرض أمامي تحترق. والبيوت ورائي تموج وتنهدم. وفوقي أزيز الرصاص وقصف الصواريخ ولعلعة المدافع تصمّ الآذان وتعمي البصائر. وإلى جانبي "التراب اليابس والمرعى اليابس".

فأنا مهجَّر من بلدي إلى بلدي. وفي بيروت أصبح العيش ضاغطاً. فعدم الاستقرار النفسيّ يضغط على النفوس كما القذائف على الأجساد. أحاديث الناس وتوقّعاتهم أو بالأحرى تنبّؤاتهم تنذر بكوارث أخرى مرتقبة. فقد تتصارع القوى المحليّة مع بعضها البعض أو مع القوى الشرعيّة وتحلّ المصيبة على الجميع. وما الفتن التي تندلع هنا وهناك من حين إلى آخر إلاّ شرارات قد تتطاير لتلقى الهشيم المناسب فتوقده، ويحترق الهيكل ويهبط على مَن فيه وما فيه. والأبناء تائهون يفتّشون عن أنفسهم

الضائعة بين ركام تلك الحروب المفتعلة، يحاول بعضهم الهروب من ذاك الواقع المرير إن استطاعوا إلى ذلك سبيلاً.

أمام ذاك الواقع المريب، وبعد أن اتّسع الفتق على الراتق، كان لي القرار الصعب الذي تردّدت طويلاً في اتّخاذه. كنت أحاول ألاّ ألجأ إليه ذات يوم؛ ألا وهو ركوب البحر إلى كندا، فراراً من واقع ميؤوس، ومنجاة لأبناء يتطلّعون إلى مستقبل هادئ، وملاقاة ابنٍ طال مكوثه وحيداً في ديار الغربة. وإلى أن تزول الأسباب هذه وتعود دورة الحياة طبيعيّة من جديد إلى أرض وطني، ويعود جميع المهجّرين إلى قراهم وممتلكاتهم، أعود حينذاك والفجر قد انبلج، ونور الحقّ قد سطع. ونجوم الشرّ والظلمات أفلَتْ إلى غير رجعة.

خطوتي الأولى نحو المجهول المنتظر

- حدّثنا عن خطوتك الأولى إلى المجهول المنتظر.

- إتّصلت هاتفيّاً بابني في كندا، وشرحت له ما يجري على الساحة اللبنانيّة والتخوّفات القائمة لدينا. فما كان منه إلاّ أن طلب من شقيقة زوجتي هناك أن تتقدّم من الدوائر المختصّة بطلب كفالتنا. فهو لا يحقّ له ذلك، إذ لم يكن يحمل بعد سمة الهجرة. ففعلتْ وقُبل الطلب سريعاً. واتّخذت لي موعداً في السفارة الكنديّة في قبرص للبتّ بأمر طلبي من حيث القبول أو الرفض.

أوراق كثيرة ومستندات لا عدّ لها طُلِبت منّي. فحضّرتها على وجه السرعة، لأحملها معي في الموعد المحدّد.

زائرتي

قبل الموعد بيوم واحد فاجأتني الحمّى تنهش عظامي وتأكل من لحمي، وترميني طريح الفراش لا حول لي ولا قوّة.

أحسست بالدوار يُثقل رأسي. والغثيان يقلب أحشائي. فأغمض عينيّ وأسلم أمري إلى قوى غازية تفتك بجسمي، وتخلّف فيّ آلاماً مبرّحة لا يمكن تحمّلها أو التصدّي لها.

لعنت تلك الزائرة الثقيلة التي أبت إلاّ أن تستضيفني في مثل ذاك اليوم الذي أستعدّ فيه للسفر إلى قبرص. لكنّها حلّت في النهار، ولم تستضفني ليلاً كزائرة المتنبّي، فعزمت على أن أتصدّى لها بكلّ ما تبقّى لي من قوى خائرة. فأتيت ببعض أثمار الليمون الحامض وعصرتها مضيفاً إليها بعضاً من ملح الطعام. وصرت أرشف منها بين الحين والآخر بعض الجرعات حتى إذا حلّ الليل تناولت قرصين من الأسبيرين مع فنجان ساخن من الشاي المرّ ولزمت الفراش. ولم تمضِ ساعات قليلة حتى رأيتني مبتلاً بالعرق من قمّة رأسي حتى أخمص قدميّ. والحمّى قد ولّت عنّي. فبدّلت ثيابي ونمت مرتاحاً حتى الصباح، حيث عادت اللعينة تعودني ثانية لتأخذ منّي ما لم تستطعه في الزيارة الأولى. وقد كنت لها بالمرصاد فالحامض متوفّر وكذلك الدواء والشاي الحارّ.

وبعد ظهر ذاك اليوم حملت حقيبتي وأوراقي وكنت في الطريق إلى قبرص عبر مرفأ جونية. فزائرتي عنيدة، وقد لاقت مَن هو أعند، وأفتك من "داذ" ومن "شجاع" الهمذاني. وإن كانت ريحاً فقد لاقت إعصاراً.

– جميل أن يصمّم الإنسان على التغلّب على مرضه. فالمرض وهمٌ قبل أن يكون جرثومة. فإن افترقا ضعف دور كلّ منهما. ولن يبطل تأثيرهما إلاّ بالرجاء

وحبّ الحياة. فهل لك أن تخبرنا عن رحلتك تلك. وإن كانت الأولى من نوعها في البحر، وما ترك البحر فيك من مشاعر وإحساسات، وأنت على متنه عرضة لغضب الأمواج والطبيعة؟

البحر

- حقّاً إنّها المرّة الأولى التي أركب فيها البحر وأمتطي متن أمواج ذاك الخضمّ الجبّار، رغم تحذيرات ابن سينا القائل:

طـيـنٌ أنـا وهـو مـاءٌ　　والـطـينُ في المـاء ذائـبُ

مدىً أزرق عجيب ينبسط من أقاصي الأرض إلى أقاصيها. يلتفّ حولها ويحيط بها. يضيّق عليها الخناق ويمنعها من الانفلاش والارتياح.

خضمّ مهيب يربض عند أقدام الجبال، ويحلم على سواعد الهضاب والتلال والمنبسطات.

عجيب أمر هذا الجبّار! ثورة لا تهدأ. وحنقٌ لا يستكين!

زبد دائم على فيه! ورغوة غضب تشوّه صفحته!

ما باله يهدّد ويتوعّد؟ يزمجر ويزأر؟ يكرّ ويفرّ؟ يعلو ويهبط؟

ما سرّ هذا العداء المتأصّل بينه وبين جاراته وجيرانه؟

ها هو ينفخ صدره ويفتح فاه. ويتقدّم نحو جاراته على الشاطئ يقضم منها الصخور ويبتلع منها العناصر، ثم يتراجع مهزوماً، فينفث بقاياها رمالاً تغطّي خطوط التماس وتكوّن بينه وبينها منطقة سلام محايدة.

لكنّه وهو العابث بقوانين الطبيعة، لا يلبث أن يعيد الكرّة بعد حين ليلقى في كلّ مرّة عناداً في العناصر وثباتاً في المواقف. وإذ لا يلين عوده أو تهدأ سريرته، وتبلغ منه الحماقة أحياناً مبلغها، يطرح أصوات النجدة، فتؤازره العواصف والتيّارات، وتمتطي متنه الأنواء، فتعلو مطيّته وتتدحرج أمواجه فاغرة فاها، لافظة الزبد والرغوة

لتنقضّ على أعدائها وتبتلع ما استطاعت إليه سبيلاً.

إنّه في عراك مستمرّ مع الجيران على رسم الحدود. لا يؤمن له جانب، ولا تستقرّ إليه نفس. ولا يخلد ساعة إلى الراحة.

لا يعرف السلام الداخليّ. فداخله موت زؤام. وكم من روح بريئة زُهقت في لجه! وزورق أو مركب أو باخرة ابتلعتها أغواره، وقضت فيها على حيوات كانت تمتطيه هانئة واثقة! فغدر بها وأرداها جثثاً هامدة إشباعاً لشهوته. أتراه يشبع؟ وهو الذي لا يدع أحداً يتلمّس أقدامه، ولو طفلاً بريئاً، إلاّ ويحاول أن يستدرجه بلطافته ليغدر به في النهاية ويوقعه في شركه، ويلتهمه دون أن ترفّ له عين، أو ينقبض له قلب.

حتى أنّ مياهه، والماء إكسير الحياة، قد فسدت، وزادت أملاحها. فلا تروي من غلّة ولا تطفئ من ظمأ.

وكما في الغاب تسود شريعة الغاب كذا في البحار تسود شريعة البحار. في أحشاء البحر عوالم عجيبة غريبة. ولكلّ عالم منها نظام تطوّر وتجديد، أو فناء وبلاء. فيتحكّم الكبير بالصغير، والقويّ بالضعيف، ويأخذ الكبير بمصير الصغير، والقويّ بقدر الضعيف. تقتات عوالمه بعضها بالبعض الآخر ولا ينمو أيّ منها إلاّ ليكون قوتاً لعالم آخر. يحدث كلّ هذا والبحر لا يتذمّر أو ينبس ببنت شفة، عمّا يدور في أحشائه. وكأنّ هذا الصراع لا يعنيه. أو كأنّه أمر معهود لمَن لا تعرف السكينة إلى روحه طريقاً ولا الرحمة إلى قلبه سبيلاً.

أمّا اليابسة جارته، فمسكينة هي. ومسكين ذاك الحدّ الفاصل الذي يتلقّى دائماً ثورة تلك اللجج الغضبي ببرودة متناهية. فهي تتحمّل الصفع على صخورها. والجرف على رمالها. والقلع على أشجارها وغاباتها. وتنتظر ببرودة متناهية هدوء العاصفة فيه وسكون غيظه وهمود وقدة غضبه. لتعود الحياة طبيعيّة بينهما فيتبادلان

الهمس واللمس. وينعسان على أنفاس النسيمات البليلة. أو يحلمان على تغاريد الطيور المتنقّلة بين شواطئهما.

فإلى متى يا تُرى هذه الهدنة؟ وماذا بعدها؟ وهل وراء الأكمة ما وراءها؟

خفّف عنك يا أخي! فما من حال تدوم. ولكلّ جسم منظور صفحتان: قاتمة ومشرقة. وهما متكاملتان. وبهما تتمّ دورة الحياة في كلّ جسم وتستمرّ.

فإن رأيت في البحر صفحة فورته، وحدَّة غضبه، وقساوة سريرته، "فقد عرفت شيئاً وغابت عنك أشياء".

فالبحر عالم زاخر بالبذل والعطاء. ودنيا غريبة تكمّل دنيانا. ولولاها ما استمرّت حياة.

عالم من المياه، متّسع ضخم، يغلّف أرضنا، ويمدّها بالاستمراريّة والتجدّد. من مياهه رطوبة النسيم، حيث يتلاشى الجفاف واليباس. فتبقى الحياة طريّة العود ليّنة الملمس، مُخضَرَّة البراعم. وإن سطعت الأنوار على صفحتها امتصّت منها أنفاسها الحيّة فحملتها النسائم والرياح بساطاً متعدّد الألوان تمدّه أياديها السحريّة فوق المنبسطات والتلال لينزل برداً وسلاماً على الأتربة العطشى والنباتات المخضوضرة، فتفيق هذه من سباتها وتنهض من كبوتها.

وإن تذمّرنا أحياناً من ذاك الخضمّ الثائر الفائر، فثورته لم تكن إلاّ لتعطي من لدنه ماء الحياة عذبة محيية.

وما زاد عن حاجات تلك الحيوات يُختزن في باطن الأرض ليتفجّر ينابيع عذبة تزخر بالجود والعطاء دون حساب. ولولاها لما ارتوى إنسان أو عاش حيوان أو نما نبات.

في باطنه وأغواره عالم آخر من الحيوانات والنباتات يمدّنا بالغذاء والتحف العجيبة

التي تحكي سرّ الخالق في مخلوقاته. وإن علمنا أنّ ملوحة جسمه تمدّنا بما نحن في أمسّ الحاجة إليه من ملح الطعام والموادّ الأخرى نغفر له حمقه أحياناً وقضمه المتواصل لأطراف جاراته وجيرانه. ولكنّنا لن نغفر له حماقته المتجلّية بغدر مَن يأتمنه ويمتطي متنه شاقّاً عبابه ليلقى قريباً أو حبيباً، فيغرّر به ناكثاً عهده. ويبتلعه ويزجّه في لججه الدكناء.

كلُّ هذا لأنّنا وثقنا ببرّه وعهده! فلم يرع ميثاقاً أو يحفظ حرمة!

ولكن مهما اقترفت يداه وأضاع الذمّة ونقض العِهد يبقَ ذاك البحر المستودع الأمين لهمومنا. فهو أوفى من السموأل، وأكرم من طيّ. وسيبقى وقوراً في جبروته، مهيباً في اتّساعه، عظيماً في عطائه، جليلاً في بهائه.

في قبرص

– وماذا كان لك في قبرص؟

– وصلت ميناء لارنكا في الصباح الباكر وانتقلت إلى العاصمة نيقوسيا في إحدى سيّارات التاكسي. عجبت لبلد ينعم بأمان وسلام ونظام بينما يحترق آخر ويحتضر. شوارع تنبض بالحياة والنشاط هنا، ودخان أسود يخيّم فوق أشلاء الجثث النتنة هناك. سيّارات تتألّق فخامة وتيهاً في طرقات نظيفة مخطّطة، بينما أخواتها هناك هياكل حديديّة شلّعتها القذائف وبعثرتها الانفجارات. لقد لاحظت أنّي انتقلت فجأة من معمعة المعارك وجحيمها إلى سلام الأمن والاستقرار. فكلّ مَن رافقني في رحلتي بكى حسرة على فردوس بات جحيماً بينما أحال الآخرون بواديهم واحات خضراء تستقطب السيّاح وطلّاب الراحة والاستجمام.

قدّمت أوراقي عند مدخل السفارة وانتظرت دوري بفارغ الصبر. وأنا على بصيرة من نفسي لِما أُقدم عليه. فلقد تركتْ فيّ الحمّى شحوب الوجه وسلبت بعضاً من نشاطي. فبتّ أخاف زيارتها الثقيلة في هذا الظرف الصعب. لكنّ الله قد أبعد كأسها المرّ عنّي واختصر ساعات الانتظار. ولم يطل الوقت حتى أطلّ علينا شابّ أشقر البشرة، جميل المحيّا، قد طال شعره قليلاً ليسترسل على عارضيه ويلامس من الأمام لحيته الشقراء. وقف في الباب يحاول قراءة اسمي على ملفّ يحمله بين يديه. ويقول بالفرنسيّة: "سيّد داغر".

فأقف حالاً ويدعوني لمرافقته. فأتبعه.

وإذ نحن في مكتبه، دعاني للجلوس بكلّ لطافة واحترام. وبدأ يستجوبني بالفرنسيّة وبلهجة كيبيكوازية. فأردّ عليه بكلّ وضوح وتأنٍّ.

وبعد أن سألني عن اسمي وتأكّد من هويّتي وأسماء أفراد عائلتي، سألني: "وأين هم أولادك؟".

قلت: "في لبنان؟".

قال: "ولِمَ لم تأتِ بهم؟".

قلت: "وهل هذا ضروريّ؟".

أجابني: "بالطبع. فكلّ مَن زاد عمره عن الثماني عشرة سنة عليه أن يحضر بنفسه إلى السفارة أسوة بوالديه. وأبناؤك جميعاً هم فوق العمر المحدّد".

قلت: "ما كنت أعرف ذلك من قبل".

أجابني بثقةٍ: "بل قيل لك ذلك، عند تحديد موعد المقابلة هذه".

قلت له: "لم يبلّغوني بالأمر".

قال: "بلى لقد قالوا لك ذلك".

ولم أصارحه بأنّي قد أرسلت طلبي في بادئ الأمر مع أحد أنسبائي حيث أخذ لي الموعد.

ترك عندئذ مكتبه وخرج يتأكّد الأمر من موظّفيه. ثم عاد على وجه السرعة ليعلن تأكيده على تبلّغي ذلك في حينه وعند ضرب الموعد المحدّد. فقلت: "إنّ مجيء أولادي إلى قبرص يكلّفني الكثير من الأموال والمشقّات".

فقال: "هذه مشكلتك".

وعندما أصرّ على رأيه كان لا بدّ من تليين موقفي. فأجتهد في التفتيش عن مخرج ينقذ الموقف الحرج. فبادرته آنذاك قائلاً: "ربّما قيل لي ذلك فلم أسمع أو لم أفهم. فما العمل الآن؟"

أجاب: "أن يحضر بنوك".

قلت: "وهل يجوز لهم أن يمرّوا بالسفارة وهم في طريقهم إلى كندا ليوقّعوا طلباتهم، ويأخذوا سمات سفرهم. فتوفّر عليّ وعليهم أعباء التنقّلات في مثل ظروفنا القاهرة".

قال: "لا بأس".

وبعد أن مرّت تلك الأزمة بسلام، راح يطّلع على كافّة أموري وأوضاعي الخاصّة، ويستجوبني:

- من أيّة منطقة أنت؟

- من الشوف ومن قرية "ضهر المغارة".

- هل لك أن تدلّني عليها في الخريطة؟

فقمت وأشرت بيدي إلى "ضهر المغارة". وأحمد الله أنّها قد لُحظت على تلك الخريطة المعلّقة إلى جدار المكتب.

- لِمَ تركتم البلدة؟

- إثر هجمات المسلّحين علينا وطلباً للنجاة.

- وماذا حلّ ببلدتكم بعد التهجير؟

- لا أعرف لأنّي لم أتمكّن من زيارتها بعد ذلك.

- وأين تسكن الآن؟

- في شقّة بالإيجار في ضواحي العاصمة.

- من كم غرفة تتألّف؟

- من غرفتَي نوم إضافة إلى الصالون وغرفة الطعام والمطبخ.
- هل هي في بيت أم شقّة في بناية؟
- بل في بناية من ثلاث طبقات، عدا الطابق الأرضيّ.
- وفي أيّة طبقة أنت؟
- في الأولى.
- وكم طبقة فوقك؟
- إثنتان.
- أين كنت تختبئ أثناء القصف؟
- أبقى في بيتي.
- مع جميع أفراد عائلتك؟
- نعم.
- أَلم تختبئ في الملجأ، وتأوي إليه أولادك عند الحاجة الضرورية؟
- لا ملجأ في بنايتنا.
- وفي الأبنية المجاورة؟
- لا ملاجئ أيضاً. فالأبنية قديمة العهد.
- وهل أُصيب بيتك؟
- لا، بل أصيبت البناية في سقفها بقذيفتين و لم نُصب بأذى.
- وماذا كنت تفعل أثناء القصف؟
- كنت أنتحي إحدى زوايا البيت التي أراها حصينة نوعاً ما، فأجمع العائلة حولي وأصلّي إلى الربّ كي يحفظنا ولا يجرّبنا.

فلاحظت عندئذ أنّ دمعةً سخيّة قد ترقرقت من إحدى عينَي محدّثي وكاد يجهش

بالبكاء لولا أنّه تدارك الأمر وابتلع ريقه. مُكبراً فيّ إيماني وثقتي بالله وصبري على تحمُّل المآسي وويلات الحروب.

وبعد أن جال في أمور المال والعمل وأتى على مشكلة ابني الذي سبقني إلى كندا هرباً من الحرب، أنهى حديثه قائلاً:

"لقد قُبلت يا سيّد داغر مهاجراً إلى كندا. فأهلاً وسهلاً بك هناك في وطنك الثاني. وها إنّك ستتسلّم الآن الأوراق الخاصّة بالفحوصات الطبيّة. وفي غضون أسابيع ثلاثة ستكون سمات الهجرة جاهزة لكم".

صُعقت للخبر. فقد كنت أنتظر مقابلة السفير بعد هذه المقابلة. ولم يخطر ببالي أنّي كنت أتكلّم مع القنصل العامّ هناك. فلربّما كنت تهيّبت الموقف وتحاشيت تعقيد الأمور من ناحية أبنائي. ولكن لقد مرّ "القطوع" بسلام. ولا تكرهوا شيئاً لعلّه خيرٌ لكم.

وعدت إلى بيروت بحراً. وكلّي أمل أن يعود السلام مرفرفاً إلى ربوع بلدي عاجلاً فأنثني عن سفري. وأبقى في وطني بين أهلي وأصدقائي، أتنشّق نسيم الجبل الأشمّ وأتغذّى بجنى تربته الجوّادة.

حربٌ من نوعٍ آخر

– طبعاً لم تنثنِ عن عزمك. فقد تأزّمت الأمور ثانية بعد عودتك إلى بيروت.

– مشوار طويل كان لنا بعد خطوتي الأولى نحو السفارة في قبرص. فقد شاءت الظروف أن ينفجر الوضع الأمنيّ في المنطقة المسمّاة بِـ "الشرقيّة" من بيروت في اليوم الذي عدتُ فيه من رحلتي.

وصلت ميناء جونية صباحاً والمناخ السياسيّ قلق لا يدعو إلى الراحة. فاستقلّيت سيّارة تاكسي إلى البيت ومنه إلى المدرسة حيث كنت مرتبطاً بتدريس بعض الساعات الخاصّة. وفيما أنا هناك، اندلعت نيران القذائف في كلّ مكان، ومن كلّ جانب. وتفجّر البركان المكبوت من تحت التراب ليصبّ حمماً ساخنة على الجميع. فالأجواء اكتظّت بالكتل الرصاصيّة الحامية لتقع على الأهالي الآمنين في بيوتهم، وعلى العمّال في مصانعهم، والأطفال في مدارسهم، ويتسارع بعضهم إلى مدارس أولادهم معرّضين أنفسهم لأخطار النار العشوائيّة في سبيل استعادة أطفالهم إلى منازلهم سالمين. وكم من أمّ أو أب قضى على الطريق ضحيّة عاطفته ومحبّته الأبويّة الخالصة! أو عامل ذبحته إحدى شظايا القذائف قبل أن يعود إلى بيته ويلقى زوجته وأولاده! لقد قامت قيامة المتحاربين فجأة. وضاقت بهم الأرض كما ضاقت قبلاً بقايين. وراح كلّ منهم يحاول إزاحة الآخر. فاحترقت الأرض وباتت رماداً. وتقوّض البنيان فأضحى بقايا هياكل منهوكة لا تلبث أن تهبط على مَن فيها. وانكسرت القلوب وانقبضت. وشكّك كثيرون بالانبعاث والقيامة بعد موات. وفُقد الإيمان والرجاء والمحبّة من النفوس. وعشّش فيا الكفر واليأس والبغضاء. وعبثاً حاول سعاة الخير شقّ طريقهم بين ظلمات القبور وأشلاء الجثث ودخان الحقد. فلم يقطفوا إلاّ قبضات ريح و لم يلقوا سوى صدى صرخات في واد.

وأذكر أنّ أحد زملائي في تلك المدرسة الخاصّة، ويدعى جورج س. وقد هاله يومذاك تجدّد المعارك في مثل تلك الحالة غير المعهودة، اضطرب بالُه على أولادٍ لهُ صغار في إحدى المدارس هناك، فرأى أن يأتيهم على وجه السرعة وينجو بهم قبل اشتداد القصف وارتفاع حرارته. فلربّما حُوصروا في مدارسهم لأيّام، أو تُركوا هناك دون مأكل أو مشرب. وربّما تركوا المدرسة إلى البيت مقتحمين أخطار الطريق. لقد جاءني هذا الزميل، وهو الصديق الودود، لا بل الأخ الذي لم تلده أمّي، وطلب منّي مفاتيح سيّارتي علّه ينجو بأولاده. فأعطيته المفاتيح حالاً. وطلبت إليه أن يحذر الفرامل فهي لا تعمل جيّداً كما يجب. لكنّه لم يسمع تحذيري، ففكره شارد مع فلذات الأكباد الصغار.

كنت أوقف السيارة خارج حرم المدرسة في شارع ينحدر قليلاً. وما أن استقلّ الزميل كرسيّ القيادة وأدار المفتاح حتى راحت السيّارة تتهادى ببطء ملحوظ نحو الوادي. ولمّا فوجئ بالأمر استعمل الفرامل دفعة واحدة، والفكر لمّا يزل عند الأبناء المحاصرين. وإذ لم تلبِّ الفرامل طلبه، تسارعت السيّارة لتنحرف فجأة وتجتاز العوائق في دربها، ثم تخترق السدود والمنحدرات إلى أن تقفز وتُقحم أنفها في التراب في أسفل الوادي، وترفع مؤخّرتها فوق صخرة ذات نتوءات، وتتوقّف هناك و لم يتوقّف محرّكها.

أطفأ السائق المذهول المحرّك وقفز من الباب سريعاً لينجو بنفسه قبل أن تنقلب به. ثم تسلّق المنحدر إلى الطريق العامّ ومن ثمّ إلى المدرسة حيث بادرني وعلامات الذعر والارتباك بادية على محيّاه قائلاً: "هذه مفاتيحك"، ومضى. فقلت: "ما بالك؟ وأين هي السيارة؟". قال: "تحت، في الوادي". وتركني ليأخذ سيارة أخرى ينطلق بها سريعاً إلى مدرسة أولاده. وكان القصف قد اشتد سعيره ووابل الرصاص قد ازداد انهماره.

لم أكترث إلى مصير سيارتي. فصديقي بألف خير. وهل يمكن أن تتدهور إلى الوادي وهو حيّ يرزق؟

ولمّا خفّت حدّة التراشق نسبياً، اندفعت إلى خارج المدرسة لأرى سيارتي في أسفل المنحدر. ومنظرها الخارجي لا يوحي بأنّها قد تضرّرت كثيراً. فتركتها هناك تستأنس بشظايا النار تندلع حولها، وعدت إلى البيت مشياً على الأقدام إلى أن تمّ انتشالها في اليوم التالي برافعة لأحد الأقرباء.

إستمرّت المعارك طويلاً وبأسلحة حديثة فتّاكة. فمَن نجا من نيرانها مات جوعاً، محاصراً في بيته، لا يقوى على تأمين لقمة العيش له أو لعياله. فكميّات الطحين في الأفران كادت تنفذ والتقنين أصبح واجباً. والتزاحم لتأمين لقمة الحياة يؤدّي أحياناً إلى خلافات ومشاكل جانبيّة راح ضحيّتها العديدون. فمَن تقاعس عن الانتظار ساعات طويلة في صفّ الفرن ليلاً معرّضاً للبرد والذلّ كما للموت الرخيص، مات وأولاده جوعاً. وأذكر أنّي كنت أقضي الليل بكامله مع بعض أولادي مداورة في الصفّ أمام الفرن لتأمين أرغفة معدودة نقتات بها. وكم من مرّة كنّا نعود فجراً بخفّي حنين بعد تعرّضنا لأنياب البرد والصقيع وهواجس القذائف المتساقطة عشوائياً هنا وهناك. وكما في الليل سهر دائم لكسب بعض الأرغفة الساخنة الملتصقة ببعضها البعض كذلك في النهار كان لنا مشوار طويل لتأمين المياه اللازمة للشرب أو للجلي والغسيل والحمّامات. فنتدافع إلى بئر إرتوازيّة، أو إلى حنفيّة بخيلة جاد بها بعضهم، فنملأ الأوعية البلاستيكيّة بعد انتظار طويل وتذمّر مرير، وكلّنا يلعن الحال التي وصلنا إليها بعد اكتفاء ورخاء.

وممّا لا أقوى على نسيانه في هذا المجال أن أمطرت السماء ذات ليلة. فشكرت الله على نعمته. وقد أرتاح ولو ليوم واحد من جلب الماء، والماء إكسير الحياة، فاستيقظت حالاً من نومي وركّزت برميلاً تحت الميزاب ألتقط به المياه من على سطح البناية. وكم كانت دهشتي كبيرة في الصباح عندما رأيت مياه البرميل سوداء فاحمة كما لو أذبت فيها حجارة القطران. وهكذا حتى مياه الأمطار قد لوّثتها الحرائق

وباتت أجواؤنا حبلى بالنعم القاتمة الداكنة بعد أن كانت صافية كعين الديك، نقيّة نقاء النسيم العليل.

أمّا الكهرباء فحدِّث عنها ولا حرج. أسلاك باردة برودة الموت. تملأ الشوارع شبكات متشابكة وقد فارقتها الحياة من زمان. فكيف لنا أن نطلب قيامة الموتى وأحياؤنا مهدّدون ومطلوبون للموات؟

البرّادات والغسّالات والمكاوي والتلفزيونات وكلّ الآلات المشابهة أصبحت من مخلّفات نهاية القرن العشرين، قرن الاختراعات والاكتشافات وغزو الفضاء، وقرن الحروب العالميّة والمحليّة. بتنا نتتطلّع إلى مخلّفات أجدادنا من سراج زيت أو قنديل كاز أو شمعة تنير ظلمات نفوسنا كما زوايا بيوتنا. وعدنا إلى جمرات الجدّة تحيي المكواة المتقاعدة منذ سنين، وإلى عيدان الحطب البالية تنعش سعير الموقد ولهيبه للإسراع في نضوج الطبخ وابيضاض الغسيل. عدنا لأشهر طويلة إلى حياة بدائيّة بسيطة بعيدة عن الرخاء والرفاهية التي قد عهدناها ونعمنا واعتدنا عليها.

لقد سلبت منّا الحرب نقاء الفكر وراحة الجسد. فاستيقظ فينا الإنسان الناقم الثائر. لكنّ نقمته وثورته لم تهزّ ضمير أرباب الحرب ومحيكي المؤامرات المدمّرة. فقد سلبوه صوته ورأيه وإرادته كما حريّته وتحرّكه. وهكذا عند اندلاع الحرب الأخيرة، رغم أنّها كانت منذ البدء حرباً بين أخوة في وطن واحد، تعطّلت لغة الكلام والوئام، وسادت لغة التباعد والخصام. فحمائم السلام لزمت أوكارها، وغربان الجيف أخذت تحلّق في الأجواء تنعق وتنعى الأمن والهدوء وتبشّر بالقضاء على مقوّمات الحياة الرئيسيّة وعلى كلّ أملٍ معقود.

الاستعداد للسفر

- وماذا كان لكم بعد موافقة السفارة على طلباتكم؟

- حرب كهذه، حملت معها الموت والفقر والجوع والخوف من المستقبل الغامض، حدّت من تحرّكنا باتّجاه السفر. فخطر التنقّل على الطريق يهدّد كلّ عابر سبيل. والمنطقة الواحدة باتت مناطق مشرذمة تفصلها حواجز وسدود. فما كان منّي إلاّ أن أنتظر رحمة من الله ورأفة بمواطني هذا البلد المصلوب.

وبعد شهر ونصف من المعارك المتواصلة انفرجت الأجواء نسبيّاً. فتنفّس اللبنانيّون الصعداء قليلاً لينطلقوا إلى ترتيب أمورهم المعيشيّة الضاغطة. فاغتنمت هذه الفرصة السانحة وأرسلت ولديّ الشابّين إلى قبرص بطريق البحر، مجتازَين على الأقدام حواجز عديدة وسدوداً ركاميّة قاهرة. وكلّ منهما يحمل حقيبة حوَت بعض الثياب والأمتعة المختلفة. ودّعتهما هناك وفي القلب حسرة وغصّة، وفي النفس أمل بلقاء قريب في قبرص لإجراء الفحوصات الطبيّة اللازمة.

لم أستطع اللحاق بهما. فسرعان ما عاد الوضع إلى ما كان عليه من تراشق مدفعيّ وصاروخيّ. لكنّي وقد هيّأت نفسي للسفر في أقرب فرصة ممكنة، اغتنمت هدوء الحال ذات يوم واستطعت أن أبحر سريعاً إلى قبرص مع بقيّة أفراد العائلة.

وهناك نزلنا في الفندق حيث كان ولدانا. وأجرينا الفحوصات المطلوبة في لارنكا. ومكثنا ننعم قليلاً بهدوء البال والحال ولو إلى حين. وبعد عشرة أيّام عدنا إلى بيروت دون أن يرافقنا ابنانا. فقد يحصلان على سمة الهجرة في غضون أيّام، ويسافران بالتالي من هناك، على أن نتبعهما لاحقاً بعد ترتيب أمورنا. فعدت مع زوجتي وابنتي نتدبّر أمر بيتنا ونشتري ما نحتاج للسفر من حقائب وحوائج ولوازم.

ونعمل على شحن بعضها رغم ما في ذلك من كلفة ومشقّة. وكنّا على اتصال دائم بقبرص للوقوف على أمر "الفيزا" المنتظرة.

وذات يوم، اجتزنا مصاعب جمّة للوصول إلى مركز الهاتف الآلي في أنطلياس، لتسقّط أخبار ولدينا في قبرص. فالقصف شديد، والقنص مرير، والحال تتدهور سوءاً، وإذا بهما يخبراني هاتفيّاً أنّهما قد تسلّما سمات الهجرة. وقد يطيران في غضون ساعات قليلة إلى كندا من مطار نيقوسيا. أمّا في ما يختصّ بأوراقنا فقد بعثاها إلينا مع أحد الأصدقاء العائدين إلى لبنان.

لم أتمالك نفسي آنذاك من البكاء. فأخذت دموعي تنساب على الخدود دون سابق إنذار. فتناولت زوجتي سمّاعة الهاتف حالاً لتستطلع الخبر وقد هالها ما أنا فيه من ردّة فعل، فإذا بها تتمالك نفسها وتدعو لهما بالتوفيق والسفر السليم. ثم عدنا أدراجنا إلى البيت وسط أزيز رصاص القنص ينفجر حولنا وأمامنا. لكنّ الله يبقى الحارس الأكبر والمدبّر الأعظم.

وتسلّمنا أخيراً "الفِيَز" التي تسمح لنا بالسفر الموعود. ورحنا نكمّل ترتيب أمور البيت والشحن وشراء الأمتعة الضروريّة لهذه الرحلة التاريخيّة.

أمّا من حيث ولديّ اللّذين سافرا منفردَين، فقد حجزت دائرة الهجرة في مونتريال جوازَي سفرهما وسمحت لهما بالإقامة مؤقّتاً لمدّة شهرين ريثما يصل والداهما (المحاصران في لبنان نتيجة الأحداث) كما اعترفا هناك.

لم يخبراني بالأمر. فقد اطمأن قلبي من ناحية ولديّ اللذين لحقا بأخيهما هناك. وبتُّ أؤخِّر موعد سفري، فقد يتحسّن الوضع، وقد تُفتح المناطق على بعضها بعد طول إقفال. وقبل أسبوع واحد من انتهاء مهلة الشهرَين، اتصل بي ابني الأكبر وقال لي بالحرف الواحد: "أُترك كلّ شيء هناك والحق بنا. وإلاّ سيعود شقيقاي من حيث أتيا. لأنّهما جاءا منفردَين وليس بصحبتكما". صُعقت للخبر. فالأمر خطير. وكيف

لهما أن يعودا من جديد وقد بذلا الكثير من الأموال والمشقّات في سبيل خلاصهما من بؤرة الحروب والدمار.

وكان لي أن أحجز سريعاً للسفر. وحُدّد الموعد. وفي غضون خمسة أيّام، تمّ لي كلّ شيء وبتُّ جاهزاً لبدء المسيرة نحو المجهول المنتظر.

يوم السفر

– وجاء ذاك اليوم الذي انتظرتَه بفارغ الصبر؟

– وهل تظنّ أنّنا حقّاً قد انتظرناه؟ أو هل ينتظر المرء بشوق أن يُسلخ عن وطنه ويُرمى بعيداً عن أرضه وذويه وبيئته وذكرياته؟ لكنّها الحرب. وقد شتّتت العائلة، وقوّضت أركانها، وهدّمت أسسها، وبعثرت عناصرها. فكان لا بدّ من الرحيل بعيداً لجمع الشمل والتقاط الأنفاس. فلقد ضاقت بنا أمورنا، وبرّحتنا الآلام والحسرات، وخنقتنا الأحداث والويلات. و لم تُبقِ على قيم أخلاقيّة عهدناها في شعبنا مذ وعينا. فقد حدث في فترة وجيزة وفي بقعة صغيرة من أرضنا ما لم يتصوّره عقل آدميّ، ولا يمكن أن يحدث في بلد ذي حضارة وتاريخ عريق كلبنان. نعم لقد استقبلت يوم السفر كمَن يستقبل يومه الأخير الموعود. فهل يترك الظبي ظلّه؟ فلربّما قد أهرب من الدبِّ إلى الجبّ. ولكن ما عساي أن أفعل قبل أن أغادر تلك الأرض الطيّبة حيث عشت، وحيث تغذّيت من خيراتها وتنشّقت من نسيمها البليل. كيف لنا أن نترك وربّما إلى غير رجعة، آباءً لنا وأمهات، إخوة وأخوات، أقرباء وأنسباء، أصدقاء وصديقات، عشنا معهم وباتوا منّا ولنا؟ وهؤلاء الجيران الأحبّاء! فقد شاركونا أفراحنا وأتراحنا. وقضينا معاً فترات حلوة من عمرنا. كيف لنا أن نغادرهم ونبتعد عنهم، وكنت بهم أشدّ أزري!

ولكن ما العمل؟ فقد تمّ كلّ شيء. وها إنّ السيّارة المخصّصة لنقلنا إلى المطار قد حضرت. وأخذ سائقها ينقل إليها الحقائب تمهيداً للانطلاق. فتنادى جميع الأقارب والجيران والأصدقاء من كلّ صوب، إضافة إلى الأشقّاء والشقيقات، يودّعوننا ويذرفون علينا دموع الفراق حسرة وأسىً. يا لها من ساعة أَزَفَتْ لا يحسّ

بها إلاّ مَن هو فيها. يعانقوننا، يقبّلوننا، عيونهم تحكي قبل الشفاه. وقلوبهم تبكي قبل العيون. يدعون لنا ويصلّون. يوصون ويحذّرون. ونحن لا نعي ما نحن فيه. أَحلمٌ ذاك أم حقيقة؟ ولِمَ كلّ هذا البكاء والنحيب، والصراخ والعويل؟ ونحن نغادر موقّتاً. ونبتعد عن وضع متأزّم لا حول لنا فيه. حتى إذا استتبّ الأمر عدنا سريعاً كالطيور المهاجرة التي تعود إلى وطنها بعد استقرار المناخ المناسب. وإذ نحن كذلك، دخل إلينا أحد الجيران يودّعنا صارخاً من الخارج: "حرام الأوادم يفلّوا من هالبلد". وأسرع نحوي يعانقني بذراعيه. وحشرجات صوته تختلط بدموع اللوعة والحسرة. فأجهشت بالبكاء كطفل صغير انتزع منه أحدهم لعبته الوحيدة العزيزة، فصرخ لعلّ صراخه يعيد إليه ما قد فقد. لقد انتزع المتحاربون منّا وحتى ذلك الحين وطوال خمس عشرة سنة أعزّ ما كنّا نملك في بلدنا من أمن واستقرار وصيت حسن. ولكنّ صراخنا لم يُجدِ نفعاً ولم يلقَ آذاناً صاغية أو قلوباً ترأف بنا، فطال عذابنا ولمّا يزل.

أخيراً تدافع الجميع إلى الشارع حيث السيارة تنتظر. فعاود بعضهم الكرّة يودّعون فينا من جديد قريباً أو صديقاً أو جاراً، ولسان حالنا يقول مع ابن زيدون:

لا تَحسَبوا نَأيَكُم عَنّا يُغَيِّرُنا   أَن طالَما غَيَّرَ النَأيُ المُحِبّينا

كادت قلوبنا تنفطر حزناً وعيوننا تغشى لفراق هكذا أحبّة أو جيران يكنّون لنا عواطف صادقة تجلّت صريحة في تصرّفاتهم الطبيعيّة. ولما تأخّرنا بالصعود إلى السيارة نبّهنا السائق إلى ضرورة الإسراع في الانطلاق. فالطريق محفوفة بالمخاطر. وعلينا اجتياز الحواجز المتعدّدة للوصول إلى المطار قبل الموعد. فاتجهت نحو السيارة ولقيت هناك شقيقي. وقد اتّكأ إلى بابها. والدمع محبوس في عينيه. فعانقته عناق الإخوة والبررة. ووعدته ألاّ أطيل أيّام غربتي إذا ما الهدوء عاد إلى ربوع الوطن. وإذ أنا كذلك رأيت زوجتي تعانق شقيقتها للمرّة الثانية ولا تقوى إحداهما على ترك الأخرى. فقلت في نفسي: "يا لها من ساعة مرّة يودِّع فيها الإنسان، قبل

سفره، أخاه أو أباه أو أمّه أو صديقه!".

فما أصعب الفراق وما أقسى يوم الوداع؟ يترك الإنسان قسماً منه عالقاً في أرضه وبيئته. ويغيب في آفاق الدنيا. ويبقى الحنين يشدّه دائماً إلى ذاك الجزء العزيز الذي تركه هناك، وما زالت ذكراه في البال.

وأخيراً قدّر الله لنا أن نقلّ السيّارة فودّعتنا العيون صامتة، ورافقتنا القلوب متحشرجة، لتُلقي علينا "النظرة الأخيرة" إلى أن تبتلعنا الطرقات ونتيه في آفاق السراب.

لا تسألني عمّا اعترض سبيلنا إلى المطار من معوقات، وما قسنا من أهوالٍ ومشقّات. فهي معهودة لكلّ عابر سبيل. وقد اعتدناها دون تذمّر أو مفاجأة بعد سنين طويلة من الصراع المرير، حيث تقوّضت أركان الدولة وبات هيكلها اسماً على غير مسمّى.

وأقلعت بنا الطائرة أخيراً لترينا لبناننا من فوق، لعلّنا نحتفظ في رئاتنا بعض ذخائر نُسيماته الصافية في الأعالي، وتكون حافزاً للعودة القريبة.

في طريقنا إلى كندا

وطرنا في الأجواء لأوّل مرّة، وقلوبنا تخفق فزعاً، وأفكارنا مشدودة إلى الربّ العليّ كي يحفظ لنا سلامة تلك الآلة العجيبة المحلّقة بنا وبالتالي سلامتنا. يا له من اختراع عجيب. حقّق حلم الأجداد في بساط الريح. فيه يعلو الإنسان إلى حيث لا يستطيع الطير بلوغه، ويعبر ظلمات الأجواء وضبابيّتها وفسحاتها غير المحدودة، ويقرّب المسافات والأبعاد. حتى لتكاد أن تأخذ ترويقتك في أقاصي الشرق من الكرة الأرضيّة وغداءك في أقاصي الغرب. ينتقل بك على متن الأثير بعيداً عن ضوضاء الأرض وعجيجها دون عرقلة أو تأخير. فسبحانك اللهمّ! يا مَن خلقتَ الإنسان على صورتك ومثالك! وزوّدته بقسط من فكرك ومعرفتك، لتنير أمامه الصراط إلى سلّم التقدّم والتطوّر في سبيل راحة الإنسانيّة وخيرها.

علَونا وعلَونا، وباتت المعالم تحتنا نقاطاً سوداء أو بُنِّيّة جرداء، إلى أن دخلنا بحراً أبيض من الغمام سدّ علينا منافذ الرؤية وحريّة انطلاقها. وما لبث ذاك الخضمّ من الضباب المتطاير أن استحال غابة كلّ ما فيها ينصع بياضاً. فهنا أشجار ضخمة من القطن المندوف قد قُطعت أغصانها، وبزع على الجذوع فروع كثيرة تمتدّ ألسنتها بشكل ظاهر، لتحاول أن تلتفّ على بعضها وعلى أمّهاتها ثمّ تتلاشى سريعاً. وهناك أروقة ضيّقة رُصفت بحجارة غريبة من الموزاييك تتداخل ألوانها الفاقعة وتتناسق بشكل عجيب، فتبدو كأنَّها أطلالُ طرق عاجيّة قديمة تبلغ بنا إلى أعالي المجهول الذي نقصد.

وتمرّ بنا بعض الأويقات ونحن نجتاز غابات السراب الأبيض فترتجف بنا الطائرة وتموج. أو تهبط أحياناً وكأنّها تقفز درجات عديدة من السلّم دفعة واحدة. فتهبط

لهبوطها القلوب، وتتعالى الدعوات والصلوات، وتُشَدّ الأحزمة عند إنذارات القيادة المتكرّرة، وتُحبَس الأنفاس إلى أن تعبر الطائرة تلك الطريق الوعرة، فنستعيد ألواننا المفقودة ونردّد قائلين: "حتى في أعالي الأجواء طرقات مهملة غير معبّدة. تُرى أَنلوم مسؤولينا على هذا الإهمال؟".

وتمرّ ساعات نعود فيها إلى أنفسنا. فلا نحن بالسماء عالقون، ولا على الأرض لاصقون، وفي بحر من الأثير سابحون وعابرون.

ها هو البحر دوننا، دنيا من المياه الساكنة. وقد نبدو له بقيّة حفنة من غمامة علت ولا بدّ لها من العودة أخيراً إلى بيت الطاعة، أو ربّما طائراً جبّاراً شَرَدَ عن سربه، ويعود لا محالة إلى وكره. ولكنّ حفنة الضباب تلك قد تتلاشى في دنيا المجهول إذا ما طرأ عليها صقيع الموت. والطائر الشريد قد يتيه في غياهب الآفاق ويبتلعه السراب إذا ما اشتدّت ضدّه الأنواء واعترضته الأعاصير والتيّارات، فلا يعود إلى وكره الموعود. فكيف للمرء أن يَأمن شرّ ذاك الطائر الجبّار ويطمئنّ إليه ويعلّق عليه الآمال، فيمتطي جناحيه المرتجفتين غير آبه بالأعطال والمخاطر المحتملة. فيغامر بحياته ويثق بمولوداته العجيبة التي توصّل إليها بعد بحث وعناء، مكتشفاً بها عوالم أخرى كانت مجهولة لديه. فكم من مرّة قد خانته تلك المولودات! وأودت به إلى الحضيض جثّة لا حياة فيها! لكنَّ سنّة التطوُّر وحبّ المعرفة عند بني الإنسان كانا الدافع الوحيد لمتابعة مسيرة الأبحاث والاكتشافات، آخذين من أرواح شهداء المسيرة قرباناً لهم، ومن أفكارهم وتجاربهم منارة توصلهم إلى الشاطئ الأمين.

ويقترب الطائر العملاق من الأرض رويداً رويداً. وتعود معالم الطبيعة تنضح لنا فترة بعد أخرى. فنرى الجبال تقترب، والسهول تمتدّ وتتطاول، والمدن ترتسم كتلاً بيضاء وحمراء تتوزّع بين خطوط سوداء منسّقة، وقد غصّت بنقاط داكنة متحرّكة كوكرٍ من النمل في حركته الدائمة.

لحظات يسيرة تُحبَس فيها الأنفاس. وتحطّ بنا الطائرة بسلام في مطار أورلي في فرنسا. ويتعالى تصفيق الركّاب عربون تهنئة للطاقم بحسن القيادة، ولنا رمز فرح

وسعادة برحلة موفّقة دون إزعاج.

أكثر من ستّ ساعات متواصلة انتظرنا أمام مكاتب الأمن العام للحصول على تأشيرات الدخول إلى البلاد لمدّة أربع وعشرين ساعة. نقلّ بعدها طائرة أخرى إلى كندا. وحدهم اللبنانيّون انتظروا على المقاعد هناك في قاعات المطار، وكأنّهم مجرمو حرب لفظتهم الإنسانيّة، يتوسّلون الرأفة والبراءة، ويطلبون النظر بأمرهم. تُرى ما فعلت بنا حربنا؟ وكيف بدّلت صورتنا المشعّة النيّرة حتى جعلتنا قتلة جزّارين في نظر الكثيرين من الدول، بعد أن علّمنا العالم الحرف، وأوصلنا حضارتنا إلى ما وراء البحار والمحيطات. ولكنّها غلطتنا. فلنتحمّل سوء العاقبة بتروٍّ وبرودة أعصاب.

وكان لنا أخيراً ما طلبنا في باريس. ورحنا ندور على طرقاتها ليلاً إلى إحدى فنادقها الفخمة حيث قضينا ليلتنا وانتقلنا باكراً إلى مطار شارل ديغول.

لم ننعم بهواء باريس أكثر من بضع ساعات. زرنا فيها المدينة ليلاً وغادرناها في الصباح. لم نرَ منها إلاّ أضواءها وتشابك طرقاتها. وقد أطلّ علينا من بعيد وللحظة يسيرة برج إيفل منتصباً عالياً ليصدق ظنّنا أنّنا حقّاً هناك في باريس، مدينة الليل والأنوار والجمال.

لا أستطيع أن أقارن بين مطارنا "الدوليّ" ومطارَي أورلي أو شارل ديغول في فرنسا. جُلّ ما أستطيع قوله أنّه لولا حرب الخمس عشرة سنة على أرضنا فلقد كان لنا ربّما نظيرهما.

ومن مطار شارل ديغول انطلقنا في طائرة أخرى إلى كندا عبر المحيط الأطلسي. وكم كانت تلك الرحلة طويلة مما عيل صبرنا، إلى أن وصلنا أخيراً إلى تورونتو بعد محطّة يسيرة في مونتريال.

في مطار تورونتو

وغطّت بنا عابرة القارّات أرض المطار في تورونتو. فاستقبلنا موظفو الأمن العام بكلّ تهذيب وابتسام. ثم أحالونا إلى دائرة الهجرة للتحقّق من أوراقنا. وكان لي هناك مقابلة مع أحد المسؤولين فيها لأوّل مرّة باللغة الإنكليزيّة. رغم أنّي كنت فيها طفلاً يحبو على الحضيض، إلاَّ أنّني كنت أجيب محدّثي بما تيسّر لي من مفردات وتعابير حفظتها على نفسي وألفظها بلهجة فرنسيّة واضحة. وما العمل؟ فلم يكن لديهم آنذاك مَن يتكلّم الفرنسيّة. وكان عليّ أن أمرّ سريعاً أو أنتظر لبعض الوقت الموظّف الذي يتكلّم الفرنسيّة. وقد استطعت أن أنقل للمسؤول خبر حجز جوازَي السفر لولديّ في مونتريال منذ شهرين، فقال لي: " غداً سيصلانك في البريد". فظننت أنّه يمزح أو لم يفهمني. إذ كيف لهم أن يعيدا جوازَي ولديّ في يوم واحد ومن مدينة مونتريال حيث تبعد عن تورونتو نحو ساعة من الطيران؟ المهم أنّه رحّب بنا في كندا وتمنّى لنا إقامة هادئة على أراضيها، بعيدة عن المشاكل والحروب التي عهدناها في بلدنا. فشكرنا له حسن استقباله وترحيبه، وودّعناه خارجين إلى حيث ينتظرنا المستقبلون.

وكان اللقاء. كلّ أنسبائنا في المدينة إضافة إلى أبنائنا الثلاثة كانوا هناك. وكما جرّحت دموعنا الأجفان والخدود، وأدمت القلوب عند الوداع، فاضت فرحاً وبهجة هنا عند لقاء فلذات أكبادنا وأقربائنا الذين تركونا في أوقات صعبة سابقة.

أن نلقى في كندا عائلات لبنانيّة عديدة ومن بلدتنا بالذات، وتربطنا بهم صلات القربى الوثيقة، إضافة إلى لقاء أولادنا بعد طول انتظار، وأن يجتمع شمل العائلة بعد تشتُّت مرير منذ أمد بعيد، ذاك لحلمٌ من أحلامنا السعيدة، وحقيقة طالما تمنّيناها. وبقدر ما يحمل يوم الوداع من حرقة ولوعة وآلام، بقدر ما يمنحنا يوم اللقاء من بِشرٍ وغبطة، ومن البهجة النفسيّة المتوخّاة.

تورونتو

– وماذا عن تورونتو ودنيا الاغتراب؟

– قبل أن أعطي بعض الأضواء على تورونتو لا بدّ لي من أن أتكلّم بشكل موجز وعامّ عن كندا، هذا العالم الذي نزحت إليه.

كندا وحسبِ معلوماتي الجغرافيّة المتواضعة باتت من أكبر دول العالم مساحة واتّساعاً بعد تفكُّك الاتّحاد السوفياتيّ الذي كان يحتلّ المرتبة الأولى في هذا المجال. وتشكّل كندا مع الولايات المتّحدة الأميركيّة والمكسيك النصف الشمالي من القارة الأميركيّة.

وكندا بمقاطعاتها العشر وأقاليمها الثلاثة تُعَدّ من الدول الصناعيّة والزراعيّة الكبرى في العالم. ولكلّ مقاطعة منها استقلالها الذاتيّ وترتبط بالدولة بحكم فدراليّ منظّم تحت سلطة التاج البريطانيّ. وبقدر ما الدولة الكنديّة واسعة الأطراف بقدر ما يسكنها أقلّ من ثلاثة أشخاص في الكيلومتر المربّع الواحد. وذلك يعود إلى مناخها البارد، وشتائها الطويل القارس، وصيفها القصير الحار. لذا فالدولة تفتح دائماً ذراعيها لاستقبال المهاجرين والمضطهدين من جميع أنحاء العالم دون تمييز لتعبئة أراضيها بالعنصر البشريّ العامل، ولرفع مستوى العيش بين أبنائها. و لم تبخل الدولة يوماً في مدّ يد العون إلى الدول المنكوبة أو المساهمة مع الأمم المتّحدة في كلّ المجالات الإنسانيّة والعسكريّة.

وكندا هي من مجموعة الدول الصناعيّة الكبرى. وصناعاتها، الثقيلة منها والخفيفة، تتصف بالتقنيّة المتطوّرة والجودة المميّزة.

أمّا تورونتو عاصمة مقاطعة أونتاريو حيث أعيش، فهي تقع على شاطئ بحيرة أونتاريو التي يبلغ طولها نحو مئة وثلاثة وتسعين ميلاً أي ما يعادل ثلاثمائة وأحد عشر كيلومتراً، وعرضها نحو ثلاثة وخمسين ميلاً. كما جاء في دائرة المعارف

"بريتانيكا". وهذه البحيرة هي من البحيرات الخمس الفاصلة بين الولايات المتحدة الأميركيّة وكندا. وشلاّلات نياغارا العجائبيّة هي الحدود الفاصلة أيضاً بين الدولتين عند بحيرة أونتاريو.

أمّا تورونتو فهي مدينة واسعة فسيحة الأرجاء. تمتدّ على مساحة تقرب من ألفي كيلومترٍ مربَّع. وتنبسط انبساط السهل الشاسع الأبعاد. والناظر إليها من بعيد لا يرى مدينة يسكن فيها نحو ثلاثة ملايين من البشر. فمعظم بيوتها من خشب وقرميد وتغرق بين أشجار ظليلة وجنائن تهلّل للقادمين إليها. أمّا البنايات الشاهقة فتنتشر مجموعات صغرة متفرّقة ومتباعدة في ذاك المنبسط الأخضر. ولا تتقارب وتتكاثف إلاّ حيث مركز المدينة الأساسيّ إلى شاطئ البحيرة. فتعلو البنايات هناك إلى أكثر من سبعين طبقة يتوسّطها أعلى برج في عالمنا الأرضيّ هذا وهو البرج الوطنيّ الكندي الذي يشمخ إلى علوّ خمس مائة وثلاثين متراً. وإلى جانب البرج يقوم ملعب "السكايدوم" الفسيح الذي يُقفَل سقفه ويُفتَح بطريقة تأخذ بالألباب وتثني على مُهندسيه وبنّائيه. ويُعدّ هذا الملعب أيضاً من أوائل الملاعب المسقوفة في العالم، إن لم يكن أكبرها.

والناظر إلى خريطة تورونتو يرى أنّ مهندسي المدينة قد خطّطوا لمدينتهم قبل بنائها. فقسّموا شوارعها الرئيسيّة خطوطاً مستقيمة متوزاية تمتدّ من الجنوب، مركز المدينة، إلى الشمال، ومن الشرق إلى الغرب. وتتباعد عن بعضها مسافة كيلومترين لتشكّل شبكة منسّقة تربط كلّ أنحاء المدينة ببعضها البعض. وجعلوا من أحد تلك الشوارع شارعاً رئيساً يقسم المدينة إلى قسمين شرقاً وغرباً. واتّبعوا طريقة خاصّة في ترقيم البيوت تسهيلاً لتعيين مراكزها. ويخترق المدينة من الشرق إلى الغرب ومن الجنوب إلى الشمال أوتوسترادات تربط المدينة بما حولها ويدعونها بما معناه "الطرقات العالية"، وتخصّص للانتقال السريع دون توقّف لخلوّها من الإشارات الكهربائيّة المنظّمة للسير.

أمّا من حيث النقل العام ضمن المدينة وضواحيها فهناك شبكة من الأوتوبيسات تربط بخطوطها المتشابكة كلّ أنحاء المدينة. والقطارات السريعة تحت الأرض تختصر المسافات وتقضم الطرقات وتختزل عرقلة السير. كلّ ذلك لقاء مبلغ زهيد من المال يدفعه المواطن مرّة واحدة في رحلته حتى ولو أستقلَّ عدّة باصات أو قطارات. وضمن شوارع المدينة الخضراء لا تزال هناك شبكة "الترامواي" تسدّ الحاجة وتذكّرنا بـ "ترامواي" بيروت رحمه الله.

وممّا يجدر ذكره أنّ أصغر شارع في تورونتو هو بعرض أوتوستراد الساحل اللبنانيّ الذي نفتخر به رغم أنّه لمّا ينتهِ بعد.

فشبكة "الطرقات العالية" تتّسع أحياناً لمرور اثنتي عشرة سيّارة في الذهاب وفي الإياب، وتغطّي مساحات كبيرة من الأراضي في سبيل الانتقال السريع واجتياز المسافات الطويلة دون عرقلة أو تأخير. فكيف لمدينة يوازي سكّانها سكّان لبنان وسيّاراتها تعَدّ أيضاً بالملايين ألاّ يتعرقل السير في شوارعها مرّة واحدة بشكل ملحوظ؟ وهذا يعود طبعاً إلى تعدُّد وتنوُّع واتّساع شبكة الطرقات فيها، فضلاً عن قانون السير الصارم الذي يجعل من كلّ مواطن خفيراً.

وترعى الدولة صيانة الطرقات بصورة دائمة صيفاً شتاءً لتبقى صالحة مريحة هادئة. ففي الشتاء إذ تتساقط الثلوج وتتراكم تبقى وحدها الطرقات خيوطاً سوداء في عالم أبيض مزركش. فتجهد السيارات البلديّة والمحليّة في رشّ الأملاح وجرف الثلوج وفتح معابر المشاة بصورة مستمرّة. وفي الصيف يصلحون ما عطّلته المياه والثلوج. وإذا اضطرّوا إلى قطع شارع ما شقّوا إلى جانبه فرعاً آخر وعبّدوه ومدّوا إليه الإشارات الكهربائيّة والأضواء ومجارير المياه وشبكة مياه الإطفائيّة، فضلاً عن أرصفة المشاة، وحوّلوا السير إليه حتى إذا انتهوا من أعمال الصيانة والبناء أعادوا كلّ شيء إلى ما كان عليه وألغوا وصلة التحويل تلك، مهما كلّفتهم من تعب وأموال.

أمور كثيرة تلفت النظر في بلادنا الجديدة، الدولة تلقي بثقلها على المواطنين فتفرض عليه الضرائب الفدراليّة والمحليّة في سبيل المصلحة الوطنيّة العليا. فتؤمّن للمواطن عدا الأمن والحياة الرغيدة السعيدة التعليم المجّانيّ لأبنائه حتى المرحلة الجامعيّة، حيث تدفع عنه إذ ذاك تسعين في المئة، ويتحمّل التلميذ ما تبقّى. وإذا لم يقو التلميذ الجامعيّ على دفع ما يتوجّب عليه تمنحه القرض اللازم لذلك. كما أنّها تؤمّن للمواطن الطبّ المجّانيّ على أنواعه في كلّ عيادات الأطبّاء والمختبرات والمستشفيات. فلا يهتمّ كيف سيؤمّن لأولاده المدرسة أو العلاج. وإن أُقفلت أبواب الرزق في وجه أحدهم مدّت إليه الدولة يدها فتدفع عنه كلّ نفقاته من مأوىً ومأكلٍ وتنقّلات، وتدفع لأولاده التلامذة مبلغاً شهريّاً يعينهم في شراء حاجاتهم الضروريّة.

فكلّ مواطن إذا ما أمّنت له السلطة أمور معيشته، ومجّانيّة التعليم والطبابة، وطوّرت برامج المساعدات الاجتماعيّة، فضلاً عن ضمان الشيخوخة، دفع ما توجّب عليه من ضرائب بكلّ طيبة خاطر. فدولته تأخذ لتعطي. وعطاؤها يشعرُ به كلّ مواطن شريف. وما أُحيلى الدولة أن تقوم بواجباتها وتسهر على راحة مواطنيها، وتأمين الحياة السعيدة لهم في ظلّ قوانين ترعى شؤون الجميع دون أن تمييز.

ففي كندا مجموعات وجاليات متفرّقة من جميع أنحاء العالم. هي خليطٌ من ساج وعاج، بل بستان من الشجر. ولكلّ شجرة لونها. ولكلّ ثمرةٍ رائحتها وطعمها. وكلّ هذه الأشجار تعيش في حقل واحد. تتنشّق معاً النسيم الواحد، وتمتصّ من ترابها الواحد ذات المياه والغذاء. فتتآلف وتنمو لتشكّل جنينة متنوّعة يقصدها الجميع للاستجمام ويجد كلّ فيها مميزاته وتقاليده ومطلبه.

فيها أجناس البشر وعروقهم جميعاً. فيها الأبيض والأسود والأصفر والأحمر. فيها الآسيويّ والمتوسّطيّ والإفريقيّ والأوروبيّ والأميركيّ الجنوبيّ. فيها من لغات العالم جميعها، ومن عاداتهم وتقاليدهم كلّها. مجموعة مزركشة من البشر كقوس

قزح يعيشون معاً باحترام متبادل ورغبة في العيش المشترك. كلّهم سواسية أمام القانون والأنظمة النافذة. و لم يكن تنوّع العروق والأجناس والمذاهب والتقاليد سبباً للتفرقة والتنافر، أو حجر عثرة في طريق سلامة العيش بين المواطنين، بل هو حافز أكيد ومنافسة صريحة نحو نشر وتعميم ثقافة وتقاليد كلّ مجموعة بشريّة منهم. فترى من خلال هذا الكوكتيل الحضاريّ مجتمعاً فريداً يتّصف بتعدُّد الآفاق والثقافات وتفاعلها العجيب مع بعضها البعض.

في دنيا الاغتراب

– وأين أنت من دنيا الاغتراب تلك؟

– منذ وصولي إلى كندا ورغم وجودي بين أفراد عائلتي ومجموعة كبيرة من أقربائي وأصدقائي، أحسست أنّي قد اقتُلعت عنوة من أرضي لأُزرع في أرض جديدة لا عهد لي بها من قبل، ولا يشدّني إليها أيّ حنين سوى هدف جمع شمل العائلة، والتخلّص من الأحداث الأليمة التي ألّمت بوطني. كنت شاكراً دولة كندا التي رأفت بنا في محنتنا، وفتحت لنا أبواب الهجرة، ومدّت إلينا يد المساعدة تنشلنا من بؤرة الأوجاع التي غرقنا فيها في ظرف تنكّر لنا فيه معظم الأشقّاء والأصدقاء. وحدها كندا استقبلت المهجّرين والمضطهدين والنازحين من بلادنا فخصّصت لهم برنامجاً خاصّاً لمساعدتهم، حتى وإن دخلوا أراضيها بطريقة غير شرعيّة. فالدواعي الإنسانيّة وسلامة الإنسان؛ أيّ إنسان، هما فوق كلّ اعتبار آخر. لذا أحببت أن أهاجر إلى كندا بعد أن كنت مهجّراً في بلادي، وبسطت لي كندا ذراعيها تستقبلني كأحد مواطنيها الأصيلين. فمنذ أن حصلت على تأشيرة الهجرة، أصبحت في نظرها مواطناً أتمتّع بكلّ الحقوق والواجبات التي شرّعتها النظم الكنديّة. فكيف لي أن أنسى فضل مَن أخذ بيدي إذا ما عثرت، أو أتغافل عن شكر مَن فتح لي باب بيته يأويني ويحميني ويقيتني في ساعات ضيقي وألمي.

وإن أكنّ للدولة الكنديّة كلّ تقديري وشكري فلن "أغترّ برهرهة الآل"[١٣] وأنسى طبعاً موطني الأوّل حيث نشأت وربيت، وحيث ترعرعت ونَمَوْت. فلموطني مكان

١٣ الآل: السراب.

مقدّس في قلبي له حرمة العبادة والتأليه. وإنّي إذ انتزعَتني ظروفي من محيطي وبيئتي، ولفظتني إلى أرض جديدة تختلف عن أرضي من حيث المناخ والبيئة والتقاليد، كان لا بدّ لي من التأقلم والتكيّف في وطني الثاني لأقوى على العيش والاستمراريّة بسلام واطمئنان. وها هي الدولة الكنديّة تبسط هنا سلطتها وتشيع الأمن والاستقرار في النفوس، وترعى شؤون مواطنيها خير رعاية. فلننعم على الأقلّ بغربتنا عوض البكاء على الأطلال، عملاً بقول أحدهم:

ما بين طرفةِ عينٍ وانتباهتِها ... يغيّرُ اللهُ مِن حالٍ إلى حالِ

وقد تعود لنا أيّامٌ حلوة فقدناها في بلدنا من زمان.

إجازة السوق الكنديَّة

– هل من مزيد عن دنيا الاغتراب هذه؟

– لكلّ بلد قوانينه الخاصّة التي تحدّد حقوق وواجبات المواطنين.

وبقدر ما إجازة السوق في بلدي سهلة المنال، بقدر ما هي صعبة في تورونتو. فإن توفّرت فيك الشروط المرعيّة الإجراء من سنٍّ وجنسيّة، أو إقامة شرعيّة، فما عليك إلاّ أن تتقدّم من أحد الأماكن المحدّدة بالطلب المناسب ودفع الرسم المالي المطلوب. فتقوم حالاً بامتحان صحيّ على آلة خاصّة للتثبّت من صحّة نظرك، ثم تدخل غرفة ماكينات مبرمجة من "الكومبيوتر" فتختار إحداها لتسألك أربعين سؤالاً، وعلى الطريقة الأميركيّة، حول قوانين السير والإشارات المرعيّة الإجراء. وتقضي الطريقة بأن تقرأ السؤال على الشاشة مع إجابات ثلاث ممكنة له. فتختار الإجابة الصحيحة التي تراها وتضغط على الزرّ المناسب. وهكذا دواليك، إلى أن تأتي على كلّ الأسئلة. وقد يحقّ لك بثمانية أخطاء على الأكثر، حتى إذا زاد العدد عن ذلك اعتُبرت راسباً. ويمكنك التأكّد من صحّة اختيارك الإجابة المناسبة فتضغط على زرّ خاصّ لتعطيك الآلة نتيجة عملك، حتى إذا فعلت ذلك مرّة لن تستطيع بعدها أن تختار إجابة أخرى قد تراها لاحقاً أنّها الأنسب.

وفي النهاية تترك الآلة العجيبة آنذاك لتقف أمام الموظّف الفريد هناك يراقب العمل من خلال آلته، ويعطيك النتيجة.

وإذا اجتزت الخطوة الأولى تحصل على إجازة موقّتة تمكّنك من سوق سيّارة ولمدّة سنة واحدة برفقة أحد الحائزين على رخصة سوق. وخلال فترة السنة هذه تتقدّم هاتفيّاً من أحد المراكز بطلب موعد لإجراء الفحص العمليّ على سيّارة خاصّة. وإذ

ذاك تأخذ سيّارتك وإلى جانبك أحد الفاحصين وتذهبان معاً في نزهة طويلة تجتاز فيها جميع الطرقات العامّة والرئيسيّة والفرعيّة، وكذلك "الطرقات العالية" التي تربط المدن بعضها ببعض. ثم يعود بك الفاحص إلى حيث انطلقتما. فيعطيك تقريراً نهائيّاً عن جولته معك، متضمّناً نتيجة عملك. فإن كنت من الفائزين أشاروا إليك بأخذ صورة شمسيّة لك هناك في المركز نفسه لتنتظر بعدها قليلاً وتكون الرخصة بين يديك.

أمّا نظام المخالفات فشديد الوطأة على السائقين حفاظاً على سلامة المواطنين. فلا يجرؤ أحد على مخالفته. فإن فعل كان جزاؤه المحضر المناسب من قبل البوليس. والمحضر يحدّد نوع المخالفة والغرامة الماليّة إضافة إلى تخفيض بعض النقاط من سجلّ السائق حتى إذا انتُزعت منه النقاط التسع التي تعطى له في البدء انتُزعت منه رخصة السوق شهراً ثم شهرين وربّما نهائيّاً فيما بعد. أمّا شركات التأمين على السيّارة فترفع من رسومها كلّما زاد سجلّ السائق بالمخالفات وانخفض بالنقاط.

وفي الفترة الأخيرة وبعد تزايد حوادث الاصطدامات على "الطرقات العالية"، اضطرّت الدولة إلى تعديل بعض بنود قانون السير، وأجبرت الطالب أن يلتحق بمدرسة خاصّة للتعليم والإرشاد، ولا يجوز له السوق على "الطرقات العالية" إلاّ بعد مرور سنة من تاريخ إجازته.

فحبّذا لو كان لنا في بلدنا مثل هذا القانون الدقيق الرادع.

– وماذا بالنسبة إليك؟

– قليلاً ما كان المهاجرون الجدد يجتازون امتحانات السوق للمرّة الأولى بنجاح. وهذا طبيعيّ. فاللغة والقوانين والأنظمة وطبيعة الطرقات كلّها تلعب دورها في ذلك. وقد يلتحق معظمهم بمدارس خاصّة لتعليم السوق، أو يستعينون بمترجم ليجتازوا المرحلة الأولى. فيعثر بعضهم مراراً وتكراراً، ويجتاز البعض الآخر هذه الامتحانات بعد عزم وتصميم.

أمّا بالنسبة إليَّ، فما إن مضى على وصولي إلى تورونتو شهران فقط حتى تقدّمت، وولديّ اللذين هاجرا حديثاً، من امتحان الكومبيوتر. وحده ابني الأصغر "مروان" قدّم امتحانه بالإنكليزيّة، بينما قدّمته وابني الآخر "غسّان" بالفرنسيّة لأنّنا لم نكن نُحسن بعدُ الإنكليزيّة. وقد اجتزنا، نحن الثلاثة، الخطوة الأولى بنجاح، ثم الخطوة العمليّة التالية دون أيّ عائق. ممّا لفت نظر الجميع من معارفنا قائلين: "إنّها المرّة الأولى التي يتمّ بها ذلك لثلاثة من أفراد عائلة واحدة".

المدرسة الإنكليزيَّة

لم أدرس الإنكليزيَّة يافعاً. وإذ عزمت على السفر إلى كندا ابتعت أحد الكتب التي تساعد على تعلُّم الإنكليزيَّة بدون معلِّم. فحفظت عنه بعض المفردات الهامّة وأخذت بعض المبادئ الأساسيَّة لتركيب الجملة. ممّا ساعدني على قضاء أموري أثناء سفري إلى قبرص وبدء مسيرة اغترابي.

ولكن بعد أن استقرَّ بي المقام في كندا كان لا بدَّ لي من تعلُّم هذه اللغة الهامّة. فانتسبت إلى إحدى الدورات الصيفيَّة في بادئ الأمر. وكم كانت دهشتي إذ كنت أسمع المدرِّسة، وهي من أصل إيرلندي، تتكلَّم بطلاقة ولهجة لم أفقه منها شيئاً. فأراني كالأطرش في الزفّة، أو كعصفور في غير سربه. فبعد أن كنت ذاك المدرِّس أو المدير الذي يهابه ويطيعه ويحترمه جميع تلامذته، ها أنذا غريب هنا حقير، في صفٍّ يحوي من التلامذة من كلِّ الجنسيّات العالميَّة، يتفاهمون بالإشارات أو بالإنكليزيَّة المحطَّمة. وبقدر ما كانت دهشتي من عدم قدرتي على فهم ما تشرح المدرِّسة، بقدر ما كانت دهشة المدرِّسة عند تصحيح مسابقتي الخالية من أي خطأ. فتقول لي: "أحقاً إنّها لك؟". وقد قالت لي مرَّةً بعد أن علمَت بحداثة عهدي في كندا: "ستعتاد أذناك في غضون شهرين على سماع الإنكليزيَّة، ولا بأس عليك". وهذا ما كان حقّاً حين عدت في بدء العام الدراسيّ التالي لأرى نفسي أجادل المعلَّمة والتلامذة في مواضيع البحث المطروحة. ولم يمضِ شهران على ذلك حتى بتّ أقرأ وأفهم وأكتب دون أيَّة صعوبة. ولا أكتم سرّاً إذا قلت إنَّ الفرنسيَّة قد مهَّدت أمامي الطريق وجعلتني أملك لغتي الجديدة خلال فترة وجيزة. وممّا أذكر في هذا المجال أنّني انتُدبت مرّة عن صفّي لأقارن بين هاتين اللغتين من حيث الأصول والقواعد والإملاء واللفظ والاشتقاق وما إلى ذلك.

وكانت الدراسة شيّقة ومفيدة حتى للمدرّسة التي قدّرت عملي وأبحاثي، ممّا دفعها إلى إعطائي قصيدة بالفرنسيّة لشرحها على رفاقي. والقصيدة لأحد شعراء كيبيك يبثّ بها مشاعره وحنينه إلى أهله وأرضه لائماً الفرنسيّين الذين خذلوا إخوانهم في كيبيك أثناء حروب هؤلاء مع الإنكليز، بينما تلقّى الإنكليز مساعدات فوريّة من إخوانهم في الولايات المتّحدة. وطلبت منّي عرض القصيدة على اللوح تمهيداً لشرحها في اليوم التالي.

عرضت القصيدة وقرأتها بلغتي الفرنسيّة لا "الكيبيكوازيّة" التي اعتاد أهالي كندا سماعها. فرجتني إعادة قراءتها لما سمعت فيها من رنّة شعريّة وموسيقيّة للكلمات والقوافي. ثم فاجأتني بأن طلبت منّي أيضاً أن أستعدّ لترجمتها إلى الإنكليزيّة في اليوم التالي كي يفهمها التلامذة رفاقي.

وإذ كنت الواثق الثابت، عرضتُ عليها أن أشرحها وأترجمها حالاً. وكان لي ذلك وسط إعجاب المدرّسة وتقدير التلامذة زملائي. مُكبِرين فيّ جرأتي وثقتي بنفسي وطريقة عملي المهنيّ.

وبعد أن قضيت شهرين في قسم اللغة انتقلت إلى قسم التاريخ والجغرافية لأدرس على الأقل كلّ ما يتعلّق بهذا البلد الذي اخترته كمحلّ لإقامتي الثانية ولو إلى حين. حتى إذا انتهت فترة الشهرين انتقلت إلى قسم اللغة المحكيّة بعد أن صَعُب عليّ فهم الكلام المحكيّ في الشارع أو الأسواق.

وهكذا بعد ستّة أشهر فقط قضيتها في تعلّم الإنكليزيّة تركت المدرسة لأتابع على نفسي التحصيل المستمرّ كعادتي المعهودة.

التربية وطرق التدريس في كندا

– وما كانت ملاحظاتك في طرق التدريس ومناهج التعليم لديهم، وأنت المربّي ذو الباع الطويل في حقل التدريس والتربية؟

– التربية علم كبقيّة العلوم. له أسسه ومبادئه واختباراته، وإن اختلفت الأساليب باختلاف البلدان والمناطق والمناخ. فما يصحّ في هذا الإقليم أو المناخ قد لا يصحّ في آخر. حتى أنّ هذه الأساليب قد تتنوّع في المنطقة عينها بين شخص وآخر، حيث تتداخل معها وعلى خطّ موازٍ عوامل الوراثة والتكوين الفيزيولوجي والنشأة البيتيّة والبيئة المحليّة، فتتفاعل كلّ هذه العوامل مع المبادئ التربويّة لتكوّن لكلّ منّا شخصيّته الفريدة وآراءه المميّزة.

أمّا من حيث المناهج التربويّة وطرق التدريس في كندا فلا أعرف عنها شيئاً أكيداً سوى ما استنتجته أثناء دراستي اللغةَ الإنكليزيّة.

فالمنهاج محدود بحيث لا يُعطي التلميذ طالب اللغة سوى ما قد يساعده على حفظها وفهم قواعدها. وطالب التاريخ أو الرياضيّات كذلك. فلا يُعبّأ ذهن التلميذ بمعارف مختلفة لا تمتّ بصلة إلى المادّة التي يدرسها. فقد رأيت أستاذ اللغة لا يفقه شيئاً عن تاريخ بلاده أو جغرافيّتها، وأستاذ التاريخ أو الجغرافيا ليس له أيّة معلومات عن علوم الطبيعيّات. وهذا ما لمسته فعلاً حين كان موضوع أحد دروس اللغة يدور ذات يوم حول أنواع المأكولات عند الإنسان. وكعادتهم في طرق التدريس المتّبعة تقسّم المدرِّسة تلامذتها إلى مجموعات عدّة تأخذ كلّ منها في البحث بواسطة الكتب المتوفّرة والنشرات الموضوعة لهذه الغاية، لتكوّن خلاصة نهائيّة حول الموضوع

المطروح. فتنتدب كلّ مجموعة أحد أفرادها لشرح ما توصّلت إليه من معلومات على المجموعات الأخرى. أمّا دور المعلّم فهو دور الموجّه الرقيب.

ولمّا انتدبَني أفراد مجموعتي للتكلّم حول موضوع المأكولات قمت وبيّنت للتلامذة رفاقي أنواع المأكولات النشويّة والسكّريّة والبروتينيّة والدهنيّة. وأماكن وجود كلّ منها وكيف يبدأ هضم النشويّات في الفم ليكتمل في الأمعاء، أمّا البروتينات والدهنيّات فيبدأ في المعدة لينتهي في الأمعاء كغيرها، وكذلك دور العصارات الهضميّة التي تفرزها الغدد اللعابيّة والمعدة والبنكرياس والكبد والمرارة والأمعاء وغيرها... لتساعد على الهضم وتحوّل المأكولات أخيراً إلى حوامض بسيطة التركيب يمكن امتصاصها بسهولة في الأمعاء الدقيقة، وتُطرح البقايا غير المهضومة والمركّبة خارجاً.

وإذ أتيت على النهاية شعرت أنّ التلامذة قد أخِذوا بما أنا فيه، وبما نالوا من معلومات، وكذلك المدرّسة بما سمعت من شروح مستفيضة حول الموضوع. حتى أنّها كانت تحيل أسئلة التلامذة عليّ، بعد أن تعلن أن لا جواب لديها عنها. وقد بادرتني أخيراً بالسؤال التالي: "وأنت من أين لك ذلك؟". فأجبتها: "هذه أمور علميّة يتعلّمها تلامذتنا حتى في الصفوف الابتدائيّة كما يتعلّمون غيرها. فتلميذنا دائرة معارف مصغّرة، وأستاذُكم دائرة معارف محدودة". قالت: "صدقت".

تُرى أين الحقيقة التي نبحث عنها في تربية وتعليم الأطفال؟ أهي لدينا أم لديهم؟

الكومبيوتر

آلة عجيبة غريبة غزت عالمنا في نهاية القرن العشرين. فدخلت مكاتبنا ومعاملنا وسيّاراتنا وطائراتنا وجميع آلاتنا، كما انتشرت على طرقاتها واقتحمت بيوتنا.

صندوقة صغيرة، وأحياناً بحجم لا تكاد تراه العين، تحمل من المعلومات والمعارف ما لا يمكن لإنسان حمله مهما بلغ من قوّة الذاكرة وحدَّة الذهن وشحذ الفكر. إختراع يخزّن المعلومات وينظّمها وينسّقها وينضّدها بثوانٍ معدودة. فلا ينسى أيّة شاردة أو واردة، ولا يغفل عن أيّ خطأ. وحده لا يُخطئ إذا طلبت منه عمليّة حسابيّة أو تجاريّة، أو حلّ مشكلة عويصة شغلت فكرك، أو تنظيم وتنسيق عمل في شركة أو معمل مهما بلغ عدد العمّال والمصاريف والموارد. فما عليك سوى أن تدقّ بابه ساعة تشاء ليكون حاضراً ومستعدّاً لتلبية طلبك.

وبحسب أحد التقارير العلميّة الأخيرة، ففي عام ١٩٢٢ كان يلزم اثنان وستون ألف عالم حسابيّ للتكهّن بأحوال الطقس المتوقّع في اليوم التالي في لندن. أمّا اليوم فقد يستطيع الكومبيوتر إجراء ستّة ملايين عمليّة حسابيّة في ثانية واحدة حول الطقس المتوقّع، أي ما لا يستطيع إنسان عمله في مدّة ٤٢٠ سنة.

"البوليس" يضعه في سيّارته ليطلب بواسطته ملفّك الشخصيّ الكامل من خلال لوحة السيّارة. فيعرف هويّة سيّارتك منذ ولادتها وحتى تاريخه. كما يقرأ هويّتك وكلّ ما خُطّ عليها عن سجلّك الشخصيّ.

وموظّف المصرف يعرف من خلال رقم حسابك كلّ المعلومات عن رصيدك فضلاً عن هويّتك. كما أنّ البطاقات التي تحملها، صحيّة كانت أم مصرفيّة أم للعمل، فبمجرّد أن يأخذ الكومبيوتر الرقم من على صفحتها الممغنطة يعطي الضوء الصالح لطبابتك مجّاناً، أو لإجراء أيّة عمليّة مصرفيّة تريدها، أو لتقرأ على شاشته كلّ ما يختصّ بعملك وحياتك.

في السيّارة تراه هناك يقوم بدور فعّال في ضبط أمور الوقود والسرعة والكهرباء وما إلى ذلك، حتى إذا اختلّ أحدها كان هناك ليرشدك إلى الخلل الحاصل دون إرهاق في البحث والتنقيب. وفي الطريق ينظّم السير عند الإشارات ويحلّ محلّ مجموعة كبيرة من شرطة السير. أمّا في المعمل فتراه في كلّ ماكينة، وعلى كلّ مكتب يراقب ويحاسب، يعمل وينتج، يجازي ويكافئ.

أينما حللت تراه ذاك الدماغ الإلكترونيّ العجيب الذي يمدّ أنفه السفيانيّ ليقول لك إنّه هناك، وما استتباب الأمر إلاّ به، حتى ولو كنت في الأجواء محلّقاً أو في الغوّاصة غائصاً.

أمّا في كندا، فقد تراه جليّاً أمام عينيك حتى في بيتك. فقد لا تستغني عنه وعن خدماته مهما حاولت الابتعاد عنه. وإلاّ سبقك الزمن وفاتك القطار وبقيت مقعداً والناس حولك جارون.

إنّها الآلة التي خلقها الإنسان فأقعدته عن العمل وحلّت محلّه في كلّ أمور حياته سوى في مشاعر الفرح والألم.

إنّها الآلة التي ضبطت ونظّمت ونسّقت ووجّهت كلّ تطلّعاته وسهّلت طرق معيشته، فبات لعبة بين يديها توجّهه ولا يستطيع العصيان. يثق بها كلّ الثقة ويعقد عليها الآمال. وقليلاً ما تخونه أو تجري الرياح بما لا تشتهيها.

هذا هو عصر الكومبيوتر، عصر الآلة التي تحكّمت بمصير الإنسان وانتزعت منه قسراً حبّ المغامرة، والجدّ في العمل، والتفكير المرهق، وأخذت من الذاكرة حدّتها، ومن الذكاء قوّته، فبات الإنسان كنارٍ أُخِذ سعيرها، وشمسٍ خفّ ضياؤها، وزهرة تخلّت عن أريجها وشذاها.

وأيّ نفع لمرءٍ دون إرادة وتعبير، ونارٍ دون وهج وسعير، وشمسٍ دون ضوء وفير، وزهرٍ دون شذى وعبير!

نداءٌ خفيٌّ

– وبعد هجرتك إلى كندا، هل تسنّت لك زيارة بلدك وبلدتك بعد عمليّة التهجير القسريّة التي تحدّثت عنها، وقبل أن يعود المهجّرون إلى قراهم؟

– جاء لي في كتاب "شبل المغارة" تحت عنوان: "نداء خفيّ" ما يصحّ جواباً عن سؤالك. وقد ورد فيه ما يلي:

"غبت عن بلدتي سبع سنوات كنت خلالها طفلاً سُلخ عن أمّه وهو رضيع يفتّش عبثاً عن بديل. وتبقى الحسرة في قلبه والدمع في عينيه، مسلّماً أمره أخيراً إلى ربّ القدَر علّه يسمح له برؤيتها من جديد ولو للحظات. واستجيبت الدعوة. وأتيحت لي هذه الفرصة في وقت لم أكن أتوقّعه كي أكون على استعداد للقيام بمثل تلك المغامرة.

وفي ١٩ أيلول ١٩٩١ كنت فوق سماء كندا، أقطع الأميال والمسافات الشاسعة فوق المياه الزرقاء وتحت السماء الدكناء، حتى وصلت بلادي بعد طول عناء وطول غياب. فأحسست، وقد رُدّت إليّ روحي، أنّ هناك صلات قربى تشدّني إلى كلّ فرد من بلادي، يلهج بلساني ويحسّ أحاسيسي.

ورغم هذا الشعور الوطنيّ البريء كنت أرى كلّ شيء أمامي قد تغيّر أو تبدّل. لكنّي لم أكن أودّ أن أشعر بهذا التغيير. أحببت أن أكون كما أجدادي "وبراءة الأطفال في عينيّ" أبشّر بضوء القمر وأتناسى عتمة الليل. ولكن كيف لي أن أبقى بعيداً عن قريتي ولا أراها أو أقف على ما جرى لها وهي منّي على قاب قوسين. تحيّنت الفرص لزيارتها، رغم ما في ذلك من أخطار الطريق المفتعلة، ورغم تحذيرات الأصدقاء.

وإذ عقدت العزم على ذلك، رأيتني لم أوذِ أحداً في حياتي، وقد تتشفّع فيّ صداقاتي الكثيرة وسمعتي الطيّبة في الحالات الصعبة. فركبت السيّارة ذات يوم

مع أحد الأقرباء وانطلقنا من بيروت قاصدَين "ضهر المغارة" ملبّيَين نداء القلب، ضاربَين بالتحذيرات عرض الحائط. وكان ذلك في أواخر أيلول سنة ١٩٩١.

لن أصف لك ما شاهدناه على الطرقات خلال تلك الرحلة، بل كنت أحسّ بالشوق يشدّني إلى رؤية قريتي وتلمُّس ما حلّ بها من جرّاء الفراق.

وقفت في مداخل الضيعة أبكي الأطلال مع امرئ القيس وكدت أصرخ مع المازنيّ:

أوصدوا الأبوابَ بالله ولا تدَعوا العينَ ترى فعلَ البلا

صرت أرقب ما آلت إليه تلك العروس المجليّة؛ حيث فقدت نضارتها وانكمشت على نفسها ذليلة حزينة، بعد أن ضربها الموت بعصاه العاتية، فاكفهرّت سحنتها وغابت بسمتها وتأوّهت على أيّام حلوة عبرت.

فروائح الأزهار الصيفيّة لم تكن لتغطّي روائح القبور النتنة. ولفحات الشوق والحنين لم تُهمد فيّ لسعات البرد التي أخذت تدبّ في جسمي دبيب الموت في الأجسام العليلة.

كيف لا! والشبابيك تشلّعت، وبيوت عدّة أُحرقت، والحجارة غطّاها الغبار ولفّتها خيوط العنكبوت وأصبحت أوجاراً للحشرات والزحّافات. وأعشاب الطحلب فرّخت على الأدراج المهجورة، أو بين الشقوق. ونقط الشتاء الباردة جرّحت الممرّات. وأشجار العريش دبّ فيها الهريان فبكت عناقيدها دموعاً ما تزال آثارها على التربة تحكي ما لقيت من قلّة الاكتراث، وتندم على أيّام حلوة ولّت من زمان.

حيطان الطريق ما زالت تنطق بشعارات الثائرين. والأشواك البريّة قد اقتحمت الطرقات دون رادع.

بكيت أملاً جفّ في عينيّ قبل أن يرى النور. لقد تفتّحت جراحي التي طالما دملتها في غربتي. ووددتُ لو عرفت ماذا جنى مَن أحال الجنّة ناراً ودخاناً! ومَن آثر أزيز الرصاص ولعلعة المدافع على مسامرة الدروب ووشوشة الأغصان.

ولمّا لم أعد أقوى على الوقوف لهول الكارثة، ألقيت نفسي إلى صخرة هناك قرب بيتي، أتّكئ عليها وعيناي تقبّل "ذا الجدار وذا الجدارا" حيث الذكريات عالقة على كلّ حجر. فأقرأ عليها ما لا يقرأه سواي، وأردّد مع المتنبّي: "لكِ يا منازلُ في القلوبِ منازلُ".

فهنا حكايات وحكايات، وهناك تواريخ سهرات وآمال في فنجان، أو هرطقات أولاد حول ورق، أو رندحات أمّ حول سرير رضيع. وههنا كم ضحكنا وفرحنا! وكم نمنا وقمنا أوبكينا ونُحنا!

تابعت سيري وئيداً وبخطىً ثابتة متثاقلة، أتفقّد ذكرياتي الضائعة بين الأطلال.

وكيف لي أن أنسى أيّام طفولة عبرت وعلقت في الأذهان؟ فهذي الحفافي تشهد كم خدّشت أقدام أولاد حفاة، يسعون جاهدين وراء فرخ عصفور لا يقوى على الطيران، أو باشق قد اخترقت قدمه أو أحد جناحيه حبّات الخردق الساخنة.

وهذه الزمزريقة! كم تعمشق بها بعضهم يطلب الشهد من ذاك الزهر الورديّ! وشجرة البطم تلك! كم كمنوا تحتها والنقّيفات في أيديهم، علّهم يصيبون بحصاها الصغيرة بعض الطيور الواردة دون دعوة إلى مأدبتها الكريمة!

وبساتين اللوز والتين! كم غزّاها أولاد الجيران وهي لم تنضج بعدُ فتُبغتهم صيحات الناطور ويولولون مختبئين بين هشيم القندول والسنديان!

عفاريت بلدتي الصغار هؤلاء كبروا وتاهوا في جميع أنحاء الدنيا. وهيهات أن يعودوا صغاراً! أو أن يرجعوا إلى حيث نشأوا بين البيادر المسمّرة، ومعاصر الدبس وجرار العرق والنبيذ العتيق!

ها هي كنيسة بلدتي! هي والجرس توأمان. ولم يفترقا منذ خمسين سنة. لقد طلّق أحدهما الآخر رغم تحريم الطلاق عندهما. وهوذا العقد قد تفسّخ. ورائحة البخّور تبعثرت مع الريح. فقد طال الفراق وجمل العناق! فهل يا ترى نعود؟

هنا وبعد أن بكى بعضي على بعضي معي، كما قال ابن المعتزّ، وبعد أن كان لي ما كان لكثيّر "في القربِ تعذيبٌ وفي النأي حسرة"، قطعت زيارتي لبلدتي وعدت ورفيقي من حيث أتينا، إذ لم أعد أقوى على رؤية الشوك ينبت مكان الورود، ونار الجريمة تمحو جنى الآباء والأجداد.

عدت ورجائي أن أعود ثانية وقد بان الفجر وانهزم ضباب العتمة. فتعود شلّة الصبايا وهمّة الشبّان تبنيان معاً مجداً جديداً وأملاً لا يزول.

وعُدنا

– إنّه لشعور صادق أن ينزع الإنسان دائماً إلى وطنه، ويعود إليه بعد طول فراق! ويبدو أنّك ذبت حنيناً إلى حيث كحّل النور عينيك لأوّل مرّة. فهل عدتُم إلى دياركم؟ وهل رأيت من جديد وطنك الذي فارقت، وقريتك التي إليها نزعت؟

– لقد حطّت الحرب أخيراً رحالها، وتنفّس أبناء بلدي الصعداء بعد طول عذاب وشقاء. فأتيح لي أن أعود مجدّداً إلى وطني ولو لفترة وجيزة لأشهد تلك العودة وأنعم قليلاً بهدوء الحال وأجدّد رجائي بحياة هانئة وأمل بمستقبل زاهر. وقد جاء لي أيضاً في "شبل المغارة" تحت عنوان "وعدنا" ما يعطيك ضوءاً ساطعاً على عودتي آنذاك إلى قريتي وقد نفضت عنها آثار الأحداث الأليمة التي ألّمت بالوطن الفردوس، فأقتطف منه ما يلي:

"ما يقارب الثلاثة آلاف يوم، بساعاتها ودقائقها وثوانيها، عشناها بعيداً عن قريتنا، تائهين في أصقاع الدنيا الغريبة، نفتّش عن بديل لها و لم نهتدِ. وكيف لِمَن فقدَ فردوساً أن يحظى بآخر؟

عدنا إلى فردوسنا المفقود، بعد ثلاثة آلاف يوم من حنين البعاد وأسى الفراق ولوعة المشتاق. عدنا إلى تلك الأرض الطيّبة نتنشّق رائحة التراب البكر وعطر القندول والبلاّن، وأريج الطيّون والبيلسان. عدنا نحتفي مع الطيور بقدومنا. فقد افتقدَتنا طويلاً. وها هي القُبّرة تطير وتحطّ قرب الفدّان، وعصفور الطيّون ينطّ أمامنا، ورفوف الدواري تنتظر عودة مأدبة البركة إلى الكروم. وأسراب الترغلّ والوروار تحور وتدور ثم تختبئ بين أفنان الخرنوب والسنديان علّها تتواري عن أعين الصيّاد وتطول بالتالي إقامتها بيننا.

ها هوذا البيت الذي بنيناه بعرق الجبين يفتح ذراعيه من جديد، فيستقبل بين حناياه أولاده الأصيلين، وتعود إلى أجوائه شيطنات الصغار وضحكاتهم، فتردّد الجدران صدى نشوتهم، والأرض وقع خطواتهم، وتعلو في أجوائه أهازيج المرح والحبور، وتشاركهم الفراشات تلك الفرحة برقصات بهلوانيّة من قرب النافذة، والقلوب جذلى بأغانٍ سحريّة خفيّة.

كيف لنا أن ننسى قيلولة فلاّح يتّكئ إلى جذع سنديانة. وقد أرهقه العمل، والنسيم العليل يلاعب خصلات شعره، يجفّف عرقه ويرطّب الأجواء. تُرى هل ننسى تلك السنديانة تسند سنديانة؟

لقد ضجّت شوارع بلدتي فجأة بالحياة! ومشى الدم في عروقها من جديد. وعادت إليها الحركة بأعجوبة دون دواء. وعاد موكب الشبّان والصبايا بأبهى أناقتهم وحُللهم يزرعون الطرقات ذهاباً وإياباً، والقلوب ترقص جذلاً والعيون ترنو إلى مستقبل سعيد زاهر بالمحبّة والرجاء.

كنيسة بلدتي تنتظر زوّارها. فقد لا تناديهم بأنغام الجرس المعهودة. فالجرس طلّقها من زمان، وباتت تحنّ إليه، لقد وُلدا معاً وعاشا معاً عمراً مديداً قبل أن يفترقا.

لقد عاد إليها منكسرو القلوب يطلبون الرجاء. والمساكين بالروح يرجون ملكوت السماوات. عادت روائح البخور تعبق بالمكان، وجموع المصلّين تحيط بالأقداس.

فيا فرحة الأطفال بالحريّة! ويا سعادة الأهلين بالعودة إلى الجنّة بعد طول هجر! ويا أبناء بلدتي، هاتوا المعاول والفؤوس، واحملوا المناجل والرفوش، وهبّوا يداً واحدة في إعمار بيوتكم وترميم قريتكم وإحياء أرضكم. وتمثّلوا بِـ "شبل المغارة" الذي جبل تراب أرضكم بعرقه ودمه لتجود بكنوز المحبّة والحريّة والسلام.

فتنعّموا بمجد ذاك التراب. وإنّنا، نحن المهاجرين وراء البحار، نتطلّع إلى ذاك اليوم

الموعود، حيث نعود نهائيّاً إلى أحضان الضيعة ننعم بنسيمات السنديان والملّول، ونتذوّق شهد الثمر المعسول، ونسرّح الأنظار في رياضنا الخضراء، ونعفّر جباهنا وأيدينا بتراب الآباء والأجداد فنتبارك به ونتمجّد.

ربِّ! هب لنا نعمة لقاء الضيعة! فنِعمُك لا تُحصى ولا تُعدّ!

كفانا غربة وضياعاً! فلا تحرمنا نعيمك الأرضيّ، ولا تجعلنا نردّد مع أحد القائلين: الناس يفرحون ويمرحون، وأنا وحدي كمَن لم تأته بشارة العيد!".

حنيني

– لقد طال الكلام. فهل لك أن تخبرني أخيراً عن تطلّعاتك قبل أن أستودعك السلام؟

– بالله عليك لا تغادر! فكلّ ما كان لي في البال من عمري قد استعدته معك ولو بالذكرى، وتصوّرته ولو بالخيال. وقد "لا يبعث الأحزان مثل التذكّر"، لكنّني كنت سعيداً بآلام التذكّر هذه. فقد عدت طفلاً مهرولاً بين فيافي الضيعة، وتلميذاً دؤوباً على العمل لتأمين المستقبل، وشابّاً ينضح نشاطاً وحبّاً للحياة، وكهلاً ساقته الأحداث الأليمة إلى اغتراب لم يكن يوماً ليحلم به من قبل. وها أنذا الآن أتطلّع إلى ذاك اليوم حيث تجلو غمائم الفتن والحروب اللعينة عن وطني. ويُرفع عنه نهائيّاً كابوس البؤس والألم، فيَخلع ألبسة الحداد التي تسربَل بها لفترة طويلة فباتت مخلّعةً، مهترئةً، بالية. نعم آنَ لبلدي أن يتجلبب كما كان بالسندس والديباج، ويعود إلى الساحة بوجهه الحقيقيّ المشرق، ويلعب دوره المعهود في نبذ التشرذم والخصام، وبثّ روح الألفة والوئام، ونشر بشارة الخير والسلام. آنَ لنا أن ننشد مع أبي القاسم الشابيّ:

اسْــكُـنـي يــا جِــــراحْ   واسْــكُـتـي يـا شُـجُـونْ
مــــاتَ عَــهْـدُ الــنُّــواحْ   وزَمَـــــانُ الجُــنُــونْ
وأَطَــــلَّ الــصَّــبَــاحْ   مِـــنْ   وراءِ   الــقُــرُونْ

أو نطلق الدعاء مع الشاعر:

أَرجِــــع لَـنـا مـا كــان   يــا دَهـــــرُ في لُـبــنـان
كــــانَـــت لَـنـــا   أَحــلامُــنـا وَالـمُــنـى
وَكـــانَ صَـفـوُ الـزَمـان

أتطلّع إلى ذاك اليوم حيث أعود فيه من غربتي إلى قريتي وقد عاد إليها صفو الزمان. فأتنشّق فيها رائحة القندول والبلاّن، وأكحّل عينيّ بزهر الوزّال والريحان.

أتطلّع إلى عرزال أُفبركه على ذوقي في عبِّ خرنوبة الكرم العتيقة، أنسى فيه هموم عمري الفائت، وأغفى ولو ساعة من عمري المتبقّي.

أتطلّع إلى زهر اللوز الباكر يبشّر السهول والجبال برجاء الربيع وتجدُّد الحياة، وإلى مصاحبة الصيّادين في دروب التلال الوعرة، نترصّد رفوف الترغلّ والوروار.

مشتاق إلى الدبق الأخضر يوسّخ أيدينا، ويُصدر "مذكّرات توقيف" عشوائيّة بحقّ الطيور المسكينة عاشقة الحريّة؟

أين عربشات الحرذون على الصخور يأخذ حمّامه الشمسيّ السريع قبل حلول الغمامة الممطرة؟

أين قطاف مواسم العنب والتين والتباهي بجودة وكرَم الطبيعة السمحاء؟

أين طرابين الطيّون الناعمة تلتقط على صفحات وريقاتها الدبِقة أوبار الصبّار وأشواكه، قبل تصديره إلى أبناء المدينة الذين ينتظرونه بفارغ الصبر.

أين صياح الناطور تردّده المنعطفات، فيهرع الأولاد لائذين بالفرار؟

أين التينة ذات الفم المعسّل تخبّئ حلاوتها بين الوريقات جاراتها لئلاّ يدركها الغزاة الشرهون؟

أين منجرة الراعي تردّد أنغامها التلال السمر والأودية الساحرة فتُطرب النعاج،

وتقبل على قضم الأعشاب النديّة ملتفّة حول راعيها، ملتمسة السلام من قوس القزح المعلّق في القبّة الغبراء، غير مبالية بهدير الرعد وولولة الرياح؟

ها أنذا أرى أسراب الدواري تحوم بين الكروم، تغافل الكرّام لتنقضّ على ثريّات اللؤلؤ والأرجوان نقداً وبلعاً. بينما لا تجرؤ على غزو كرم الجار، فاللعين هناك ينتصب على كلّ حائط وقد حُشي قشاً، واعتمر قلنسوة، ويلوح بيديه كلّما هبّت الريح. أتجوز المغامرة؟ فلربّما كان هو الكرّام بالذات، وهناك على بعد أمتار قليلة منه، الرزق سائب والحرام ليس بعائب.

أحنّ إلى رؤية قراقير الغنم الصغيرة ترافق الفلاّح إلى حقله فيختار لها بعضاً من المساحة المخضوضرة، لتنعم بها رعياً ودوساً، بينما هو يقوم بأعمال الحراثة، وشخير الفدّان يقلق العصافير، ويزعج الحشرات، فتنفر من أمامه إلى أماكن أكثر أماناً وسلاماً.

أحنّ إلى ذاك الحطّاب يدور طوال نهاره يلتقط من العيدان ما غلظ، ليبنيها مشحرة نصف كرويّة على بيدر فاحم ناعم. ثم يشعل في أحشائها النار فتلتهب، وتنفث دخان الغيظ من شدّة التضييق على أنفاسها، إلى أن تخمد أخيراً نيران حقدها عنوة فتسودّ فاحمة داكنة كباطنها.

أحنّ إلى نسمة من بلادي تحمل لي عبير الصعتر وشذا القصعين وأريج الزوفا، ومن على شرفة منزلي هناك عرف ورد الجنينة، وعطر "تنكة" الفلّ، وعبق النسمة من سلال الحبَق والمردكوش.

أحنّ إلى غفوة هادئة في فيئات سنديانة أو لوزة بين كروم العنب. فيسكرني هدوء الكرمات، ويرنّم لي جميع أنواع الطيور أجمل السمفونيّات، راقصة حولي من غصن إلى غصن ومن صخر إلى آخر.

أحنّ إلى الجلوس ولو قليلاً في أحد الأقبية العتيقة المهجورة، علّني أشمّ فيها رائحة عرق أجدادي السالفين، الذين فتّتوا الصخور ومهّدوا السهول، وأقاموا الكروم

والجلول. فأعيش معهم لفترة وجيزة، وأرى أحدهم يجرّ المحدلة على السطح الترابيّ ذهاباً وإياباً، والعرق يقطر من جبينه رغم برودة الطقس. فالحدل يمنع الدلف أيّام الشتاء، ويحصر مياه الأمطار في الميزاب، فينجو الأولاد والمواشي من البلل.

أحنّ إلى ساحة الضيعة، ملعب الأولاد وملقى الشباب ومورد العشّاق. فيها تقام الاحتفالات والسهرات العامّة والندوات، وعلى زفتها الأسود تقام دبكات الفرح الأبيض وتراق كؤوس النبيذ الأحمر. وكم وكم شهدتْ تجمّعات القرويّين في مناسبات عديدة فيتبادلون الأسف والحسرة على عزيز مات أو على أمر فات.

أحنّ إلى رؤية أدوات الفلاّح ورائحة ترابها العالق بها. فها هو المخل يتّكئ إلى إحدى زوايا القبو العتيق، وقد تقاعد عن العمل بعد أن انحنى ظهره وعانى ما عانى من رفع أثقال الصخور. والمهدّة التي "ما على رأسها رأس" تهوّن عليه حسرته على أيّام مضت، وتعلّل النفس بالعودة إلى الحقول، لتكسّر كلّ صخرة تحاول أن ترفع رأسها عالياً. وإن صدف أن لاقت مَن يعاند كبرياءها فالازميل هناك صديقها، يفلقها ويهوّن عليها العمل. والصديق لوقت الضيق.

وها هو المحراث أو "البرك" كما يدعوه الفلاّحون! فكم وكم من مرّة شقّ صدر الأرض فانفلقت عن أثلام تنشر رائحة التراب النديّ، فتُثلج قلب الفلاّح بالأمل المنشود، وتعلّل نفس الفدّان بالراحة العتيدة ولو لعدّة شهور.

وكم أتمنّى وأحنّ إلى رؤية الجرن الحجريّ الذي طالما استفقدناه في بيوتنا! فأين أنغام المدقّة تشبع أحشاءه ضرباً فيشبع القرويّون كبّة طازجة شهيّة؟ وأين هم الشباب "القبضايات" يتحلّقون حوله متبارين أو متنافسين في رفعه عالياً وبيد واحدة، إثباتاً للرجولة وحيويّة الشباب، أو ربّما تلبية لعادات تقضي على أهل العريس برفعه قبل خروج العروس من بيت أبويها؟

أحنّ إلى سهرة على المصطبة تحت ضوء القمر، ونقيق الضفادع ووشوشات الرياح الناعمة تؤنس المكان.

فأين سهرات القرويّين ونكاتهم وقهقهاتهم ودقّ كاسات العرق والدعاء المتبادل بطول البقاء؟

أين جمرات "الكانون" ذات الخدود الورديَّة تطلّ من خلال بعضها البعض خجولة محتشمة، فتنفخها بالحياة. وكلّما فعلت ازداد تورّدها وخجلها، وتزداد فيك حرارة النشاط والحركة.

أحنّ إلى قشعريرة برد تغزو بدني، فأندفع تلقائيّاً إلى ذاك الموقد طلباً للدفء فتغريني حبّات الكستناء وبلّوطات سندياناتنا المشويّة، وقد انفلقت عن جسم مسمّر فأُشبِعها عضّاً ونهشاً.

أحنّ إلى رائحة رغيف مرقوق ساخن ينسلخ سلخاً من على الصاج المحدودب، وقد تبقّعت صفحته الملساء خجلاً وذابت حلاوة؟

وكم أحنّ إلى البيادر مفرش السنابل وملعب الأولاد على القشّ بعد ساعات العمل! والأرض قد بدأت بأثوابها القاتمة.

مشتاق أن أعود إلى قريتي آكل على شرفة منزلي هناك صحناً من المجدّرة، مصنوعة من خيرات بلدي، مع الفجل والبصل الأخضر أقتلعها من المسكبة الصغيرة قرب الدار. وأتسلّق الدرج إلى السطح أتلذّذ بحلاوة أحد العناقيد البلّوريّة المعسّلة من العريشة هناك. فأشكر ربّي على كلّ ما وهبَنا من نِعم في تلك البقعة الفردوسيّة التي كدنا أن نفقدها.

هذا ما أتطلّع إليه يا صديقي. فالعودة إلى أحضان وطني وحفافيه الناتئة أمنيتي ومبتغاي. ومظاهر المدنيّة الحديثة التي أنعم بها في دنيا اغترابي لن تغريني بالبقاء

بين أحضانها. وإنّي وإن كنت أكنّ كلّ تقديري وشكري وامتناني لبلد استقبلني بالترحاب، ووهبني كلّ الحقوق الإنسانيّة والمدنيّة، ووفّر لي العيش الكريم المريح، الذي تفتقر إليه معظم البلدان الأخرى، فهذا لا يعني أنّني استبدلت جدول الضرب بالآلة الحاسبة، ولا المحراث بالجرّار، ولا موقد الفحم بالتدفئة المركزيّة، ولا السراج بالمفاعلات الكهربائيّة، ولا كلّ آلاتنا بالكومبيوتر. فهذه كلّها اكتشافات سهّلت لنا حياتنا وطرق معيشتنا، ووفّرت علينا شآبيب العرق تنهمر من جباهنا، فلا يجوز أن نتخلّى عنها دون الاستفادة من تقدِماتها الخيّرة. ولكنّها قد أفقدتنا إنسانيّتنا، وجعلتنا عبيد آلات نحن وجدناها. فابتعدنا بها عن البساطة والسذاجة، وعن الهدوء والاستقرار، وعن مبدأ الثواب والعقاب، والبذل والعطاء، والمحبّة والرجاء.

وإذ أرجو العودة إلى بلدي بعد أن تنقشع سحابة الصيف، لا أرجوها هرباً من شقاء أو بلاء في غربتي، بل هرباً من النَكِرة إلى المعرفة، ومن آلام وحدتي المرّة، وإشباعاً لحنيني الدائم إلى فردوس أرضيّ وهبه الله لنا ففارقناه مرغمين دون أن نأكل من شجرة معرفة الخير والشرّ.

رجائي أن أعود حيّاً إلى تراب الآباء والأجداد. أقضي البقيّة الباقية من عمري بين أهلي ومواطنيّ. وأستعيد ذكراهم، وأمشي على خطاهم. فرحلة عمري من الطفولة إلى الكهولة قد حفلت بأفراح ميمونة وأتراح ملعونة. وحان لي أن أعود إلى هدوء الصخرة ووشوشاتها بعد صخب الآلة ومحرّكاتها. ولن أنسى أيّاماً مضت مهما خطّ عليها الزمن من قراءات. فهي دائماً في البال كما أنت يا عمري.

سيرةٌ في صور

وثيقة الهويَّة الشخصيَّة للمؤلِّف إصدار سنة ١٩٥٩

وثيقة الهويَّة الشخصيَّة للمؤلِّف إصدار سنة ١٩٧٢

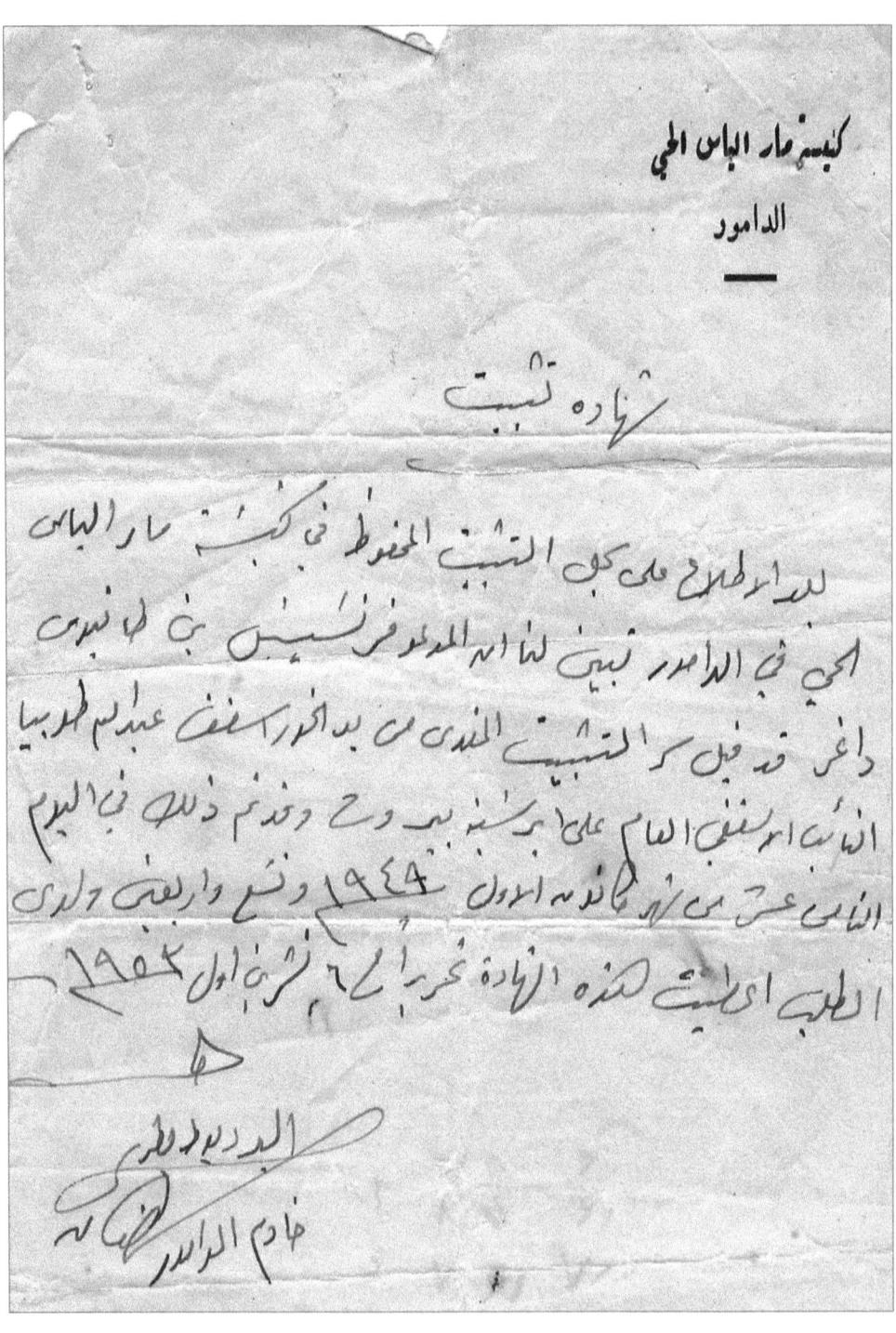

كنيسة مار الياس الحي

الدامور

شهادة تثبيت

لدى الاطلاع على كتب التثبيت المحفوظة في كنيسة مار الياس الحي في الدامور تبين لنا ان المدعو [illegible] بن [illegible] داغر قد قبل سر التثبيت المقدس من يد الخوراسقف عبد الله [illegible] النائب الاسقفي العام على ابرشية بيروت [illegible] وذلك في اليوم الثاني عشر من شهر كانون الاول ١٩٤٧ [illegible] الطلب اعطيت هذه الشهادة تحريراً في ٦ تشرين اول ١٩٥٣

الخوري [illegible]

خادم الرعية

وثيقة شهادة تثبيت من كنيسة مار الياس الحي في الدامور، صادرة في ١٩٥٣/١٠/٦

شهادة الدروس الابتدائية الاعدادية

ان وزير التربية الوطنية والفنون الجميلة

بناء على نظام شهادة الدروس الابتدائية الاعدادية

وبناء على محضر اللجنة الفاحصة المؤرخ في ٧ حزيران ١٩٥١

يمنح فرنسيس طانيوس داغر المولود في فهر المغاره ١٩٣٨

شهادة الدروس الابتدائية الاعدادية

بيروت في ١٠ تموز ١٩٥١

وزير التربية الوطنية والفنون الجميلة

وثيقة شهادة الدروس الابتدائيَّة الإعداديَّة، الصادرة في ١٠/٧/١٩٥١

الجمهورية اللبنانية

وزارة التربية الوطنية والفنون الجميلة

شهادة الدروس الابتدائية العالية

إن وزير التربية الوطنية والفنون الجميلة

بناء على نظام شهادة الدروس الابتدائية العالية

وبناء على محضر اللجنة الفاحصة المؤرخ في ٢٢ حزيران ١٩٥٧

يمنح فرنسيس طانيوس داغر المولود في فهر المغاره سنة ١٩٣٨

شهادة الدروس الابتدائية العالية

بيروت في

وزير التربية الوطنية والفنون الجميلة

رقم ١٤٤ / ٥٧

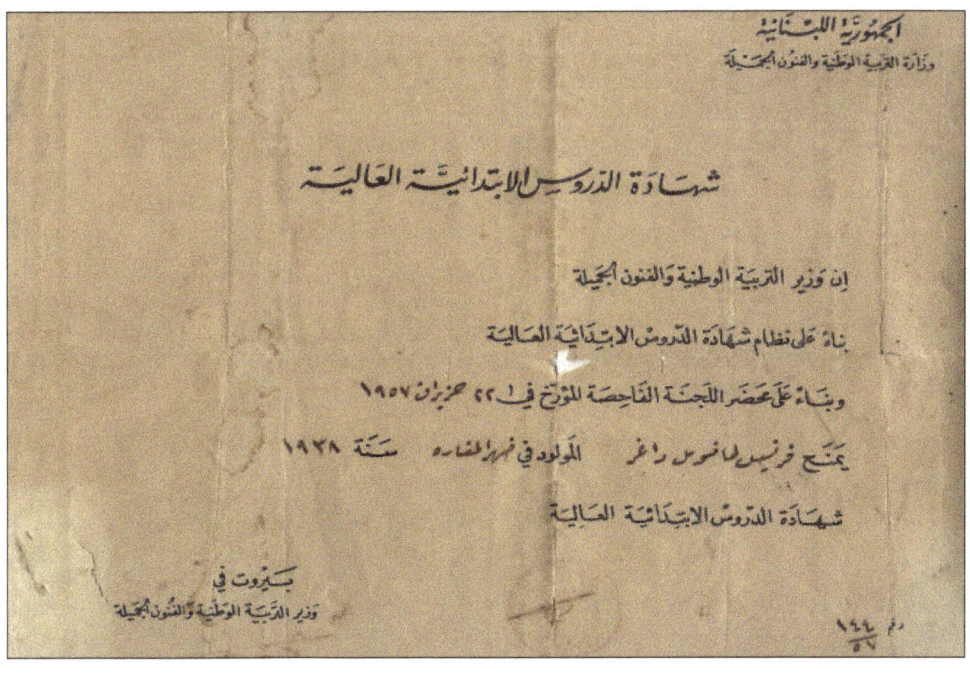

وثيقة شهادة الدروس الابتدائيَّة العالية، الصادرة في ٢٢/٦/١٩٥٧

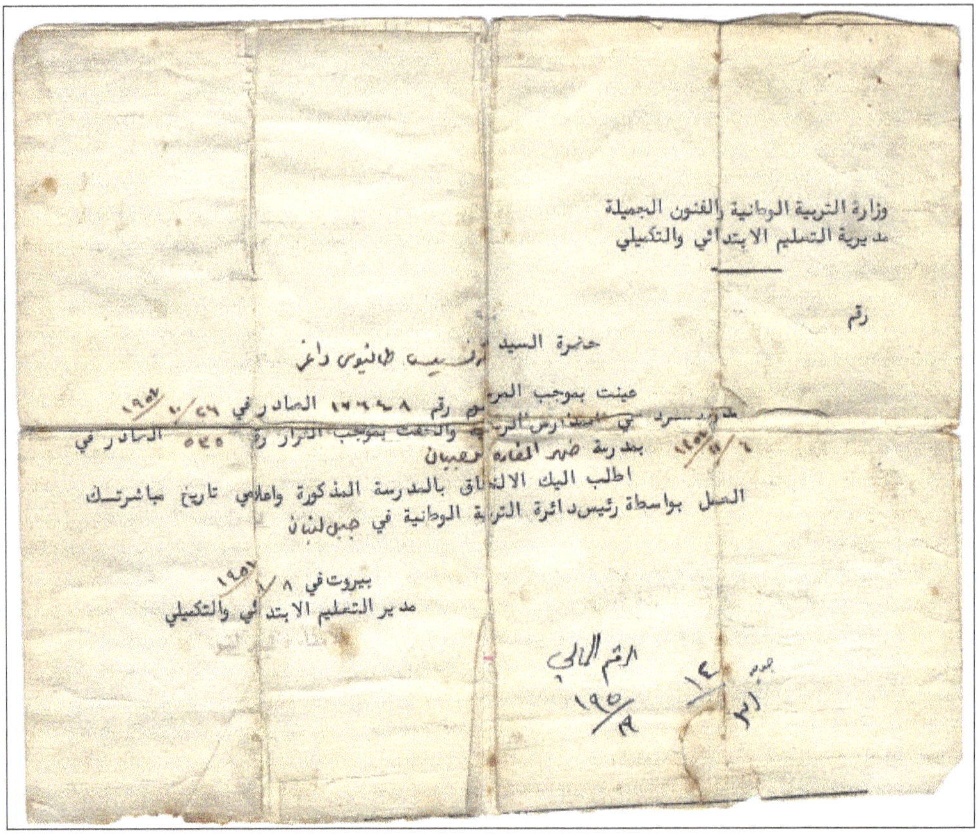

وزارة التربية الوطنية والفنون الجميلة
مديرية التعليم الابتدائي والتكميلي

رقم

حضرة السيد ترنسيس طانيوس داغر

عينت بموجب المرسوم رقم ١٦٦٦٨ الصادر في ٢٦/١٠/١٩٥٧
[illegible] في المدارس الرسمية والحقت بموجب القرار رقم ٥٢٥ الصادر في ٦/١١/١٩٥٧
بمدرسة ضهر المغارة للصبيان

اطلب اليك الالتحاق بالمدرسة المذكورة واعلامي تاريخ مباشرتك
العمل بواسطة رئيس دائرة التربية الوطنية في جبل لبنان

بيروت في ٨/١١/١٩٥٧
مدير التعليم الابتدائي والتكميلي

الرقم الحالي
جديد ١٤/١٢
١٩٥٧/١٢

وثيقة تعيين مدير على مدرسة ضهر المغارة للصبيان بتاريخ ١٩٥٧/١٠/٢٦

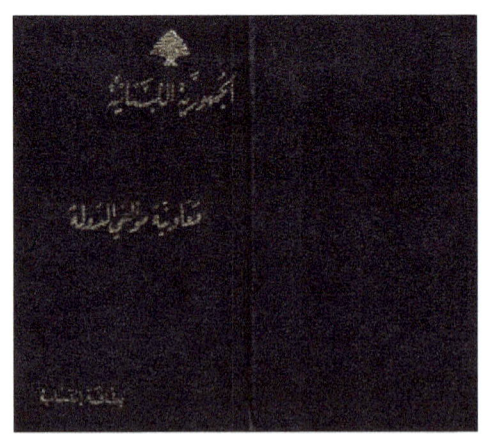

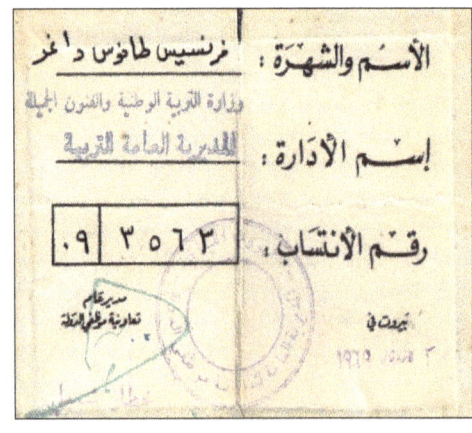

الأسم والشهرة : ترنسيس طانوس داغر

إسم الأدارة : وزارة التربية الوطنية والفنون الجميلة
المديرية العامة للتربية

رقم الأنتساب : ٣٥٦٣ | ٠٩

مدير عام
تعاونية موظفي الدولة

بيروت في ٣ ... ١٩٦٥

وثيقة بطاقة إنتساب إلى تعاونية وزارة التربية إصدار سنة ١٩٦٥

منظر عام لقرية ضهر المغارة المطلَّة على البحر المتوسط

منظر عام لقرية ضهر المغارة من الجو

مشهد أمامي لمنزل المؤلّف في قرية ضهر المغارة

مشهد خلفي لمنزل المؤلّف في قرية ضهر المغارة

مشهد خارجي لكنيسة ضهر المغارة على اسم القديس مار الياس الحي

مشهد داخلي لكنيسة ضهر المغارة على اسم القديس مار الياس الحي

السيّدة عفيفة أسعد داغر
والدة المؤلّف

السيّد طانوس ملحم داغر والسيّدة عفيفة
أسعد داغر، والدا المؤلّف

المؤلّف مع العائلة في عرس شقيقته مهى طانوس داغر سنة ١٩٦٦

المؤلّف وزوجته سيدة قزحيا داغر سنة ١٩٥٩

المؤلّف وزوجته سيدة قزحيا داغر سنة ٢٠٠٦

المؤلّف مع زوجته سيدة، وأبنائه بسّام ونورما وغسان ومروان سنة ٢٠٠٦

صورة عائليّة لزوجة المؤلّف وأبنائه وأحفاده سنة ٢٠٢٣

المؤلّف في إحدى فعاليات
نادي الإصلاح الثقافي الرياضي

المؤلّف مع نبات الصبّار
الذي تشتهر به قرية ضهر المغارة

المؤلّف من جهة اليمين، مع صديقه ميخائيل خليل داغر في الوسط،
وشقيقه رشيد طانوس داغر من جهة اليسار

الأباتي يوحنا سليم،
الرئيس العام الأسبق
للرهبانيَّة الأنطونيَّة،
وصديق المؤلّف الذي قدَّم له
هذا الكتاب

دير مار أنطونيوس الكبير والمعهد الأنطوني في بعبدا، حيث تلقَّى المؤلِّف بعض دروسه الابتدائيَّة

الوئّلف مع تلامذته حين كان مديرًا لمدرسة ضهر المغارة

تلامذة مدرسة ضهر المغارة تحت إدارة المؤلّف

المؤلّف راكبًا السيارة الأولى التي امتلكها

مشهد الحشود في عرس شعبي في قرية ضهر المغارة سنة ١٩٧٩

كلماتُ وفاءٍ في الراحل
فرنسيس داغر

جينا نعزِّي في قلب موجوع

د. نجيب بجاني

٢٠٠٧/١/٢

ما أصعَبِك يا أرض حتى تنبني عـــبء دايم مـا لِـنا عـنو غني
ما بيلحق الإنسان يخلق للوجود حتى يقولوا مات ولّى من الدني
على الـوديـان، زيحي يا أعالي وعلى الفقيد، نوحوا يا أهالي
ويـا جبل صنِّين عـا فرنسيس سواقيك تجري، دمـوع سيَّالي
والأم صاحت بالعفو يا رب لمـا وجـوب المـوت فيها هَـبّ
في رحمتك يا ربِّ راح الأب وتا عيش بعدو... ضاقت الحالي
بسَّام... يَمِّي كيف بيِّي راح وغـسَّـان قلُّو بالسما مرتاح
ومـــروان متلـن عـا بيُّـو نـاح ونـورما قالت: صورتو قبالي
وعـا قصر عـمـرو، لـربـو قـال: إحضى بابتسام وينتهي التجوال
وربو رضي بعطفو وعطاه مجال تقشع صورة بيِّها بوسط هالي
بـالإطاعـة تـرك جسم السقيم عالفاجعة حسَّيت حرقة بالصميم
ومن حرقتي رحت شوف الحكيم قلِّي معافى، قلت ما راق بالي
جينا نعزي في قلب موجوع عيال بيتو والمعارف والجموع
وتعازينا انقلبت حسره ودموع عـالـلّـِي كـان منبر شعر مالي
مـن الـموهـبـة قـال ربـي هـات وصار يكتب عبقريَّة مجلدات
تفوّق بهالكون، وقبل ما مات ترك عيلي شريفي وأنهى الرسالي
في أمسيات الماضية بيَّن جناه وفي فصيح الشعر هنُّوا مستواه
لبَّى الـنـدا يطلع لحضن الإلـه بحنوة خشوع للرب... قلنا عدالي

الصدمة قوية كانت عالجميع	فاجعة، تا يروح دغري عالسريع
اللّٰه استجاب وفتح صرحو الوسيع	صفّى إيمانو بعظمتك واقع مِثالي
وفي ضهر المغارة ناطرين يعود	إلـهـا.. ويـجـبر خـاطـر المـوعـود
تأخر، وحيثو راح مش موجود	قالوا: الاسم باقي والجسم بالي
غيابو خساره كان عا كلمن قال	اللّٰه يرحمو... الناس بالأفعال
شفنا بجاليتنا انفقد مشعال	ضاوي قداسة، ومن الكفر خالي
ولَـولَا رثـيـتـو مـا قـلـت كافي	فرنسيس في عهدو حق الأدب وافي
وتقدير كافي ضلّ عا شفافي	حَـطـو عـلـى صـرح الـوفـا والي
بعزّي أم بسّام اللّي قلبا داب	تـا تلمح خيـالـو بـعـد الغياب
بعزّي الأمسية ومعارفو الأحباب	وكـل أهـلـو، وأنـا عـزّيـت حالي
يرحم فرنسيس شو أعطى عِبَر	ومواهبو كـل الـرفـاق مقدرين
تـركـلـنـا كـلـمـه متيله تُـعـتَـبَـر	المـال باقي هون نحنا مسافرين

أيُّها الراحل الكبير

د. إيلي طنوس

٢٠٠٧/١/٢

مَن ظنَّ بعدكَ أن يقولَ رثاءَ ... فليَرث مِن هذا الورى مَن شاءَ
فجعَ المكارمَ فاجعٌ في ربِّها ... والمـجـدَ في بـانـيـهِ والـعـلـيـاءَ
ونعى النعاةُ إلى المروءةِ كنزَها ... وإلى الفضائلِ نجمَها الوضاءَ
والمرءُ يُذكَرُ بالجمائلِ بعدَهُ ... فارفَـع لذكـرِكَ في الجميـلِ بناءَ

(أحمد شوقي)

أستاذ فرنسيس... أيُّها الراحل الكبير

ما عساي أقول فيك أيُّها الصديق العزيز والشاعر الملهم؟!

أنت مَن عهدناك في جاليتنا اللبنانية في تورنتو أبلغ مَن أمتشقَ يراعاً، وأفصحَ مَن اعلتى مِنبراً!

وحسبي أن أستعير من كتابك "شبل المغارة" الذي أهديتنيه، ووصلني بالأمس، وأنت مسجّى استعداداً للرحلة الأخيرة، قرير العين، ومطمئنّ البال، ومرتاح الضمير لإنجازاتك في دار الفناء، تحملها كنزاً وذخراً لدار البقاء. فبعد مطالعتي السريعة لهذا الكتاب الدرّة، أسمح لنفسي أن أسمِّيك، يا أستاذ فرنسيس، "ا لشبل الثاني" لبلدة "ضهر المغارة" العزيزة.

فكما "شبلي داغر – الشبل الأوّل"، وكما وصفته في كتابك، انتزع لقمته من فتات الصخور ليغمسها بعرق الجبين ونجيع القلب... فبنى الضياع الواسعة على هذه الأرض دون أن ينسى يوماً ديار الآخرة. كذلك فعل "الشبل الثاني – لضهر

المغارة" الذي هو أنت – أيُّها الأستاذ الكريم – لحقبة طويلة من الزمن. فمِن على منصَّتك – كمدير للمدرسة التكميلية في البلدة – ساهمت في بناء النفوس والعقول والأخلاق.

وفي اعتقادي أنَّ البناء النفسي يتقدَّم على البناء المادي، فإن لم يكن البناء مؤسَّساً على القيم "فعبثاً ينشط البنّاؤون".

لقد بنيت للدنيا وللآخرة، واليوم يبكيك، بدموع عرفان الجميل، العديد من الرجال والنساء الذين تتلمذوا على يديك في تكميليَّة "ضهر المغارة".

أجل، وكما مات "الشبل الأوَّل – شبلي داغر" بسبب الحياة، كما تناهى إليك عبر ابنه "نعمه"، وبعد الآلام المبرِّحة في البطن التي مزَّقت الأحشاء وأنزفت الدم، فدُفن في ظل شجرة وارفة من الخرنوب، كذلك توفي الشبل الثاني – الأستاذ فرنسيس بعد الآلام المبرِّحة، ولكن في الصدر. ولعلَّ أبرز مصادرها الحنين إلى الأرض التي اقتُلِع منها وإلى شجرة الخرنوب وغيرها من شجيرات "ضهر المغارة" الوارفة.

لقد عاش الأستاذ سنواته الأخيرة في صومعته في تورنتو يكتب عن حبِّه لأرض ضهر المغارة التي لم تشبع عيناه من مناظر ألوانها المتبدِّلة، ولا أذنه من سماع نداءاتها الصارخة. ولعلَّ نفسه تحوم الآن فوق تلال البلدة التي أحبَّ لتتزود بجرعات من الجمال تحملها في طريقها إلى دنيا الحق.

الحقُّ نادى فاستجبتَ ولم تَزَل … بالحقِّ تحفِلُ عندَ كلِّ بداءِ
يا حافظَ الفصحى وحارسَ مجدَها … وأمامَ مَن نجلتَ من البلغاءِ
خلَّفتَ في الدنيا بياناً خالداً … وتركتَ أجيالاً من الأبناءِ
وغداً سيذكركَ الزمانُ ولم يَزَل … للدهرِ إنصافٌ وحسنُ جزاءِ

(أحمد شوقي)

رحمك الله وأثلج صدور محبِّيك الأقربين. فلكَ فسيحُ جنّاته.

شيخٌ بعقلِه الرزين

ملحم أديب داغر

٢٠٠٧/١/٢

"يا ربُّ! أطلِق عبدَكَ بسلام، فقد رأت عيناي خلاصك".

قالها سمعان الشيخ عندما ولد السيّد المسيح عليه السلام، وقد أنعم الله عليه بالعمر المديد حتى رأى هذا الحدث العظيم.

يا للصدفة العجيبة!

فها إنّ فقيدنا الغالي؛ الأستاذ فرنسيس الشيخ... نعم الشيخ... شيخٌ بعقله الرزين، ورأيه الصائب، وقلبه الكبير، أعماله الصالحة... قد قال لطفل المغارة في عيد ميلاده المجيد: "يا يسوع! أطلق عبدك بسلام. فقد رأت عيناي خلاصاً لنفسي... وقد سُرَّ قلبي وابتهجت جميعُ حواسي، حين شاهدتُ آخر فلذات كبدي وقد اختار عروسه وشهدتُ إكليلهما. كما فرحت من قبل بزواج شقيقيه بسام وغسان، وشقيقته نورما، وقد رزقهم الله العديد من الأبناء فقرَّت بهم عيونهم، كما عيناي، وعينا الوالدة الحنون أم بسام".

فيا مربِّي الأجيال! يا فقيدنا الغالي! لقد تركت هذه الفانية والابتسامة على ثغرك كأنّك تريد القول: "لقد أدرتُ ظهري لمباهج الحياة ولكلّ ما في الدنيا من مغريات غير آبه... ولكنّي أسفت فقط على أنّني تركت أبناءً وزوجةً أحبّوني كما أحببتهم، وحزنت على فراقهم، كما هم حزنوا على فراقي وأكثر. كما وقد عزَّ عليَّ، كذلك أنّي ذهبتُ في رحلة العمر، وقد أتى شقيقي العزيز جورج من أوستراليا ليراني حيًّا وأراه... فلم يشأ لنا القدر ذلك. لكنَّ فكري يا أحبّائي، لا يزال معكم جميعاً...

والكلّ باقٍ في قلبي وهو يتّسع لكافة الأحباء". قال الربُّ يسوع: "لا تخافوا أنا معكم..."، وأنا فرنسيس أقول لكم: "لا تحزنوا! وليكن إيمانكم قويًّا كإيماني، وثابتاً بالمسيح الذي وعدنا بالحياة الثانية..."، فعندها فقط تهون الصعاب، ويكبر الأمل في قلوبنا والرجاء... نستأهل عندئذ، الراحة الأبديّة والسعادة في أحضان الله...".

فيا ابن العمِّ! لا بل يا أخي، وكيف لا نكون أخوين، وقد ولدنا في السنة نفسها، وترعرعنا سويّة وتعلّمنا وتخرّجنا معاً، ثم توظّفنا وعملنا في مدرسة واحدة، وقد كنت أنت مديرها... ولم تكن للطلاّب إلاّ أباً عطوفاً، وللأساتذة إلاّ أخاً ومعين. لقد أعطيت تلك المدرسة حبًّا من قلبك وجرعة من دمك وقسماً كبيراً من تعبك ووقتك، وقد بذلت في سبيلها التضحيات الكبيرة، حتى أضحت تكميلية تضمّ أكثر من عشرين أستاذاً، وقد استلمت إبتدائيّة ذات معلم واحد.

هذا وقد كنتَ أيّها الحبيب، أحد مؤسّسي نادي الإصلاح الثقافي الرياضي وأمين سرّه، في ضهر المغارة، تلك البلدة التي أحببت، وقد بذلت في سبيلها الكثير الكثير من التضحيات...

فيا رفيق الدرب! ماذا أقول فيك؟ لقد جفّ دمعي حين أردتُ أن أبكيك، وغابت عن مخيّلتي الأفكار عندما أتيتُ لأكتب عنك، لأنّني مهما قلت ومهما كتبت، لن أستطيع أن أفيك ولو جزءاً يسيراً من حقّك...

أنت يا مَن أعطيت الكثير في شبابك، وقد أعطيت الكثير وأكثر في شيبك...

وكما أنّك أيّها العزيز، لم تشأ أن تترك الحياة قبل أن تطمئنّ إلى مستقبل أولادك، فقد كان همّك أيضاً أن تنشر ما حصّلت في حياتك من معرفة، وما فاضت به أريحتك من أدبٍ، نثراً كان أم شعراً... وكلّ همّك أن تجود به على الملأ بكتب لم تزل قيد الطباعة، وكانت باكورتها "شبل المغارة" الذي يحكي تاريخ عائلة "داغر" التي أنت أحد أركانها... وقد نصبت شجرة تلك العائلة، فغدت باسقة الأغصان

وارفة الظلال، وقد حفرت على جزعها اسمك "فرنسيس داغر" بأحرف من نور، يشعّ ويبقى خالداً مدى الأجيال.

فنم قرير العين، أيّها الكبير، ولكن مطمئن البال. فنحن... أولادك، ومحبّوك، والداعين لك بالراحة الأبديّة، لن نألوَ جهداً ولن يهدأ لنا بال حتى نحقّق جميع أمنياتك، فننشر كتبك التي هي نتاج عقلك الواسع وجزء من روحك الطاهرة... حينئذ، تنظر إلينا من عليائك، لتقول: "شكراً". ونحن بدورنا نتطلّع إلى فوق قائلين: "تغمّدك الله بواسع رحمته وأسكنك فسيح جنانه... ستبقى ذِكراك في قلبي إلى الأبد....".

ما أقصر الأيَّام

أحمد التنوري

"أمسيات شعريَّة"، ٢٠٠٧/١/٧

كـلُّ امـرءٍ يبـكي ويبتسمُ   والعـمـر كـالأوراق يضطرمُ
أيَّـامـنـا لـيـلٌ يـجـاورهـا   ويـذوب في ألحـانـهـا الحُـلـمُ
مـا أقـصـر الأيَّـام أطـولـهـا   ويـأتـي الـردى صبحاً فيلتهمُ
الـمـوت حـقٌّ عـادلٌ ولـه   شـرعٌ بـه الأنـام تـلـتـزمُ

يولد الإنسان مرَّة حلوة، ويغيب عن أعين الناس مرَّة مُرَّة، فمَن نهض الأمس ليرى الفجر والنور لا بدّ أن ينام غداً في الظلمة والديجور، وبين الأمس والغد حكاية العابرين. قصَّة قصيرة المدى يردِّدها الناس من حينٍ إلى حين، ثم تتلاشى مع الزمن، غير أنَّ قصص الأدباء والشعراء والعلماء لا تموت، باقية في الكتب والدفاتر وفي أذهان المجتمعات. إنِّي بدأت أذكر الصديق الأديب الشاعر الأستاذ فرنسيس داغر، أحد أعمدة هذه الندوة. أذكر لطفه ومحبَّته وأخلاقه الرفيعة، وحسَّه الوطني الصادق، أحسّ بوجوده تارة متكئاً في قلبي وتارة أراه على المنبر، يذكرني بلبنان المحبة.

كلمة استعبار في يوم عبور
الأستاذ فرنسيس داغر

الأب ميخائيل روحانا الأنطوني

"أمسيات شعريَّة"، ٢٠٠٧/١/٧

قيل لي أنَّ فرنسيسَ قد عَبَرْ   وهو الذي حيثما مرَّ ترك العِبَرْ
عِبَرٌ منه كُتِبَت بحبرٍ   وأخرى من حبِّهِ كُتِبت بَشَرْ
بيدٍ أمسَكَ الكلمةَ شعراً   وبالأخرى ذرَّها في الكونِ نثرْ
نثرَ غُرَّها على ظهرِ المغاره   وبالِغها حيثما حَمَلَهُ السَّفرْ
في وطنه ليَّن من العقولِ الصَّخرَ   وفي هجرَتِه حوَّلَ الوَجعَ عُبَرْ
أيا فلذاتِ كَبِدِهِ لا تبكِينَّ أباً   ملكَ بإيمانِهِ المصيرَ وما خضع لِقَدَرْ
كبيراً كان أبو بسَّامَ في الوطن   وكبيراً دامَ في أرضِ الهَجَرْ
كبيراً كان في الحبِّ وما   أنزَلَ لثروةٍ أو رَكَعَ لِقَهَرْ
هنيئاً لشريكتِه بقُبطانٍ عَرَفْ   كيف يُبحِرُ معها من دهرٍ إلى دهرْ
رَحِمَكَ من خلقكَ يا أبا بسَّامَ   لأنكَ رَحِمْتَ في حياتِكَ مَن جبَرْ
ترابُ الوطنِ يتوقُ للقاءِ روحِكَ   التي إن مَرَّت فوقه استَبشَرَ بالظَفَرْ
والأرزُ قد فتحَ الجناحَين مُرنِّماً   للنَّسرِ الذي معه يحلو السَّمَرْ
فرنسيسُ، رسولَ سلامٍ كشفيعكَ   سلكتَ في الدنيا إبكاراً وسَهرْ
فإلى مساكن السلامِ قُمْ اعبُر   ومِن وحي روحِكَ نبشِّرُ بالخَبرْ
أن سُنَّة عَودِ البشر هي إلى التراب   أمَّا أمثالكَ فعودُهُم إلى التِّبرْ

قمرٌ له في الأمسياتِ طلوعُ

ذوقان عبد الصمد

«أمسيات شعريَّة»، ٧/١/٢٠٠٧

مالي أتيتُ، وفي فـؤادي غصَّةٌ وعلى جفوني جمرةٌ ودمـوعُ
لِـمَ لا تُطِلُّ؟ وأنـتَ في ندواتِنا عـالي المقـام مـفـوَّهٌ، وسميعُ
إنِّـي أراكَ تعودُ من ليلِ الردى قمراً له في الأمسياتِ طلوعُ
في شِعركَ المفجوعِ حُلمُ يراعةٍ قد ضاعَ، والنادي به المفجوعُ
أسفي عليكَ اليومَ غُيِّبَ خاطرٌ يَـرِدُ الغـوى، ومـؤنَّـقٌ، وبديعُ
فأنا بكَ الموجوعُ خضرُ قصائدي تبكي... ويبكي وردُها الموجوعُ

عَ بَابْ الِمْحَطَّةْ

رضوان بو فيصل

"أمسيات شعريّة"، ٢٠٠٧/١/٧

الِمْحَطَّة واسْعَةْ...

الْكِلْ نَاطِرْ بِالِمْحَطَّهْ...

صَفَّرْ التْرانْ... وَقَّفْ...

وَحْدو فرنسيس قرَّرْ يْسافِرْ.

* * *

يا تْرانْ الْمَوْتْ،

إنتَ وْرَايِحْ،

تِبْقى نَزّلْ فرنسيس،

بِالِمْحَطَّة الْفِيْها إِلْفِة وكَمْ وَرْقَةْ وْقَلَمْ...

فرنسيس بِيِحِبْ الإِلْفِة وْبيحِبْ الشِعِرْ.

* * *

طْلِعْتْ يا فرنسيس مَعْ أَوَّلْ صِفَّيْرَة،

وْمَا نْطَرْتْ...

لِأَنَّكْ قرَّرْتْ تْفِلْ،

قَبلْ ما يفِلْ لبنان...

وْتْصِيرْ "ضَهر المغارة" بَسْ مْغَارَهْ...

* * *

الْلبنانْ الْكِنْتْ عَمْ تِحْلَمْ إِنُّو يُوصَلْ،
تْأَخَّر...
ولِبْنَانَكْ الْهَلَّقْ واليَومْ كانْ بِالتَأْكِيدْ عَمْ يخزِّقْ ويشَبِّقْ فِيْكْ...
قَلْبَكْ الْكِلُّو لَهْفِة ما قِدِرْ حِمِلْ وَجَعْ الواقعْ الْمُرْ،
وفِكْرَكْ الْمُرْهَفْ ما قِدِرْ يِتْصَوَّرْ إِنُّو لِبْنانُو صارْ هَالقَدْ مْصَدِّي.

* * *

يا فرنسيس يا صَدِيْقنا،
تْرِكْنا مْن الْمَوتْ...
وْتَعَا تَنِرْجَعْ لِشِّعْرْ...
بُكرا بْسَبْعَة وعِشْرِيْنْ مِنْ هَيْدا الشَهْرْ،
كِلْنا رَحْ نِنْطْرَكْ...
وإِنْتَ ونِحْنا مأَكّدِينْ رَحْ بِتْكونْ مَعْنا.

* * *

أُمْسِياتْنا الشِّعْرِيِّة،
خِلْقُو مَعَكْ، وْكِبْرُو وْصارُو سبعة،
عَ رُوْس صَبِيْعَكْ الْكَانُو يِكْتِبُوهُنْ،
كِلْمِه وَرا كِلْمِه،
وْبَيْتْ وَرَا بَيْتْ.

* * *

يا فرنسيس يا إِسْتَاذْنَا،

يا هَالْمُؤْمِنْ الْعَلَّمْتْنَا عِمْقْ الْإِيمانْ،

عَمْ إِسْمَعَكْ عَمْ تْعَلِّمْنَا هَلَّقْ:

ضُبُّوا دْمُوعْكُنْ... وصَلُّولِيْ،

لِأَنُّو هَيْدِيْ مَشِيْئِةْ الله،

والْلِيْ بِيكْتْبُو الله،

ما فِيْنا نْغَيِّرْ فِيْهْ وَلَا حَرْفْ.

* * *

بْإِسْمِي الشَخْصِي وْعَيْلْتِيْ الزْغِيرهْ وِالْكْبِيرِهْ،

وْبِالنْيابِهْ عَنْ عَيْلِةْ "بو رجيلي" بِكفَرْزَبَدْ،

الْعاشُو مَعْكُنْ بِضَهِرْ الْمْغَارَةْ إِيَّامْ مْحَبِّةْ وصِدِقْ.

وْبِالنيابِهْ عَنْ أَصْدِقَائَكْ بِأُمْسِيات شِعْرِيّةْ وِعْيالُنْ،

بْتقَدَّمْ مِنْ عَيْلْتَكْ بِأَحرْ التَعَازِيْ،

وْبِطْلُبْ مِنْ الله إِنُّو يْصَبّرْنَا وِيصَبّرْنْ عَلَى هَالْخَسارَهْ الْكْبِيرِه،

وْيَعْطِيْنَا الْقُوِّه إِنُّو نْضَلْ نْصَلّيلَكْ.

عابرٌ على قناطرِ الزمن

محمّد رباح

"أمسيات شعريّة"، ٢٠٠٧/١/٧

ما عدتُ آمنُ غدرَ دهري ساعة	أصدرتُ في هذا القبيل قراري
طَلبَ الوشاةُ بأن أخون صداقتي	أو أن أقاتلَ في الضلالة جاري
أحجمتُ عن أمرٍ كهذا مُدركاً	أنَّ العشيرة لا تـريـد وقـاري
حطَّمتُ قيد الجاهليَّة عَلَّني	أطوي بذاك القيدِ صفحةَ عاري

كعابر على قناطر الزمن مضى
تركَت أقدامُه أثراً على صفحةِ الجسرِ
كما حبات الماء المتتالية
على صخور البراري.
تركت يداه على صفحات الكتب
خطوطاً لا يفهمها إلاَّ العارفون
وعلى بعض الأوراق المبعثرة
كلمات تئنُّ بعذابٍ دفين.
أيُّها الموت القاهر
مسحتَ بجبروتِكَ قهرَ الأيَّام

وغطَّيت بقسوتك كلَّ قسوة الزمن
تَرَكَنا فرنسيس وَرَحل
سافر السفرة الأخيرة
استقلَّ قطار الخامسة فجراً
صلَّى الفجر ورحل:
"سبحانك اللَّهُمَّ
أيُّها الإله الواحد الأحد الله الصمد
في البدء كنتَ، وبكَ كانَ كلُّ شيء
وبدونِكَ لم يكن شيء
أنتَ البداية والنهاية، الألف والياء
الأوَّل والآخر... وإلى آخر الصلاة"
تركنا فرنسيس وكلُّ واحد منَّا
ينتظر قطاره في محطَّات الحياة
المزدحمة بالناطرين
أيُّها الموت القاهر
عوَّدتنا على المفاجآت
وما عُدنا نطمئِنُّ لمواعيدك المباغتة
لكنك لم تفاجئ فرنسيس
كان مستعداً للنزِال
عارفاً أنَّ الحياة ساحة قتال
وما من أحد فاز في ذاك القتال

هنيئاً لك يا فرنسيس بإقامتك الجديدة
بعيداً عن حقارة أهل هذا الزمن
أنتَ الآن ابنُ السماء الأبديَّة
ونحن أبناء العاجلة
أنتَ الآن بجوار ربِّك الذي صلَّيت له
ونحن بجوار أقوامٍ لا نعرف لمن يصلُّون
أنتَ الآن مرتاح
ونحن متعبون
وصيتي لك أيُّها الصديق العزيز
أن تقيم في عالمك الآخر
ندوةً شعريَّة
وأرجوك أن لا تمنع منها السياسة
تكلَّم بما رأته عيناك
وسمعته أذناك قبل الرحيل
وبأعلى صوتك
علِّ الملائكة السامعين
يسرعون إلينا للنجدة
وتخليص الأرض ممَّا عليها
وطرد كلِّ الشياطين.

ضلّيت حِسّك متل أرزة موطني

شربل داغر

"جريدة التلغراف"، ٢٠٠٧/٨/١٣

فرنسيس يا فرنسيس يا والد هني   يا مقلع الكلمات جوهرنا الغني
يا بسمة عا شفاف هالكون الزهيد   لِكان بوجودك أنجأ تساعو الدني
يا أبو بسّام يا بسمات عيد   يا باقة بألف لون مزيني
عشت العمر عن أرض أجدادك بعيد   ضلّيت حِسّك متل أرزة موطني
شو باك من غربة عا غربة عم بتحيد   الموت ما حلك يا مارد تنحني
وجودك ربيع مزهر وزوغة نشيد   شاعر ومنبر عالقوافي منبني
غفوة عيونك جمر بتشرقط نهيد   وعا قد ما عليك الطبيعة محزني
بكيت شجرة العيد بالعيد المجيد   وطفل المغارة وضهر المغارة كمان

وحزنة الإيام عا راس السني

يا معلِّم الأجيال شو صار وجرى   عا غيابك شفنا الطبيعه مغيرة
من ميل عمتبكي الدفاتر والقلام   ومن ميل عالنعش الشموع مكسّرة
يا زنبق البعدو رحيقك بالكمام   جملة من الأخلاق دوم بتنقره
خليك معنا عايش بحب وسلام   بكير ترحل عا طريق المقبره
ومش بس يا بي العلم والاحترام   وعينين طلابك عليك مشوهره
مش بس بنك المدرسة عالجرح نام   الريشة بغيابك لبست تياب الحداد

وجايي الحرف يحمل بنعش المحبرة

في البالِ يا عُمري

لما العمر فاتك وغيَّر مطرحو وعد لأنك بحبل المآسي تمرجحو
شربل إجا يرثيك من بعد الغياب ومختار قفقف عالمصيبه جوانحو
أسعد صعب رازح تحت جمر العذاب سلام من بشارة لزوزو توصلو
سيدة الحزينة قلبها من القهر داب عمتجمع حساب الزمان وتطرحو
وهدَّيت أيادي نورما من الإكتئاب تصرخ يا ربي ليش قلبي تجرحو
ناطره بيا يجي يدق الباب تعيدو الأعياد ويفرحو
وخيك رشيد لكان يحسبلك حساب بمحل ما بالكرم كنتو تسرحو.
جورج من سني إجا يشوف الشباب يشوفك ودمعة الغربة تمسحو
لكن يا حسرة عجل عليك المصاب ما لمحت عيونو عيونك عن قريب
ولا إنت فايق عيونك تلمحو

يا بو بسَّام يا نسر ازدهى يا نفس حره لا عليها ولا لها
إلاَّ الكرامه العمتشع بعينيك وصوب عينين الشباب موجهه
بسام من كبر المصيبه هف ليك وعن خدمتك لحظة زغيره ما التهى
وغسان بالدمعات بوّس وجنتيك وعطول بالتفكير عنك ما سهى
مروان متل العطر دايب عا يديك دموعو قصيده والقوافي منهنهى
وصهرك جوزيف كتير راح يشتاق ليك الكنت متل البي عا طول المدى
بلبنان وبسدني الدمع نازل عليك من حنينه ومن لطيفه ومن مهى
وضهر المغاره عليك دمعتها دويك قالت إلك يا ابن أرض مألهى
يا نسر فوق المجد رفرف جانحيك لا تخاف مهما الموت بظروفك دهى
كل والد عامل بها العمر هيك وزارع ولادو أرز عا حدود الدني
لولا انتهى عمرو خلودو ما انتهى

يا قاطِنَ الألبابِ

الياس كسَّاب

تورنتو، ٢٠٠٩

ورحَلتَ كالضَّوءِ سريعاً في المدى
تَلِجُ الخلودَ منارةً متجدِّدة

كالأرزِ، إن لفحَ المشيبُ غصونَهُ
عبَقَت جُذورهُ بالحياةِ مُؤبَّدا

يا ساكنَ العلياءِ طيفُكَ بيننا
إن غادرَ الشِّبلُ المغارةَ يُهتدى

فهو الذي ملأ العَرينَ لطافةً
وصلابةً في الأرضِ إنْ تتهدَّدَ

ورهافةً للحرفِ إنْ راحَ الشُّعورُ
يُناغمُ الأبياتَ يلتَقِطُ النَّدى

يا قاطِنَ الألبابِ إنْ جنَّ الحنينُ
أجِبْ لأسئِلةِ الوجودِ مُردِّدا

إنَّ الحياةَ إذا اصطفاها ربُّها
انتصَرَتْ على الفاني فلا تخشَ الرَّدى

فهرس المحتويات

كلمة العائلة ٥

تصدير الطبعة الثانية ٧

تصدير الطبعة الأولى ١١

كلمة المؤلِّف ١٥

في البال ١٧

بلدي ١٨

قريتي ٢٠

تاريخ بلدتي ٢٤

"ضهر المغارة" قبل الكارثة ٢٥

فاكهة بلدتي ٢٨

الطفولة ٣١

طفولتي ٣٣

بيتي ٣٤

الأعمال القرويَّة ٣٧

أبي ٤٥

دوافع النزوح عن الضيعة ٤٨

وفاة والدي ٥١

أمِّي ٥٣

إخوتي ٥٦

مدرستي الأولى ٥٨

في الدامور ٦٢

صراع مع الموت ٦٥

خدعة مضحكة	٦٧
خدمة القدَّاس	٦٨
اللاجئون	٧٠
الحق على الطليان	٧٢
صمت زكريَّا	٧٥
وتوقَّف القطار	٧٧
الرهبانيَّة الأنطونيَّة	٧٨
في العاصمة	٨١
أحجية الإبريق	٨٢
حلم فتاة	٨٤
الفرن القاتل	٨٦
خيبة معلِّم	٨٨
إبن الشعانين	٩٢
غضب السماء	٩٤
المعلِّم سلطان	٩٧
مواكبة التطوُّر	١٠٠
جنى الحقل	١٠٣
التعليم والتفتيش	١٠٦
معلِّمي	١٠٨
إمتحان السَوق	١١٠
حساب البيدر	١١١
عاطفة أُمٍّ	١١٣
إنتخابات	١١٤
رهين مهمَّتي	١١٨
الصداقة	١٢٠

رسائل	١٢١
براءة الأطفال	١٢٨
النادي	١٣٠
المظاهر الخادعة	١٣٥
قرويَّات	١٣٧
فلّاحُنا	١٤٤
بنت بلدي	١٤٧
مغامرات فاشلة	١٥٠
مهرجانات الطبيعة	١٥٤
القراءة	١٥٦
عهد الشباب	١٥٨
ألاعيب صبيانيَّة	١٦٢
أعراس الضيعة	١٦٥
مع الفلسفة	١٧١
معارك خفيَّة	١٧٣
حلّاق الضيعة وحلّاق المدينة	١٧٧
القرد	١٨٠
الأفاعي	١٨٢
من ذكرياتي	١٨٦
حكايتي مع هرٍّ	١٨٨
رحلة في البال	١٩٠
الطابونة	١٩٤
نشوة الخمرة	١٩٦
المنجِّمون	١٩٨
الغجر	٢٠٠

من الطرائف التي شهدتها	٢٠٢
بلدتي قبل الحرب	٢٠٥
الحروب	٢٠٧
الحرب اللبنانيَّة	٢١٠
تجربة مريرة	٢١٤
في إحدى قرى الجنوب	٢٢٢
كنز الصغار	٢٢٥
تجربة أخرى	٢٢٨
إمتحان عسير	٢٣٠
الإمتحان الأخير والكارثة	٢٣٢
بعد الكارثة	٢٣٥
في العاصمة	٢٣٧
الإنفجار الكارثة	٢٣٩
دوافع السفر	٢٤٣
خطوتي الأولى نحو المجهول المنتظر	٢٤٥
زائرتي	٢٤٦
البحر	٢٤٨
في قبرص	٢٥٢
حربٌ من نوعٍ آخر	٢٥٧
الاستعداد للسفر	٢٦١
يوم السفر	٢٦٤
في طريقنا إلى كندا	٢٦٧
في مطار تورونتو	٢٧٠
تورونتو	٢٧١
في دنيا الاغتراب	٢٧٦

إجازة السوق الكنديَّة	٢٧٨
المدرسة الإنكليزيَّة	٢٨١
التربية وطرق التدريس في كندا	٢٨٣
الكومبيوتر	٢٨٥
نداءٌ خفيٌّ	٢٨٧
وعُدنا	٢٩١
حنيني	٢٩٤
سيرةٌ في صور	٣٠١
كلماتُ وفاءٍ في الراحل فرنسيس داغر	٣١٧
جينا نعزِّي في قلب موجوع	٣١٩
أيُّها الراحل الكبير	٣٢١
شيخٌ بعقله الرزين	٣٢٣
ما أقصر الأيَّام	٣٢٦
كلمة استعبار في يوم عبور الأستاذ فرنسيس داغر	٣٢٧
قمرٌ له في الأمسياتِ طلوعُ	٣٢٨
عَ بابُ المَحَطَّةُ	٣٢٩
عابرٌ على قناطر الزمن	٣٣٢
ضلّيت حسَّك متل أرزة موطني	٣٣٥
يا قاطنَ الألباب	٣٣٧
فهرس المحتَويات	٣٣٩